新货币论

陶永谊 著

NEW
MONETARY
THEORY

中国社会科学出版社

图书在版编目(CIP)数据

新货币论 / 陶永谊著. —北京：中国社会科学出版社，2021.1（2021.11 重印）

ISBN 978 - 7 - 5203 - 7538 - 2

Ⅰ.①新… Ⅱ.①陶… Ⅲ.①货币理论—研究 Ⅳ.①F820

中国版本图书馆 CIP 数据核字（2020）第 237807 号

出 版 人	赵剑英
责任编辑	王 曦
责任校对	李斯佳
责任印制	戴 宽

出 版	中国社会科学出版社
社 址	北京鼓楼西大街甲 158 号
邮 编	100720
网 址	http://www.csspw.cn
发 行 部	010 - 84083685
门 市 部	010 - 84029450
经 销	新华书店及其他书店

印刷装订	北京君升印刷有限公司
版 次	2021 年 1 月第 1 版
印 次	2021 年 11 月第 2 次印刷

开 本	710×1000 1/16
印 张	17
插 页	2
字 数	201 千字
定 价	66.00 元

凡购买中国社会科学出版社图书，如有质量问题请与本社营销中心联系调换
电话：010 - 84083683
版权所有　侵权必究

目　录

序　言 ……………………………………………………（1）

第一章　当"皇帝"脱去外衣 ………………………（1）
　　货币起源之谜 ……………………………………（2）
　　货币测量的是什么？ ……………………………（7）
　　多重货币幻觉 ……………………………………（11）
　　货币产生的条件 …………………………………（17）

第二章　铸币权是否可以私有化？ ………………（23）
　　铸币权的归属 ……………………………………（25）
　　"放民私铸"的后果 ………………………………（29）
　　纸币由谁来印？ …………………………………（34）
　　"去中心化"是数字货币的基本特征吗？ ………（39）

第三章　货币就是一张欠条吗？ …………………（45）
　　一枚硬币的两面 …………………………………（47）
　　债权凭证的货币化 ………………………………（50）

货币信用的债务化 ………………………………………… (54)
　　统计口径的迷茫 …………………………………………… (59)

第四章　货币的变身术？ ………………………………………… (63)
　　金银的替身 ………………………………………………… (64)
　　纸币也可以派生？ ………………………………………… (68)
　　银行"印钱"的招数 ………………………………………… (73)
　　聊胜于无的约束 …………………………………………… (75)
　　东拆西借的腾挪大法 ……………………………………… (77)

第五章　影子银行与影子货币 …………………………………… (84)
　　商业银行的"私生子" ……………………………………… (85)
　　暗影下的金融帝国 ………………………………………… (93)
　　东方特色的金融暗流 ……………………………………… (101)
　　影子银行的启示 …………………………………………… (108)

第六章　互联网金融与共生货币 ………………………………… (114)
　　"点对点"的平台 …………………………………………… (115)
　　依附在"通道"上的银行 …………………………………… (118)
　　比宿主更具活力的共生体 ………………………………… (122)
　　重新理解乘数效应 ………………………………………… (130)

第七章　利息的起源与负利率的出现 …………………………… (135)
　　利息收取的依据 …………………………………………… (136)
　　付息的动机 ………………………………………………… (139)

借贷成立的条件 …………………………………………（142）
  金属货币时代的利率 ……………………………………（145）
  负利率时代的来临 ………………………………………（148）

第八章　都是货币惹的祸？………………………………（155）
  贵金属也会膨胀 …………………………………………（156）
  派生的通货膨胀 …………………………………………（163）
  滥发货币的恶果 …………………………………………（167）
  不一样的通胀 ……………………………………………（171）

第九章　尺度的困惑 ………………………………………（181）
  同时用两把尺子的结果 …………………………………（182）
  统一标准的悖论 …………………………………………（186）
  一堆纸与另一堆纸的交换 ………………………………（191）
  如何计算没有含金量的纸币汇率 ………………………（196）
  世界货币是否可行？ ……………………………………（204）

第十章　改变世界的密钥 …………………………………（210）
  金融科技对货币环境的改变 ……………………………（211）
  颠覆世界的那条"链子" …………………………………（217）
  如何为数字货币赋值？ …………………………………（222）

第十一章　将货币装进"笼子" …………………………（228）
  刻舟求剑的误区 …………………………………………（229）
  印多少才合适？ …………………………………………（235）

给波动筑起围栏……………………………………………（238）
为货币设置闸门和通道…………………………………（243）

参考文献……………………………………………………（251）

后　记………………………………………………………（259）

序　言

在当今世界有一样物品，所有人都非常熟悉，因为我们每天都在和它打交道，以至于闭着眼睛都能想象出它的样貌。但同时又都对它感到陌生，因为这物品太复杂，其表现形态又经常发生变化，每当人们自以为了解它的时候，它又会展现出令人惊异的一面。这个物品就是钱，或者被经济学家称之为货币的东西。

说起来惭愧，人类同货币至少打了几千年的交道，但对于"货币究竟是什么"这个简单的话题，却从来没有取得过共识。"货币不就是钱吗"？平民百姓可能会这样反问，尽管这等于什么也没说。在普罗大众的眼中，只要用钱能买到想要的东西，它究竟是什么并不重要。如果让专家来解答，他们通常会搬出教科书里的定义，诸如"价值尺度""交换媒介""贮藏手段""支付工具""记账单位""世界货币"，等等，好像什么都说到了，但货币依然是一种云山雾罩的神秘存在。

在现代的经济运行体系中，货币无疑占据着中心的位置，不仅物价、增长、就业、债务……这些麻烦事都与货币有关，各种纷繁复杂的国际事务，如进出口、汇率、关税甚至国际制裁……

也与货币问题纠缠在一起。毫不夸张地说，凡是涉及利益的事情，似乎都与货币有"剪不断、理还乱"的联系。在各国政府眼里，货币投放俨然是解决所有经济困局的不二法门，不管是经济过热还是经济衰退，所有的治疗方案似乎都离不开货币这一剂"猛药"。

本来，在一张纸上印一些花花绿绿的图案就拿来当货币使用，已经让人有一种不安的感觉，但好歹纸币还有国家信用的支撑。当一串串未经国家授权，本身也没有任何价值锚定的数字代码也被当作货币使用的时候，就不得不引起人们的迷惑了，因为它颠覆了人们对货币的所有传统认知。教科书中那些关于货币的条条框框，一瞬间都变得颇为可疑，人们在错愕之余，不禁要问："是这个世界错了，还是我们对货币的认知有误呢？"

美国经济学家欧文·费雪曾经提出过一个"货币幻觉"的概念，即人们只对货币的名义价值变动做出反应，却忽略了货币实际购买力的变化。在今天看来，人们对货币的幻觉还远不止于此。很有可能，我们一直被货币的华丽外表所迷惑，而货币的本体功能却隐藏在我们的目光所及的范围之外。

这多少可以解释传统金融理论在面对新货币现象时力不从心的表现，比如，在央行的资产负债表上，为什么 M_2 的增长率总是高于 M_0 的增长率？这种用货币乘数无法说明的情况背后隐藏着什么玄机？为什么债务的增长会数倍于经济的增长？在经济增速减慢的背景下，全世界的债务却超过 GDP 的 320% 以上，这种情况会带来什么结果？当零利率和负利率这些明显违背经济常理的情况成为普遍的现实时，会给未来的世界经济带来怎样的影响？当商业银行可以用发行"派生货币"创造信用时，当"影子货币"和"共生货币"数倍于广义货币规模时，原有的统计指标是否需要做出调整？数字货币究竟应该由竞争性的私人机构发行，还是应该由各国央行来掌控？国际汇率体系未来应该向哪个方向发展？……这一切，似乎都无法从现有的货币理论中找到现成的答案。

这种没有答案的状况又促使我们反过来对货币的基本定义产生怀疑，货币真的是交换媒介、价值尺度和贮藏手段吗？或者仅仅是一种记账单位？如果是，它记录的又是什么？货币的本体功能和货币的载体功能有什么区别？去中心化是否是未来货币的发展方向？影子货币和共生货币是否应纳入货币供给的计量范围？……似乎都存在疑问。

落实到经济政策层面，面对现实的经济状况，究竟是应该加息还是减息？汇率应该升值还是贬值？利率是否可以长期为负？至少到目前为止，传统的货币理论并没有给出有说服力的决策依据。

本书试图从一个独立的视角来重新认识货币的本体功能和运行机制，构建一个完全不同于传统货币理论的分析范式，并在此基础上提出新的政策建议。作为一个创新性的尝试，本书期待着读者诸君审视的目光。

第一章
当"皇帝"脱去外衣

在2008年11月的一个早晨,一个化名中本聪的老兄,不知道是闲极无聊还是想钱想疯了,突然脑洞大开,发表了一篇研究报告:*Bitcoin: A Peer-to-Peer Electronic Cash System*(《比特币:一个点对点的电子现金系统》),提出了比特币的概念。他希望能够创建一套基于密码学而不是基于信用的货币,使得交易的双方能够直接进行支付,而不需要第三方的介入。如果这件事只是说说也就罢了,"点石成金"的骗局我们见得多了,"点数成金"的神话又有谁会相信呢?可出人意料的是,这位老兄纠集了一帮好事之徒,真刀真枪地操练了起来。2009年1月3日,比特币系统开始运行,中本聪随之构造出第一个区块链,最初的50个比特币宣告问世。

用一串毫无意义的数字充当货币,这个玩笑开得有点大了。笔者不禁想起了中国古代的一个笑话:有一对父子,是天生的吝啬鬼,一位亲戚前来借粮,父亲刚好不在家,儿子用纸画了一张大饼,"借"给了这位倒霉的亲戚。父亲回家后,儿子颇为得意地向父亲炫耀，自己如何给亲戚画"饼"充饥，本以为可以得到奖赏，谁知父亲听后大怒，一个耳光扇了过去，大骂："你为什么不给他比画一个？"

是啊，多么好的创意！"为什么不给他比画一个？"今天，形形色色的"中本聪"们给我们"比画"出来一堆又一堆的"大饼"，并且告诉我们这是如假包换的货币，在嘲弄我们情感的同时又羞辱了我们的智商。鉴于这些"大饼"越画越多，价格也涨得着实离谱，采取视而不见的态度似乎不是什么好主意，至少我们应该先了解一下，这种"比画"出来的货币与传统货币有什么不同。

当一串干枯的数字被当作货币使用的时候，人们突然发现，这里面好像有什么东西不太对头。数字货币与我们过去所熟悉的货币定义，如交换媒介、价值尺度、贮藏手段……怎么也搭不上边。这就产生了一个疑问，究竟是数字货币设计错了，还是我们以往对于货币的本体功能一直存在误解呢？下面，我们就将传统教科书的货币定义与货币在现实生活中的功能做一个全面的梳理。

▶▷ 货币起源之谜

厘清一个事物的属性，最好的办法是从分析它的初始状态入手。对于货币，几乎所有的货币银行学教科书都这样描述：货币起源于物物交换。而货币作为交换的媒介，也是从这一假设中推演出来的。就"交换媒介"的字面来理解，好像商品交换是通过货币作为中介来实现的。如果真是如此，货币就需要在交易过程中完成换手，由此可以推断出便携性应该是货币的基本特征。

我们不妨跟随教科书的思路，做一番场景还原式的想象：一位猎户拿着他的猎物，去农户家交换他所需要的粮食，农户虽然有粮食却并不需要猎物，而是需要布匹；猎户只好到纺织户家用猎物交换布匹，但纺织户也不需要猎物，而是需要盖房子的木料……这事想起来都让人头大。即使农户需要猎户捕获的猎物，可当猎户扛着猎物来到农户家时，粮食还没到收割期，这又如何是好呢？经济学家由此推论出，一个大家都公认的衡量尺度——货币，就应该顺理成章地登场了。猎户需要粮食，但农户不需要猎物，这没关系，猎户可以支付给农户货币，农户用猎户支付的货币去买布匹，纺织户再用从农户那里换得的货币购买盖房子的材料……商品交换的一切问题，随着货币的出现全部迎刃而解，经济学家说到这里，不禁惬意地松了口气，初学货币银行学的读者阅读至此也都如释重负，并为货币如此轻松地解决了商品交换的难题而欣慰不已。

然而，根据考古学的发现，货币最初的形态是像牛这种普通的牲畜，研究这种原始的形态是如何发挥货币职能的，有助于我们了解事情的真相。由于无法做时空穿越，重现几千年前的古代场景，我们只能寻找可以作为参照的现代例证。在20世纪初，苏丹南部的努尔人依然以牛作为所有财富的计量单位。英国人类学家埃文斯·普里查德在《努尔人——一个对尼罗特人群生活方式和政治制度的描述》一书中，对此作了详尽的介绍。努尔人的生活以牛为中心，牛不仅是基本生活资料（牛奶、奶制品、皮革和肉类）的来源，也是财富和社会地位的象征，部落之间的纷争通常围绕着牛的抢夺与保护展开。作为这种纷争的结果——死亡和肢残的赔偿，也是以牛作为支付手段的。族外通婚的规则以牛的数量来表达，即聘礼以牛为单位来计算，通常达到40—50头的水平，联姻形成的部落联盟通过牛的支付而实现。① 我们看到，由于生存条件的同一性，努尔人之间没有多少不同的商品可以交换，在这里，牛是部落内部和部落之间共同的财富象征，那么，作为货币，牛在交换的过程中到底起到什么作用呢？我们看到，在努尔人的案例中，牛在交换过程中仅仅是一个抽象的单位，它已经滤除了牛的肥瘦、老弱、性别和大小的个体差异。在实际的交换过程中，不仅不需要伴随牛的转移，甚至牛都无须出现在交换的现场。它只是作为一个计算的基准存在，并被交换的双方所接受。比如一个部落成员需要买一只鸡，他并没有必要牵着一头牛去和鸡交换，再等着对方用十只羊和两双鞋来"找零"。在绝大多数交换场合，所有的货物都可以折算成对牛的比价来进行交易，比如，一头牛等于十只羊，一只羊等于十只鸡，如果一只羊等于十双鞋，那么一只鸡就可以与一双鞋交换。类似的案例还有俄罗斯干草原上的吉尔吉斯人，他们在20世纪还以马作为货币，并且作为主要的财富象征。羊和羊皮可以按照对马的换算标准而提供更小额的计量单位。②

在这里需要指出的是，作为交换媒介，牛可不是一个好的选择，牛的体积过于庞大，不便于计算和分割。而且，牛的年龄、体型、性别、健康等存在个体差异，作为不同物体的交换媒介会带来许多麻烦。也就是说，从货币的最初形态来分析，货币并不是产生于物物交换，也不是用作物物交换的媒介，在这里，**货币**

---

① ［英］E. E. 埃文斯·普里查德：《努尔人——一个对尼罗特人群生活方式和政治制度的描述》，褚建芳译，商务印书馆2014年版，第22—62页。
② Glyn Davies, *A History of Money*, University of Wales Press, 2016, p.44.

的本体功能其实是相关方交换比率的计量基准，这个功能如果用实物（如金银）来表示，则体现为**交换比率的基准参照物**；如果用替代物（如纸币）来表示，则形成**交换比率的记账凭证**；如果在账面上用数字来表示，则应表述为**交换比率的记账单位**。请记住黑体字的定义，我们在以后会不断地用到这些表述。

在这里之所以用交换比率来定义货币，是因为商品经济所具有交换的特性，而交换至少需要两种以上的商品才可以完成，交换发生的前提是，双方都认可交换对方的产品，比自己去生产要划算。这就涉及交换比率的问题，即己方的一个单位的产品交换对方的多少个单位的产品才是合算的？由于不同商品具有不同的使用价值（或曰效用），就需要对不同效用的商品建立一个统一的衡量标准来计算，这才是货币所要发挥的本体功能。交换的内容既可以是商品，也可以是社会成员之间彼此的责任和义务。

两河流域的美索不达米亚地区是人类文明最早的发源地，苏美尔人的货币系统是现存记录最完善的古代货币体系，也提供了同样的证明。19世纪中叶，维多利亚时期的学者破译了记录在黏土板上的楔形文字，发现大多数记录与商业交易有关。交易最初用黏土筹码记录，后来用芦苇在黏土板上雕刻。大约在公元前3000年，寺庙的会计首次将1谢克尔（1shekel约等于8.3克）银作为货币单位。并规定了1谢克尔银与其他商品的比价。如《埃什南纳法令》规定，1谢克尔银相当于12塞拉（sila）的植物油、15塞拉的猪油、300塞拉的草木灰、600塞拉的盐、600塞拉的大麦等。1塞拉体积约为一升。1谢克尔银可以购买180谢克尔的铜或360谢克尔的羊毛。一个月的劳动报酬相当于1谢克尔银，如果一个人咬掉另一个人的鼻子或戳瞎别人一只眼睛，罚金为 60 谢克尔；咬断一只手指是 40 谢克尔；打掉一颗牙或咬掉一只耳朵是 30 谢克尔；打别人一巴掌与打死一个奴隶都是 10 谢克尔。① 各种不同商品可以根据与谢克尔银的比价来计算相互之间的交换比率。

苏美尔经济由寺庙和王宫的日常运作为主导，工资、租金和税收等均以谢克尔计算和支付。因此，谢克尔的主要用途是作为官僚的记账手段，银并没有在市面上广泛流通，而是被小心地保存在金库里。如果有人要付款给王宫，也没有必要使用银块，而是使用以谢克尔标记价值的大麦、羊毛或其他商品。除王宫以外的多数市场交易以信贷的形式完成，例如酒钱可以等到丰收时用一定数量的大麦支付。② 在这里我们看到，美索不达米亚文明也是将白银作为一种度量的标准，而不是交换的媒介，其他商品之间的交换比率因为有了与谢克尔银的比价而变得可以精确计算并被交易双方所接受。

除了谢克尔这一计量系统之外，苏美尔人还发明了另外一套计量系统，它以 1 粒大麦的重量作为计算的基本单位，1 舍客勒为 129 粒大麦的重量，大约为 65 克。1 舍客勒的 60 倍为 1 弥那，1 弥那的 60 倍为 1 比尔图。这两套系统用于计量不同的物品，比如，驴的价格用银表示，而房屋的价格则用大麦表示。③ 所谓舍客勒的大麦计量系统，应该只是一个虚拟的单位，实际交易的时候，不可能一粒一粒去数大麦，它的功能在于建立农产品之间的换算尺度，比如，1 只鸡等于 200 舍客勒大麦，1 把小铲子等于

---

① ［加］戴维·欧瑞尔、［捷］罗曼·克鲁帕提：《人类货币史》，朱婧译，中信出版社 2017 年版，第 15 页。
② 同上。
③ ［日］增田义郎：《黄金的世界史》，彭曦等译，南京大学出版社 2016 年版，第 26 页。

100 舍客勒大麦，那么，1 只鸡就可以换 2 把小铲子。苏美尔人保存这两套计价系统，是农耕经济体系和城邦经济体系并存的反映。不同的生存系统，对应不同的价值标准和计量单位，并且通过银和大麦这两种虚拟货币，使两大系统内部以及两大系统之间的交换得以实现。显然，苏美尔人的交换系统既不依赖于物物交换，也不依赖于广泛流通的铸币，而是建立在谢克尔或舍客勒为代表的记账体系之上。

同样的道理，如果货币作为交换媒介，太平洋雅浦岛上的居民用巨大的石轮作为货币，就十分的不便。岛上的居民在交换过程中并没有将石轮搬来搬去，它们只是静静地躺在那里，人们根据商品交换的数量来认定石轮的归属。在这里，石轮与努尔人的牛、苏美尔人的白银和大麦一样，都只是作为计量标准在发挥作用，如果从这个角度来解释，静止不动的石轮作为货币就很容易理解了。

也就是说，货币的本体功能很可能隐藏在它的计量性质上，我们过去将货币的功能定义为"交换媒介"，很可能是小面值货币出现以后，货币会随着商品的买卖出现转手而形成的一种错觉。

▶▷ 货币测量的是什么？

将货币作为价值衡量的"尺度"，是不同经济学流派罕见出现一致的地方，只不过这种一致也仅仅是从表面上看起来如此，对于货币所衡量的"价值"究竟是什么？经济学家争论了几百年的时间，依然没有什么定论。

经济学关于价值的定义，大体可以分为两大类型，一是古典经济学的劳动价值论，即认为商品的价值来源于凝固于其中的社会必要劳动时间；二是新古典经济学的效用价值论，即认为价值来源于物品满足人类需求的边际效用。前者是从生产者的角度来理解价值，后者则是从消费者的角度来理解价值，双方都没有将价值置入交换的框架中加以分析。将货币定义为价值尺度的金融学教科书，也没有说明货币衡量的究竟是哪一种价值。

我们知道，商品之所以可以在陌生人之间交换，不仅具有使用价值（或曰效用），而且也需要具有一定的获取难度（在古典经济学那里表现为所耗费的劳动）。事实上，不管生产者花费了多大的努力，消耗了多少劳动量，如果不能给消费者带来效用，就不可能销售出去，只能算是无效投入。但有效用并不一定代表有价值，有些物品对于人类的生存至关重要，比如空气、水、土地等，但当它们不具备获取难度时，也就不具备交换价值。因为人们不需要通过交换来获取它。劳动与效用在价值决定中是不可分割的，只有能够给对方提供效用的劳动才能获得价值；同样，只有当效用具有获取难度（需要劳动、管理、技术或武力的付出）的差异时才会产生交换的必要。

那么，是否有一个指标，既可以反映商品的效用，也可以反映这种效用的获取难度呢？我们发现，这个指标是存在的，这就是商品的交换比率。

商品经济本质上是交换经济，每一个生产者生产的物品主要不是为了满足自己的需求，而是要卖给其他的生产者，以换回别人的产品。任何交易者都既是生产者同时也是消费者。所以，不管是价值还是价格,都需要放入交换的框架下才可以理解。劳动与效用可以在商品的交换比率中完美地结合起来。劳动表现为己方可以拿出来交换的产品,效用则表现为对方可以提供的产品,一个商品的价值,表现为生产者需要花费多大的努力才可以交换到其他商品所代表的效用。

将一种商品的价值理解为该商品与其他商品的交换比率,可以避免传统价值理论关于劳动价值和使用价值(或效用)的无谓争议,因为交换比率既包含劳动者提供的有效劳动,也包含消费者认可的效用价值,还包含两种理论都没有包含的技术因素、管理要素、美观度、艺术性和资源稀缺性……比如,买 1 千克苹果需要 10 元货币,买 4 千克小麦也需要 10 元货币,这意味着 1 千克苹果所包含的获取难度和效用与 4 千克小麦等同。用公式表示就是:

$$\frac{A_v 10}{A_p} = \frac{B_v 10}{B_p}$$

式中,A_v 表示 A 商品的价值,A_p 为商品 A 的 1 个测量单位的价格,10 为假定的货币单位。B_v 表示 B 商品的价值,B_p 为商品 B 的 1 个测量单位的价格,商品 A 和商品 B 的价值就可以用同一货币单位(如人民币)所能买到的两种商品的比率所代表。假定一个经济体只有两种商品:苹果和小麦,根据公式,1 千克苹果的价格为 10 元,1 千克小麦的价格为 2.5 元,将数值代入公式,得出:$A_v = 4B_v$,也就是说,1 千克苹果的价值等于 4 千克小麦的价值。反过来表示也是一样,1 千克小麦的价值等于 1/4 千克苹果的价值。

如果是有很多种商品,如何确定商品 A 的价值呢?我们可以把商品 B 看成所有其他商品的集合，用 $\sum B_n X_n P_n$，n = 1，2，3，…，n 来表示，其中 B_n 为第 n 种商品，X_n 为第 n 种商品在总量中的权重，P_n 为第 n 种商品的单位价格。用这个商品集合作为所有其他商品的代表，商品 A 的价值就表现为用同一数量的货币（比如 100 元人民币）所能买到的商品 A 和商品 B 的比率，用公式表示就是：

$$\frac{A_v 100}{A_p} = \frac{B_v 100}{\sum B_n X_n P_n}$$

这种计算其实并不复杂，在大数据时代就更是易如反掌。通过商品价格公式，我们可以对任何一个商品给出准确的价值计算。货币的价值也可以用这个公式表达出来，整理上式，我们得出：

$$1 = \frac{B_v A_p}{\sum B_n X_n P_n A_v}$$

这是 1 单位货币可以交换的商品数量，同时也代表 1 单位货币所包含的价值。通过这种价值分析，我们可以得出以下结论：

其一，一个商品的价值体现在它与其他商品的交换比率上，因而价值的衡量，必须放入交换的模型中才能考察；

其二，货币是这种交换比率的衡量尺度，而不是单纯衡量生产商品的必要劳动时间或商品效用的尺度；

其三，价格只是交换比率即价值的单项表达式，而不是价值的外在形态，要衡量商品的价值，至少要有两种以上的商品以及两种以上商品的价格。

以往经济学关于价值的争论陷入了一个方法论的误区，即都是用个体本位的思维方式去解构交换经济，都没有将商品的价值放到二元交换模型中来加以解读，以致在商品价值的问题上浪费了太多的时间。

更重要的是，交换比率的概念，由于可以进行量化计算，能够满足科学假设的"可观测性""可重复性""可检验性""可证伪性"的要求。而劳动价值论和效用价值论都带有太多的主观色彩，无法满足假设的"可证伪性"。交换比率的概念，既包含了商品的获取难度（包括劳动、技术、管理、美学、资源稀缺等因素），也包含了商品的效用，它们都可以在交换比率的公式中得到体现。

有了价格和价值的全新定义，我们对于劳动的价值、货币本身的价值，就都可以得出清晰的解释。明确了这一点，笼罩在货币问题上的迷雾就会烟消云散了。

▶▷ 多重货币幻觉

货币作为"贮藏手段"的定义，说的是当货币退出流通以后，可以被人们作为财富储藏起来。但我们从下面的分析中可以看出，这与其说是货币本身的功能，还不如说是某些货币载体的特性。

我们前面说到，货币的本体功能是交换比率的计量基准。这个本体功能，可以依附在不同的载体上，形成不同的货币形态，货币的"载体"在历史上曾经出现过多次更替，在不同的历史时期，由于货币使用不同的材料制作，货币的本体功能与载体的派生功能往往混淆在一起。而事实上，这两者是完全不同的，就像纸张可以成为货币的载体，但纸张本身并不是货币一样。

货币载体的演变大体经历了这样几个阶段：实物货币阶段；金属货币阶段；不可兑换纸币阶段；虚拟货币阶段。其中每一个阶段，货币的载体不同，其派生职能也会随之变化。需要指出的是，这里讲的货币载体，是指本位货币（即作为计量基准的货币）的载体，而不是派生货币的载体。

在人类历史上，很多商品都曾经充当过实物货币的载体，如布匹、粮食和牲畜等。中国最早的实物货币，曾经有贝壳、布帛以及兵器和农具。中国文字中的"货币"，是两种不同物品的总称。"货"字从贝，凡是与财产和交换有关的字都与贝有关，如财、赚、贷、贷，等等；而"币"字从巾，古代泛指皮帛，与财务有关的字，如帐、帑，等等，都带巾字旁。①

曾经被当作实物货币的东西可以列出一个长长的名单，如盐（地中海）、牛（印度、非洲）、奴隶（古罗马、古希腊）、可可豆（古代墨西哥）、纺织品、贝壳（古代中国）、珠子（非洲奴隶贸易）、羽毛（圣克鲁斯群岛、所罗门群岛）、犬牙（巴布亚新几内亚）、鲸牙（斐济）、巨型石轮（太平洋雅浦岛）、刀或农具（非洲部分地区）、铁戒指和手镯（非洲部分地区）、铜棒（西非的蒂夫族）、啄木鸟头皮（美国加州腹地的卡洛克人）、人头骨（苏门答腊岛）、香烟（战俘集中营、第二次世界大战后的德国、现代监狱）……②

以某一种大家都常用的物品作为货币的好处在于，任何交易者都可以用这种实物与其他商品交换，在带来交换便利的同时，也带来了计量的准确。但是作为交换比率的计量基准，实物货币有其自身的缺陷，这表现在两个方面，一方面，实物货币的供给数量会随着季节和气候的变化而出现大幅的增减，需求总量也会

---

① 见千家驹、郭彦岗《中国货币演变史》，上海人民出版社2014年版，第14页。
② [加]戴维·欧瑞尔、[捷]罗曼·克鲁帕提：《人类货币史》，朱婧译，中信出版社2017年版，第13—14页。

随着人口增长和经济发展而改变。特别是当这种商品出现极度短缺时，会造成市场的瘫痪。在历史上，粮食很长时间里都曾经作为实物货币，但在出现自然灾害或发生战乱时，粮价飞涨，人们不再出让手中的粮食，就会使交易出现阻滞。在殖民地时期的东非，当地居民有用家畜作为货币的习惯，由于家畜被赋予了交换价值，随之出现了过度保存家畜的倾向，以致给生产和生活都带来了负面的影响。[①]

另一方面，实物货币有保质问题，比如粮食、布匹、可可豆等，都不宜长期存放，时间久远就会出现霉变和损耗。实物货币的这些先天不足，决定了它们最终会被其他的货币载体所取代。

过去我们总以为，金属货币之所以取代实物货币，是由于金属作为货币载体具有天生的优势，比如，金属特别是贵金属，有便于携带、价值较高、易于分割、方便保存等特征。因而有"金银天然不是货币，但货币天然是金银"的说法。如果这个结论成立，当黄金等贵金属被人类发现之后，应该立即取代所有的实物货币，成为主要的计量基准物。但实际情况并非如此。当黄金、白银等贵金属在一些古代文明中已经被广泛使用的时候，并没有实现对实物货币的替代。比如古埃及，黄金早就被人们发现，但在古埃及人看来，黄金专属于太阳神，不能承担货币这种世俗的功能，其最重要的用途是充当装饰品和陪葬品，小麦依然作为实物货币，被贮存于国有中央仓库中，这些仓库发挥银行的职能，帮助偿还债务、支付税收，其计量单位为德本（deben）。

南美印第安人建立的印加帝国，黄金和白银广泛用于装饰和

---

① ［日］黑田明伸：《货币制度的世界史——解读非对称性》，何平译，中国人民大学出版社2007年版，第6页。

供奉神灵，而民间商品交易普遍使用可可豆和一种方形布作为货币，在印加人看来，黄金是太阳的汗水，白银是月亮的眼泪，并不适用于商业活动。

其实，金属作为货币载体，并非如人们想象的那样方便，我们以往的研究忽略了一些交易的细节。西方最早的金属铸币是公元前 7 世纪吕底亚王国铸造的金币，铸币的面值从 1 斯塔特（stater，约重 14 克）到 1/96 斯塔特不等，属于很贵重的货币。据说 1/3 斯塔特就可以买 10 只羊。这种货币显然不适合日常小型交易。即使到了 13 世纪 80 年代的英国，这个问题依然存在，当时的英王爱德华一世，就曾经因为最低面额为一便士的银币不适应日常交易需要，逐渐开始发行半便士和 1/4 便士的小额银币。尽管如此，使用起来也相当不便，半便士可以买两公斤面包，面包价格的变动，无法按照银币标价来表示，而只能以半便士能买到面包的大小来表示，很难做到计量的准确。在中国，也曾经有过"用银极不便于小民"的说法。[①] 这也从一个侧面证明了金属货币在一开始并不是产生于民间交换，而是用于政府采购和公共开支。在古代社会，金银等贵金属货币多用于国际支付、朝廷赏赐和土地买卖等大宗交易，因而金属货币取代实物货币，更多地应该归因于经济发展，而不是金属作为币材的特性。

人类正式研究货币是从金属时代开始的，因此传统的货币理论，都不可避免地带有金属货币的时代特征。比如关于"贮藏手段"和"世界货币"的功能定义，其实都是贵金属作为货币载体的派生功能；进入到纸币和虚拟货币时代，这些金属货币的载体

---

① ［日］黑田明伸：《货币制度的世界史——解读非对称性》，何平译，中国人民大学出版社 2007 年版，第 53—54 页。

功能已经不复存在，但我们的货币理论，却依然将这些派生功能作为货币的本体功能，并以此构建基本假设，这不可避免地带来了一系列理论上的混乱。虽然相对于实物货币，金属货币具有便于携带、容易分割、可长久储存等优点，但作为交换比率的计量基准，除了上述不便于小额交易的问题之外，金属货币还存在另外一些缺陷。

其一，贵金属属于不可再生的资源，开采进度与开采数量受技术和资源的制约，如果仅用金属作为制作货币的材料，在规模化生产的背景下，市场上难免会出现流动性不足的现象，因而当经济发展到一定阶段时，贵金属作为货币载体的局限就逐步暴露出来。

其二，金属币材本身具有使用功能，比如金银可以做成装饰品，铜可以做成日常生活器皿，当金属货币的币材价格超过法定货币的票面价值时，金属货币就会退出流通。在中国历史上，当铜材价格超过铜钱的票面价值时，曾经多次出现民间熔化铜钱，铸成铜器以获利的现象，这进一步加剧了铜钱的短缺，出现"钱荒"。

其三，当经济不景气的时候，贵金属货币会自动退出流通领域，发挥"储藏功能"，导致货币紧缩和流动性不足，特别是当经济危机来临时，人们出于避险的考虑会挤兑贵金属货币，造成大量银行倒闭，对经济衰退起到推波助澜的作用。

金属货币的这些先天不足随着经济规模的扩展而日益显露，迫使人们寻找更好的替代品，不受资源限制、可以发行任意数量的纸币就成为必然的选择。

进入纸币时代，货币的"储藏功能"就已经不复存在了，任何物品作为"贮藏手段"的前提条件是，它本身不会随时间延续而出现自然贬值的现象。而这种功能仅仅存在于金、银等贵金属货币中，前几年在俄罗斯的一个被废弃的矿井里，发现了大量苏联发行的卢布，大都发霉变质，即使保存良好，在今天的俄罗斯也已经形同废纸，因为它们不再是法定货币了。

也就是说，具有贮藏功能的只能是金银等贵金属（直到今天也依然如此），它们是货币的载体，而不是货币本身，以往我们是将金银这种货币载体的功能，错当成货币的功能，当贵金属不再作为货币载体使用的时候，披在货币身上的"贮藏手段"外衣也就不翼而飞了。

"世界货币"的功能也属于金属货币的载体特性，因为在金本位制度下，各国货币都有法定含金量，可以按照各国货币含金量的比例来确定各国货币的兑换率。所谓世界货币，只是指黄金和白银这种特定的货币载体具有全世界都可以接受的属性，到了信用纸币时代，由于各国货币都与黄金脱钩，任何一国货币都与"世界货币"无关，除了某些国家的货币可以作为主要国际储备货币（如美元、欧元、英镑等），但这与世界货币还是有本质的不同。

至于"支付手段"，则属于货币的派生功能，因为货币作为所有商品交换比率的计量基准，可以交换任何商品，正是这种普遍的适用性，它才可以当做支付手段使用，用来支付债务和税赋。某些财富形式，比如股票、债券和房产，在部分场合也可以作为支付手段，也就是说，只要是具有债权性质的资产，都可以作为支付手段，支付只是货币作为交换比率的计量基准所派生出来的辅助功能。

所以，谈论货币问题，首先是要明确区分什么是货币的本体功能，什么是货币的派生功能，什么是货币的载体功能，这三者不能混为一谈。货币的本体功能与派生功能和载体功能，是主从关系，而不是并列关系，一旦交换比率的计量基准不复存在，作为派生功能的"支付手段"也就失去了存在的基础。而货币载体的功能，比如金银的贮藏功能和世界货币的功能，当货币载体从金银变成纸币时，这些载体功能也就随之消失了。

▶▷ 货币产生的条件

既然货币的本体功能是交换比率的计量基准，那么，是不是一旦交换出现，货币也就随之应运而生了呢？从货币产生的历史来看，还真不是如此。交换只是货币产生的基础。但仅有交换还是不够的，因为在不同的交换模式中，并不是所有的交易场景都需要货币出场。也就是说，货币的产生，需要有一些特定的条件。

交换虽然是人类社会经济交往的普遍方式，但根据交换范围的不同，又可以分为以下几种不同的类型：

（一）在有血缘关系的小群体内部进行的交换；
（二）在具有不同价值体系的人群之间进行的交换；
（三）在一个由陌生人组成的经济共同体内进行的交换。

根据交换内容的不同，交换也可以分为责任与义务的交换、服务与财物的交换以及物与物的交换。其中物与物的交换只是交换的一种类型，从时间顺序上说，它并不是最早发生的交换形态，也不是货币产生的最适宜模式。

大卫·格雷伯在他的专门论述债务的著作《债——第一个

5000年》中，举过一个典型的案例：在一个小而亲密的社会里，社会成员之间都有不同程度的血缘关系，部落成员之间并不遵循精确计算的原则，比如在南比克拉瓦这样的氏族社会中，亨利走向乔舒亚说："这双鞋真棒！"乔舒亚说："哦，其实不怎么好。但是既然看起来你很喜欢，那就拿去吧。"亨利拿走了鞋，却没有留下任何东西。真的什么也没留下吗？不，他欠下了乔舒亚一个人情，下次，也许是一年以后，如果乔舒亚需要土豆，而亨利也"恰巧"收获了土豆，亨利会分给乔舒亚一些，这两者的交换数量并没有精确的比率关系。亨利和乔舒亚之间交换的是互助的义务以及由此带来的人情交往。大卫·格雷伯企图用这个实例说明，货币起源于债务，其实，这种人情债与货币的产生没有什么关系，因为这里没有严格的价值计算，也不涉及利息的支付，因而不需要货币来确定交换比率和延期支付的成本。

对此，丹·艾瑞里的视角似乎更有道理，在《怪诞行为学》这部书里，艾瑞里讲述了一个类似的故事，假设一个人到岳母家参加感恩节的家庭宴会，在酒足饭饱之后，这位情商有限的女婿掏出钱夹，准备为岳母大人的辛勤劳作付费300美元，不用特别丰富的想象力，每一个人都可以描绘出一幅令人尴尬的场面，估计下次感恩节这位不识趣的姑爷将要独自守在电视机前叫外卖食品了。丹·艾瑞里认为，在现实生活中，人们生活在两个不同的世界里，一个服从社会规范，另一个服从市场规范，"社会规范隐藏在我们的社会本性和共同需要里。它一般是友好的、界限不明的，不要求即时回报的。"[①] 而在市场规范的世界里，交易当事人不存在血缘、亲缘和地缘的关系，因而不存在亲情和友情，利

---

① ［美］丹·艾瑞里：《怪诞行为学》，赵德亮译，中信出版社2011年版，第58页。

益的交换需要用某种计量单位来精确测量，一方的付出需要得到即时的回报，当对方无法立即兑现回报时，就要向对方索取交换的凭证，以便用作未来索取权利的证明。只有在这时，货币才会向我们招手。

这里涉及货币产生的第一个条件，即社会分工已经扩展到彼此之间无血缘联系的人群之中，分工的内容也扩展到社会领域，包括管理职能与生产职能的分工。交换的内容不仅仅局限于有形的物品，也包括诸如责任与义务、劳务与服务这些无形的支出。由于是在陌生人之间进行交换，亲情关系已经不再作为互助的决定因素，取而代之的是对得失的计算。而要对具有不同使用功能的商品计算得失，前提是发明一种通约所有交换品的度量衡，以提供共同的计量单位。

这里引申出货币产生的第二个条件，即不同的交易主体之间需要有共同的评价体系。远古时期渔猎部落与农耕部落之间交换农产品和海产品，如果双方的评价体系不同，就只能停留在物物交换的阶段，很难产生统一的货币。在中国，有文字记载和考古证据的初始货币是海贝，海贝是软体动物的贝壳，广泛分布在印度洋和太平洋的浅海地区。有各种形态、颜色和尺寸。最多产的地区是马尔代夫群岛。[①] 这里与地处中原大陆的农耕民族之间，存在着生存条件的巨大差异。中原地区的贝币肯定是从沿海地区传输进来的，作为货币也只限于在农耕民族内部使用，在与沿海的渔猎部落进行交换时，农耕民族不可能用贝壳作为支付手段，这是因为，对于沿海部落来说，贝壳不具有资源稀缺度。

类似的例子还有欧洲殖民者用廉价的玻璃珠和小铜铃交换美

---

① Glyn Davies, *A History of Money*, University of Wales Press, 2016, pp. 37 – 38.

洲印第安人手中的黄金和珠宝，由于双方没有共同的评价标准，以现代人的眼光来看，欧洲殖民者用廉价的玻璃珠交换黄金，无疑是占了大便宜。印第安人之所以接受这种交易，是因为用印第安人的评价标准无法对彩色玻璃球进行准确估值，至少以他们当时的生产技术无法复制出同样的产品，在印第安人眼中，这种"不平等的"交易似乎没有什么不妥，他们是否将玻璃球误认为是一种更漂亮的宝石也未可知。也就是说，在不同族群之间进行交换时，只有在双方具有共同的评价体系时，货币才可以产生。

具备了上述两个条件之后，还有一个问题需要解决：如果共同的计量标准经常发生大幅度波动，这意味着用货币标价的交换比率总在发生改变，肯定会给交换带来不利影响，从而产生了稳定币值的需求。在历史上，人们获取货币稳定性的方式通常有两种，一种方式是采用具有较高稀缺性的物质作为货币制作的材料，比如黄金，除了作为货币以外，还可以用作装饰品，这等于是为货币的信用提供一个使用价值的保证；另一种方式是由发行机构提供信用担保。这种担保可以来自公权力、商家的信誉或者共同的行为规范。但不管是哪种方式，都要足以保证计量标准不会发生频繁的变化，这个要求构成了货币产生的第三个条件，即具备稳定币值的手段。

即使上述条件全都具备，如果所有产品都进行现场交易，货币依然没有产生的必要，比如，巴西的南比克瓦拉人和澳大利亚阿纳姆地（Arnhem Land）的冈温古（Gunwinggu）人，他们在同别的族群进行接触时，以互换礼物等方式完成交换。[①] 这里，交

[①] 参见［美］大卫·格雷伯《债——第一个5000年》，孙碳、董子云译，中信出版社2012年版，第31—32页。

换虽然也是在陌生人之间进行，并且也对某些物品产生共同的价值评价，比如某种锋利的长矛和装饰用的珠串，等等，但由于双方的交换是一次性完成的，当交易达成时，双方都完成了支付。因此没有索取记账凭证的需要。也就是说，即使是陌生人之间的交换，只有在不能即时兑现的时候，货币才能派上用场。交换在时空上的分离成为货币产生的第四个条件。

当所有上述四个条件全都具备时，货币就要粉墨登场了。

在所有主流经济学的教科书中，唯一与本书的货币定义接近的说法是记账单位的表述，L. 兰德尔·雷在《现代货币理论》中将货币定义为"一般的、具有代表性的记账单位"。这种定义虽然描述了货币的符号化特征，但表述方式并不准确，因为它没有揭示出货币作为记账单位的对象是什么，也没有说明它的计量标准如何确定。

概括起来说，如果用毫无实用价值的记账凭证作为货币，它记录的仅仅是社会成员之间各种物品、服务和权益交换的比率，是持有者曾经为其他成员提供物品或服务的证明，它代表着一种权利，即用它来索取其他物品和服务的权利。这构成了货币的本体功能，货币的其他功能都是从这个本体功能派生出来的。在几千年的货币演化史中，货币的本体功能始终没有改变，发生变化的只是货币的载体，以及由这些载体演变出来的派生功能（比如贮藏手段、支付工具、世界货币等）。长期以来人类在货币问题上的种种迷失，既与货币本体功能的认知缺陷有关，也与货币载体带来的幻觉有关。

当数字货币脱颖而出的时候，货币的所有派生功能都消退于无形，其本体功能以最纯粹的方式显露出来。我们在后面还会向读者介绍数字货币的一些独到之处，如透明性、可追溯性以及不可复制性（并不是去中心化）等特质，将在不远的将来给货币制度带来怎样的变化。

认识货币的本体功能具有特殊的意义，这是认识所有问题的关键，如果承认货币的本体功能是交换比率的计量基准，那么，对于什么是货币，以及比特币算不算货币这种争论不休的话题，就有了一个基本的判断依据。对于货币的本体功能有了基本的认知之后，我们对于货币的发行、货币的衍生、货币的借贷，货币与债务的关系、通货膨胀的本质、货币制度的设计、货币政策的制定、汇率的安排、财政补贴的方式等一系列问题都会有完全不同的解决办法。下面，就让我们从这个全新的视角，一步一步走进货币的迷宫。

第二章
铸币权是否可以私有化？

货币作为交换比率的计量基准，涉及所有交易当事人的利益，因而，货币发行权的归属就不是一个可以随意决定的事情。在实物货币阶段，由于货币载体表现为物体的自然形态，无需专门制作，实物（比如牛、粮食、布匹……）的生产者也就是货币的制造者，因而不存在"铸币权"的归属问题。

到了金属货币的时代，当货币按照统一的规格专门制作，并且具体规定了其中的含金量和票面价值的时候，相当于货币发行方为整个社会提供了一种"公共产品"。这时，货币发行主体在铸造货币的过程中，需要履行一种公共管理职能，即保证计量标准的稳定性和公正性。作为对这种公共管理职能的回报，货币发行单位可以收取铸币税（铸币税通常是指货币的发行成本与票面价值之间的差额，当货币当局发行减值货币时，就相当于提高了铸币税）。

从这个意义上讲，货币发行过程本身也是一个交换的过程，即货币发行者提供货币这一公共产品的制作、发行、流通、信用等一系列公共管理职能，民众以缴纳铸币税作为交换。这样一来，其发行模式也要服从交换的规律，即铸币税的获取不能超越公共管理职能的重置成本。作为一种公共产品，货币供给数量的不足或过度，都会给社会生活带来负面影响，这意味着货币管理当局的失职，其货币发行主体的合法性就会面临挑战。但由于铸币税的利益过于巨大，而货币发行主体有时候又会出于短视或贪婪，经常会偏离这一职能定位，利用铸币权实施巧取豪夺。于是，铸币权的归属就成为一个富有争议的话题。

那么，货币发行权归属于什么机构才是最佳选择呢？在货币发展史中，曾经有过各种各样尝试和争议，直到今天也没有得出确定性的结论。奥地利学派的领军人物哈耶克曾经就这个问题写过一本书，书名就是《货币的非国家化》，他认为由私人银行发行竞争性的货币不仅是完全可行的，而且由于废除了政府对货币发行的垄断，还"能够防止过去60多年中困扰整个世界的严重通货膨胀与通货紧缩的一次又一次发作……它也是医治某种更为根深蒂固的疾病的一剂猛药：即周期性的萧条与失业"[①]。

哈耶克为我们描绘了一幅美好的画卷，好像只要将货币发行权下放给私人机构，一切令人心烦意乱的危机就会离我们远去。但为什么私人机构发行货币可以避免通货膨胀和失业，哈耶克并没有给出明确的解释。这种缺乏论证的观点很快就在商业社会的喧嚣中被人们所遗忘。数字货币的出现，又让这个一度沉寂的话题再次变得喧闹起来，据说，数字货币的一大重要特征就是"去中心化"，即由竞争性的私人机构，而不是某个权威性的中心来

---

① [英] 弗里德里希·冯·哈耶克：《货币的非国家化》，姚中秋译，新星出版社2007年版，第150页。

发行货币。如果本位货币的发行真的可以通过市场化的方式实现，这种方式是否如哈耶克先生所期望的那样，从此杜绝通胀和通缩，并消除萧条和失业，这就是本章所要讨论的话题。

在讨论之前，我们首先要明确一个概念，即货币的发行量与货币的供给量不是一回事。货币的供给事实上分为三个层级，第一个层级是本位货币的发行；第二个层级是代用货币的发行；第三个层级则是货币的衍生。对这三个层次的分析是理解货币发行和供给数量的关键。本章主要讨论本位货币发行权的归属问题，代用货币的发行和货币的衍生则放在后面逐一讨论。现在，让我们先看一些有关货币发行权归属的陈年旧案。

▶▷ 铸币权的归属

以贵金属作为货币的载体，除了金属本身的效用价值比较稳定外，也存在一些问题，比如成色无法肉眼甄别，重量难以精确测量等等。金属货币要获得社会成员的普遍信任，需要有专门的发行机构对金属进行加工，制作成统一的规格，其中包括货币的外观、各种成分的含量以及票面价值，等等。

在西方，有文字记载的最早金属铸币，是在公元前 7 世纪由吕底亚（在今土耳其境内）王国铸造的金币。铸币呈椭圆形，用琥珀金（electrum，一种天然的金银合金）作为制作材料。钱币的一面打印有一个符号，另一面则为一种近似直线的图案，后来又演变成一些动物——狮子和海豹——的图像。这种货币属于十分"昂贵"的货币，民间很难用来进行小额交易。它的主要功能是用于吕底亚国王的军队费用和其他政府官员的薪俸支付，因而它的发行主体也自然归属于吕底亚王国的政府机构。

由吕底亚王国发明的制币技术很快传播到希腊半岛，在雅典暴君佩西斯特拉托斯（Peisistratus，在位时间为前561—前527）以及他儿子希庇亚斯和希帕克斯（在位至前508）的统治下，雅典进入货币化时代。佩西斯特拉托斯创建了一种银币体系，用于支付市政建设、司法和军队的工资薪酬。资金的来源主要有两个方面：一是雅典从被保护城邦征收的供金；二是雅典城邦向市民征收的累进税。[1]

雅典最初铸造其著名的猫头鹰币是在公元前6世纪后期，大约是在僭主希庇亚斯统治下开始的。雅典的德拉克马（tetradrachm）银币是历史上最广泛铸造的银币，大约生产了1.2亿枚，而且也是铸造时间最长的银币，时间大约从公元前5世纪到公元前1世纪。[2] 银币正面印有雅典娜的头像，背面是一只猫头鹰，配以橄榄树枝和希腊字母 AΘE，雅典银币最重要的职能是作为政府的支付手段，用以供养维持霸权的步兵和舰队。通常这些储备都存放在诸如帕台农神庙这样的建筑内，在伯罗奔尼撒战争前夕，卫城的雅典娜神殿就贮藏了大约3600万德拉克马。[3] 此后，随着欧洲的另一个文明中心罗马开始铸造金属货币，西方国家金属货币的使用成为主流。但金属货币的发行主体无一例外都是由国王指定的铸币机构或城邦国家的货币管理部门。

中国的情况则比较复杂，有文字记载的历史表述不一，《史记·平准书》记载，"虞夏之币，金为三品，或黄或白或赤，或

---

[1] William N. Goetzmann, *Money Change Everything: how Finance Made Civilization Possible*, Princeton University Press, 2016, p. 94.

[2] Ibid., p. 96.

[3] Ibid., p. 97.

钱或布或刀或龟贝",这意思是说,在夏朝时(中国是否存在夏朝在史学界是有争论的,但这不是我们讨论的主题)金属货币就有金银铜三种币材了。《管子》则确指夏禹以历山之金铸币,并多次提到西周的金属铸币。《汉书·食货志》记载:"太公为周立九府圜法,黄金方寸,而重一斤;钱圜函方,轻重以铢;布帛广二尺二寸为幅,长四丈为匹。"

那么,中国古代统治者铸币的动因是什么呢?根据先秦时期的典籍记载,铸币的直接原因是抵御自然灾害的影响,如《国语·周语》说:"古者,天灾降戾,于是乎量资币,权轻重,以振救民。"而《管子·山权数》则记载,由于连年水灾,夏禹组织人们"以历山之金铸币",用以帮助迫于饥荒卖掉儿女的人赎回子女。据说商汤在位时连续七年旱灾,"汤以庄山之金铸币",也是出于同样的动机。《周礼·地官·司市》上也讲,"国凶荒、札丧,则市无征,而作布(布币)"。灾年铸币的说法目前还没有确切的考古发现证明真伪,但金属铸币最初是出于国家公共管理的需要,而不是民间商业交换的需要,可能属于符合逻辑的推论。

中国有考古证据的最早金属货币,是商朝的铜贝。铜贝的制作比较粗糙,形状也不固定,没有统一的使用单位,流通范围也比较有限,在市场上曾与海贝同时使用。中国的铜贝是迄今为止世界上最早的金属货币。到了春秋时期,各诸侯国铸造的金属货币,还带有实物货币的痕迹,如刀币和布币,就是由兵器和农具演变过来的形制。此时,金属货币与其他的实物货币如布帛、珠玉等同时流通。秦王朝统一中国后,开始整顿币制,将货币分为二等:黄金以镒为单位,二十两为一镒,名曰上币;铜钱为下币,质如周钱,文曰"半两",重如其文。珠玉、龟贝等不再作为货币。中国专以金属为币是从这个时候开始的，与此相伴随的是铸币权向中央政府的集中和统一。

中国古代的金属货币，曾经有称量货币和非称量货币之分。所谓称量货币，是指没有特定制式的货币，流通时需要鉴定成色和称衡重量，比如我国商周时期的铜块和铜饼、汉代的金饼（通常重一斤或一两较为常见）以及后来发展成一定规格的金银锭，都属于这种类型的货币。称量货币的发行主要依赖自然产量，官方很难控制和垄断。而非称量货币，比如，纪重铜钱和通宝铜钱，货币本身的"含金量"与其"票面价值"并非一致，或者说，货币所标明的计量标准与其载体本身的价值存在差距，这就需要有人或机构为其做信用背书，以保证货币可以正常发挥计量基准的作用。

在东西方的历史上，货币发行权出现了不同的演化路径。西方由于长期的封建割据状态，铸币权出现了分散化的倾向，在古希腊，每一个城邦国家都有自己的铸币。在中世纪的德国，各个封建领主的铸币机构曾经多达600多所，即使到了近代，意大利的一些城邦国家，如威尼斯、热那亚和佛罗伦萨等，也都有自己独立的货币发行系统。严格说来，这种铸币方式都是与行政管辖范围相一致的，只不过欧洲的权力格局长期处于分散的状态。

在中国，本位货币的发行权一直有国家垄断的传统，秦统一之前，由国家垄断货币发行就已经形成独立的理论。《管子·国蓄》中谈到，"黄金刀币，民之通施（通货）也，故善者执其通施，以御其司命，故民力可得而尽也"。而要达到"执其通施"的目的，则必须"自为铸币"。这种观点在中国历史上一直占据统治地位。中国与西方国家不同的地方在于，中国的铸币权长期集中于中央政府，而西方的铸币权则经常归属于分封割据的地方行政当局。

那么，这种铸币权的分布是一种历史的必然还是出于巧合呢？在中国历史上，也曾经出现过铸币权分散化的实验，但最终都以失败告终。研究这个典型案例，有助于我们了解不同选择之间的利弊。

▶▷ "放民私铸"的后果

在中国汉代，也曾经做过多次货币"去中心化"的尝试，不过那个时代不叫"去中心化"，而是叫"放民私铸"。在铸币权反复收放的背后，并非像今天这样有浓厚的意识形态背景，而是出于非常实际的利益考量。

秦始皇统一中国之后，全面实施中央集权的治理体制，不仅推行"书同文、车同轨"，还对度量衡和货币都强制推行统一的标准。秦朝发布法令废除六国货币，统一铸秦半两钱，并延续秦国颁布的"盗铸钱令"，禁止民间私铸钱币，违者要受到严厉的惩罚。

秦朝灭亡之后的楚汉相争时期，刘邦为了筹备军饷，宣布废除秦朝的"盗铸钱令"，允许百姓自由铸造半两铜钱。这是中国历史上第一次将铸币权下放到民间，铸币权放开的结果，与最初的预想大相径庭。地方势力和豪强富商趁机滥铸恶钱。钱币轻小粗劣，形同榆荚。初重三铢，后仅重一铢左右。奸商囤积居奇，物价飞涨，米每石高达万钱，马一匹价值百金，价格出现失控局面。汉王朝建立之后，这种货币乱象已经严重影响到社会稳定，高后二年（前186），朝廷决定收回铸币权，废除放民铸钱的法令。由官方机构统一铸"八铢八两"铜币，钱文半两，铸币质量有所改进，这是汉朝第一次收回铸币权，整顿货币发行秩序。

那么，由政府垄断货币发行权情况又会如何呢？在正常情况下，政府出于长治久安的考虑，多少要顾及社会秩序的稳定，一般不会无节制地滥发货币。但在掌权者对自己的权力延续心存疑虑的情况下，可能就不会考虑那么多了。高后六年（前182），吕氏三王专权，面对刘氏宗亲随时可能发动的反攻倒算，吕氏三王施政大多短视而贪婪，在位期间，多次搞铸币减重，改铸"五分钱"，钱文半两，重二铢四絫，仅为秦半两钱的 1/5。[①] 造成物价普遍上涨，引起民间怨愤。

文帝五年（前175），汉王朝取消五分钱，改铸"四铢半两"，由于之前由政府监制的铜钱越铸越小，恢复铜钱形制需要增加用铜量，这意味着巨大的铸造成本。当时朝廷拿不出这笔资金，于是准许民间和诸侯大臣私铸。这一次汉文帝放民铸钱，吸取了汉初的经验，采取官督民铸的方式，由官府规定新铸铜钱的标准，要求新铸铜钱必须达到四铢的重量，并制定法律，禁止不合规制的铜钱进入流通。这次放民私铸虽然避免了粗制滥造的弊端，却出现了新的问题。吴王刘濞和宠臣邓通，都各自铸钱，形成吴、邓铸钱满天下的局面。这等于是天下衡器被地方割据势力所掌握，在中央控制力被减弱的同时，各诸侯国得以招兵买马、拥兵自重，这也为后来的"七王之乱"埋下了伏笔。

汉文帝放铸，初始动机是为了将增重成本转嫁给地方和民间。到了汉景帝时，一方面是货币供给的状况发生了变化，这时

[①] 参见郭彦岗《中国历代货币》，商务印书馆2007年版，第23—25页。

候钱重货轻，铸钱可以获得超额利润。另一方面，地方诸侯利用铸币权扩充实力，如吴王刘濞因拥有铸币权而富甲天下，获得与中央政府分庭抗礼的资本，导致了"七王之乱"的发生。景帝在平定了"七王之乱"后，于中元六年（前144）收回铸币权，颁布"铸钱伪黄金弃市律"，用以削弱地方势力，增强中央的管辖权。到了武帝元狩以后，则进一步加强中央集权，严禁郡国和私人铸币，犯私铸钱币罪被处以刑罚者多达数十万人。

汉匈战争期间，汉武帝实施虚币敛财政策，与汉景帝时钱重货轻的状态正好相反，货币贬值，物价飞腾。汉武帝元狩五年（前118），有司奏请各郡国铸五铢钱。这是汉朝再一次下放铸币权，实施后，各郡国不堪钱币加重的成本，郡国五铢钱的质量无法保证。于是，汉武帝元鼎元年（前116，一说是在元鼎二年），收回郡国铸币权，再次将铸币权集中到中央，由专司铸造发行钱币的机关"锺官"负责管理，改铸"赤仄五铢"，规定此钱一枚当郡国五铢钱五枚，朝廷税负收支只准采用"赤仄五铢"。汉武帝元鼎四年（前113），汉王朝政府又废"赤仄五铢"，改铸上林三官钱。所谓三官，是指大司农（下设两丞，一个管粮食、一个管货币）、少府（主管宫廷度支）和水衡都尉（主要负责皇室的土地管理、赋税征收以及货币铸造）。上林三官钱铸行之后，一切旧钱均被废止，半两钱彻底退出流通，实行逾百年的半两钱制度，为五铢钱制度所代替。[①]

武帝以后的昭、宣、元、成、哀、平六帝，均继续铸行上林三官五铢钱，总体形制不变，共铸280余亿枚。在西汉后期100多年的时间里，出现了中华货币史上第一次全局性货币稳定。这

[①] 参见石俊志《中国货币法制史概论》，中国金融出版社2012年版，第86—91页。

种局面主要得益于对匈奴战争的决定性胜利，汉朝在较长时间内解除了重要的外部威胁，国家财政的压力因而减轻，无须通过货币减重来弥补财政赤字。与此同时，中央政府对货币采取稳定政策，实施一系列措施保证五铢钱的货币质量和币值稳定。西汉时期，五铢钱的形制和质量不断改进，很少削弱，获得了民众的信任。

昭帝始元六年（前81），汉王朝召开了一次讨论重大政治经济政策的盐铁会议，主题是盐铁专卖，其中也讨论了铸币权问题。参加这次会议争论的有两派，一派是主管财政以桑弘羊为代表的大夫派，他们主张中央独占铸币权，认为钱币私人铸造会造成天下大乱；集中铸币可以使民信不疑，通过控制市场，达到调节市场、畅通万物的目的。这种货币名目论的货币思想，在后来的中国货币发展史中占据了主导地位。另一派是以霍光为后台，由郡国和地方的"文学""贤良"组成的文学派。他们代表地方割据势力，主张分散铸行货币，指责官钱轻重不一，币值不足，淆杂害民。有趣的是，双方都认为币值的稳定是关乎国计民生的重大事项，都认为对方的主张会导致货币贬值。

平心而论，就汉朝初期的历史来看，不管是官铸还是私铸，都有货币减重的现象，官铸货币的减重主要发生在吕氏三王时期和汉匈战争时期，到汉武帝铸上林三官五铢钱时，就基本得到纠正。也就是说，从公共治理的角度来判断，由中央垄断铸币权导致货币减重的问题并非是必然结果。放民私铸出现的货币减重，是在汉初的时候出现的。汉文帝时期的"官督民铸"，并没有出现严重的货币减重现象。但汉文帝的"官督民铸"，并不是完全的"去中心化"，应该属于"计划和市场"结合的产物。在事实上还是存在一个中心的，即中央政府对货币的制式和"含金量"做了严格规定，并且严刑峻法监督这些规定的执行。从实施效果来看也还不错。地方势力借铸币权培植羽翼，拥兵自重，对中央政权形成威胁，可能是汉王朝最终收回铸币权的决定性因素。

在此次会议上，主张中央集中铸币的思想占了上风，并且从此奠定了中华民族随后两千多年的管理理念，中央政府垄断铸币权成为历朝历代的基本"国策"。铸币权的归属不再成为可以臧否的话题。汉代放民私铸的尝试最终使统治者明白，货币发行不仅仅是一门生意，不是合算就做，不合算就可以不做的事情。铸币权的归属关乎社稷存亡的大计，不可轻言放弃。

汉代以后，中国历史上曾经多次出现铸造成本过高、发行货币反而亏损的情况，但历代统治者都没有因此而放弃铸币权，比如唐代宗时各种大小钱平价流通，当时的一千文用铜六斤，可六斤铜材在市场上的售价为三千六百文，这意味着买入铜材铸币是会出现严重亏损的，而熔化铜钱卖铜则可以获利两倍半，如果制成铜器销售，甚至可以获利三倍以上。但即使如此，也没有促使唐王朝做出放弃铸币权的尝试。

再如宋代铸小平铜钱，仅在初期获利，北宋中期至北宋末期则是无盈利或稍有贴赔的，南宋时期则出现严重亏损。[①] 同样也没有促成朝廷将铸币权下放。

明万历年间，市面上铜钱不足，明朝政府想增加铜钱的供给，却面临铸钱成本过高的困难。根据当时的工部尚书郭朝宾的计算，铸造 5 文铜钱要耗费 1 分银的成本，而 1 分银按照当时的比价相当于铜钱 7 文。也就是说，每铸造 5 文铜钱，必须承担 2

---

① 参见石俊志《中国货币法制史概论》，中国金融出版社 2012 年版，第 234 页。

文的贴赔。但明朝在1576年开始大量铸造并发行了万历通宝，且并没有减重。这意味着，明王朝不得不在币材价值高于票面价值的情况下铸造钱币。

政府贴赔铸币的做法之所以行得通，是因为政府发行货币，除了享有铸币税的好处之外，还有一种社会责任需要承担，即保证"天下衡器"的稳定，政府在为货币的购买力提供了信用担保之后，同时也为自己的赋税收入的价值提供了担保，从长远来看，对政府本身也是有利的。毕竟，币材价格超过币值的局面不可能长期维持。从实际操作的情况来看，发行高成本铸币由于保证了政府的信用，并没有引发治理危机，反倒是政府发行贬值货币，屡屡引起灾难性的后果。

▶▷ 纸币由谁来印？

到了信用货币时代，不可兑换的纸币成为本位货币，由于脱离了与金属货币的兑换关系，纸币只剩下符号功能，已经不具备币材上的使用价值。在纸张上印一些花花绿绿的图案就可以当银子使用，如何让使用者相信它的信用，就是一个必须解决的问题。

什么样的发行主体才能完成对纸币的信用背书呢？在数字货币没有出现之前，通常的做法，是由政府承认纸币作为税收支付手段的合法性，或者用国家债务为纸币做信用担保（这两者其实是一回事，因为国家债务原则上也是要靠税收偿还的，印钱还债等同于赖账）。但做到这一点还远远不够，因为纸币发行的低成本和易仿制性，需要有外部强制约束来规范货币的发行，防止民间复制和伪造货币。由于私人资本具有逐利的特性，并且不具备对伪造行为进行惩治的手段，由公权力来承担纸币印制可能是唯一的选择。尽管人类为此付出了巨大的代价，但纸币时代本位货币的发行权几乎无一例外地由政府执掌，应该不是出于偶然。

本位货币按照发行方式可以分为两种基本类型：一种是财政的支付式发行，另一种是央行的借贷式发行。在金属货币时代，货币发行通常采取财政支付发行的方式，即政府铸造货币，直接用做财政支付的手段，购买民众的产品和服务。

进入到纸币时代，有些国家依然保留了财政支付式发行的方式，但这种方式对于政府的限制过于宽松，由于纸币的印制不存在金属货币的资源约束，其制作成本相对于金属货币而言几乎可以忽略不计。在理论上，不可兑换的纸币在印制数量上没有上限，这就隐藏了一个风险：政府往往出于临时需求，如补贴战争开支或弥补财政亏空，通过大量印制纸币来缓解燃眉之急，并因此引发严重的通货膨胀。

为了避免这样的结果，目前大多数国家都采用央行的借贷发行方式。借贷式发行与财政支付式发行的区别在于，新增的政府开支，需要以政府债务作为信用背书，如果这部分融资不能用市场上现有的流动性全部吸收，就要通过央行的"借贷"来认购剩余的部分，央行"借入"的货币，就被视为货币增发。这种做法会对货币发行的数量形成约束，因为债务是需要还本付息的，即使政府不介意增加负债，但债券买入者却必须考虑债券的信用问题，当发行过多信用受到怀疑时，出借者可能不会买账，货币的债务式发行就会受阻。

在借贷式发行制度下，新增货币发行以增加债务的方式来实现。其实现的途径有三种：第一种是由央行通过"借入"货币买入政府债券中没有卖出的部分；第二种是进行公开市场操作，以"借入款项"买入政府发行的债券（在次贷危机和本次受新冠肺炎疫情冲击带来的经济衰退期间，这种买入还包括企业债和资产抵押债券等各种有价证券）；第三种是用"借入"的货币，将其作为基础货币再贷款给需要资金的商业银行。不管是采用哪一种方式，只要央行以"借贷"货币来购买债权或增发贷款，就可以看成货币的增量发行。

货币的借贷式发行等于为货币发行数量加了一个债务的约束。从政府的角度说，增加开支必须以借债的方式融资，政府增加的支出最终要通过未来的税收偿付，而且这种延期支付的款项还要对债权持有者支付利息。其币值稳定的基础建立在政府未来税收的保证之上。从央行的角度来说，在增加货币投放的同时，央行的资产负债表上同时增加的是资产和债务，至少在理论上，这笔债务是需要"偿还"的。

为了便于读者理解，我们不妨举例说明，假如美国财政部要发行1000亿美元国债，先由美联储"借入"1000亿美元买入国债，然后再由美联储销售给其他投资者，假设只卖出了600亿美元，美联储将卖出的600亿美元还给"出借人"，剩下的400亿美元计入美联储资产负债表的负债项，与400亿美元的国债资产相对应。这时，在美联储的资产负债表上多出了400亿美元美国财政部债券的资产，同时也多出了400亿美元的"负债"。财政部拿到了1000亿美元借款，其中600亿美元是由民间认购的，吸收的是原有的流动性，不存在货币增发问题，剩下的400亿美元在原有资金池中并不存在，是美联储"借"来的钱新注入进去的，这部分资金则属于增发货币。

公开市场操作也是同样的道理，假如市场上的流动性紧张，美联储释放流动性以缓解"钱荒"的方法是，美联储用"借入"的货币在公开市场买入有价证券，假定是1000亿美元，当操作完成时，美联储的资产负债表上多出了1000亿美元的资产，同时也多出了1000亿美元的债务。市场上会少了1000亿美元的债券，却多出了1000亿美元的流动性。通过这种操作，美联储增发了货币，以达到缓解流动性紧张的目的。

第三种货币增发的方式，是美联储用"借来"的钱以较低的利息贷给商业银行，再由商业银行将这笔资金贷放给需要资金的用户，其道理也是一样，都是通过借贷的方式来增加市场的货币供给量。

中国的货币发行与美国有所不同，在改革开放以前，中国的货币发行属于财政支付式发行，国有企业的利润全部上交国家，而各个产业部门的投资款项则由国家无偿划拨，这样一种投融资体制，决定了基础货币的投放是政府根据经济发展需要来安排投放数量（至于决策是否适宜则另当别论）。这种货币投放方式带来的最大问题是企业没有经营的压力，成为经济缺乏效率的重要原因之一。

在改革开放之初，货币发行体制的改革成为首当其冲的目标。从1979年开始，在北京、上海、广东开展了"拨改贷"的试点，即基础设施建设投资由过去的无偿划拨，改为银行贷款。1985年1月这一政策开始在全国推广。虽然"拨改贷"的资金名义上属于"贷款"，但性质上仍旧属于财政资金，使用单位需要偿付本息，资金在银行回收后要上交中央财政或地方财政。

1994年外汇体制改革以后，中国的国际收支持续"双顺差"，外汇市场供大于求，央行被动入市干预以维持汇率稳定，导致外汇储备激增，央行外汇占款增加，货币供给量也被动扩张。外汇占款在基础货币投放中的比重逐年增加，从1995年的32%，发展到后来的90%以上。这种货币投放渠道的变化，造成了产业结构的扭曲，那些出口企业，通过结汇可以得到人民币资金，资金相对充裕，而内向型企业，则因央行回收再贷款的利率和贴现率较高而得不到充分的资金支持。在市场机制的作用下，会促使生产要素进一步向外向型部门转移，从而形成中国产业结构的对外依赖性。与此同时，央行货币政策的独立性和主动性也出现下降，增加或减少货币投放与外汇占款的多少有着密切的联系。

出现这种情况，是因为中国改革开放，特别是加入WTO以后，产业结构已经纳入以美元为中心的国际分工体系，美元作为世界的主要储备货币和国际结算货币，掌握了全世界大宗商品特别是石油等战略物资的定价权。虽然中国已经成为世界上最大的制造业中心，但对外贸易和资本项目都要以美元计价，导致中国的巨大贸易盈余和资本入超以美元外汇储备的方式进入央行的资产负债表，中国的货币发行在一定程度上被外汇占款的变动所左右。

中美之间这种特定的国际分工结构，也导致两国货币发行机制的区别。美元作为国际主要储备货币，导致美元的增发，有很大一部分是在美国本土之外的地方流通，并且很难在美联储的资产负债表和美国商业银行的账户上体现出来。大量增发的美元变为各国的外汇储备和私人流动性资产，以及为逃离监管和审计而进入各种"避税天堂"，形成投机性"热钱"。现在没有人能说清到底有多少美元在市面上流通，这个问题只有在美元霸权崩溃的时候才能够揭晓，不过到了那个时候，说什么都已经太晚了。

美元的国际性流动至少让我们明确了一点，对于货币发行的研究，不能受教科书中封闭经济模型的束缚，需要考虑以美元为中心的世界经济体系的运行机制，将本国的货币发行置于开放模型中考察，才能够说明问题。

▶▷ "去中心化"是数字货币的基本特征吗？

由于纸币时代的货币发行被中央银行所垄断，不管是企业还是民众，对于货币发行都没有发言权，货币政策越来越成为少数精英人物的特权。面对这种情况，人们自然会想到，能否发明一种纯粹的货币，可以不受政府意志的影响，以完全透明的方式来决定货币的发行数量呢？

为了回答这个问题，自20世纪90年代开始，有人陆续做了一些数字货币的实验。如DigiCash、B-money、Beez、Flooz和稍后的Bit Gold、ECash等，不幸的是，这些尝试无一不以失败告终。由于最初的数字货币存在设计缺陷，一旦发行方的信用受到质疑，或保管总账的中央服务器被黑客攻破，马上就会面临信用破产的危险。而比特币这种类型的数字货币，其设计思路就是要在私人货币的信用上取得突破。

我们知道，货币发行如果不设立中心化的管理机构，发行者面临的最大障碍，就是如何取得货币信用，而取得货币信用的前提是如何防止货币被减值、复制和篡改。数字货币如果只是一串字符的话，被复制的成本很低，如果没有中心化的权力机构做强制性的约束，很容易出现货币造假。那么，在取消中心化机构之后，数字货币又如何解决有关货币信用的这一千古难题呢？

比特币的设计者将货币的发行与货币的管理以区块链的方式结合在一起。比特币的发行是参与者利用自己的设备进行"挖矿"（即货币发行）的过程，这个过程其实是将前面的交易进行特殊化处理，在对前面交易进行成功验证的同时，也即时创造了一个新的区块链。"矿工"们的"挖矿"行为，是将过去一段时间内发生的、尚未经过网络验证的交易信息收集、检验、确认，然后打包加密成为一个无法篡改的交易记录信息块，成为比特币网络公认的交易记录，作为比特币的档案，被永久保存。在比特币的世界里，大约每10分钟会向公开账本记录一个数据块，每一个挖矿的机器都在试图打包这个数据块再提交给比特币网络，成功提交的矿工可以得到一笔额外的报酬，即新生成的比特币。

挖矿的行为，实际上是在进行争夺记账权的竞争，大家比的是在10分钟的时间里谁能找到一个随机数，这个随机数与上一个数据块的哈希值合起来可以满足某个条件的最小哈希值：这个值越小，对应的难度系数越高，由于哈希值是随机的，只能通过穷举法得出，矿工们比拼的是矿机的算力。由此可以看出，比特币的发行与传统货币当局的货币发行的最大区别在于，比特币的发行数量和发行速度是预先公开设定的，不可能被个人随意修改，发行渠道则通过算力竞争来实现。

比特币创造出来之后，在得到特定人群承认的情况下，就可以作为货币使用了。在传统的货币发行体系中，货币发行机构有国家公权力的支持，可以动用司法力量对货币造假进行打击，尽管成本较高。这里又产生了一个新的问题，即私人发行的竞争性货币，由于失去了国家强制力的约束和支持，如何避免货币的伪造呢？

比特币的设计者采用区块链的技术特性来建立防伪机制。区块链技术是将所有得到验证的数据块连接为一个不可分割的链条。修改其中的任何一个数据，会导致此后的所有数据块都无法验证成功。除非你的计算速度比整个比特币网络的计算速度更快，这意味着要拥有超过整个网络50%以上的计算力才可以保证篡改被接受。这就是所谓的"51%攻击法则"。任何一方拥有50%以上的算力在技术上出现的概率接近于零。也就是说，比特币通过全网验证的方式，杜绝了伪造货币和重复使用货币的问题，这样一来，货币发行与货币流通的监管，在没有中心机构的情况下，也可以进行了。

比特币本质上是一个相互验证的分布式记账系统。它不需要中央服务器，每个参与其中的计算器都是这一全网链接记账系统的复制节点，每个账号的数额变化，都会记录在全网的区块链总账本上，而且每一个客户端都会同步记录数据变化，并保留一份完整的账本，这就是说，比特币的交易数据的公开化和全网数据的同步化，决定了每一个客户端的知情权和任何一个客户端都没有凌驾于其他客户端的决定权，这种通过计算力投票权建立起的P2P契约，是在交易者之间零信任的基础上达成的，但却可以正常运转。

有人认为，以比特币为代表的数字货币建立的基础，是所有参与者对这套系统公开透明和公平公正抱有信心，而不是出于对发行者品行的信任。但我认为，这不过是换了一种说法，比特币的信用依然来自信任，只不过这种信任不是针对某一特定的机构或个人，而是针对货币的发行系统。数字货币可以没有效用价值，但只要基于算法系统的信用值可以保证它发挥记账单位的本体功能，就可以作为货币使用。与以往传统货币不同的地方在于，比特币的信用不是来自发行机构的授权，而是来自发行系统的有效性。在去中心化的过程中，比特币还能解决货币被伪造、交易记录被篡改的旷世难题，完成了在以前看来是无法完成的任务，作为这一发行方式的开创者，它的设计理念和解决方案，有着重大的意义。

但我们同样必须正视的是，比特币在设计上存在重大缺陷，主要表现在以下四个方面：

（一）"矿工"通过"挖矿"来寻找可匹配"哈希值"的做法，需要耗费巨大的能量，电力的损耗是一个不可忽视的成本，根据 Digiconomist 的比特币能耗指数，截至 2017 年 11 月 20 日，全球比特币挖矿的年耗电量约为 29.05TWh。这相当于全球总耗电量的 0.13%，虽然占比并不大，但比特币的用电量已经分别超过了 159 个国家的年度用电水平。而且，比特币挖矿用电量还在以惊人的速度增长，据 Bitcoin Energy Consumption Index 估计，按照目前的速度，比特币在未来终将消耗掉全球所有电力。不管这个论断是不是准确，但电力消耗居高不下有可能成为"比特币"这类数字货币发行的最大发展瓶颈。

（二）以比特币为代表的数字货币既没有与黄金等贵金属完成价值锚定，也没有与石油和粮食等大宗商品形成结算关系；更没有获得政府授信，缺乏币值锚定机制，行情大起大落，很难履行记账单位的货币职能，这也构成了比特币等数字货币进一步发展的障碍。

（三）数字货币的挖矿模式，本质上是比拼矿机的算力，随着发行规模的扩大，计算量也呈指数级上升，达到一定的阈值之后，就会对数字货币的发行形成制约。总数只有 2100 万枚的比特币已经不堪忍受算力的负荷，如果在一个国家甚至世界范围内推广一种数字货币，目前的发行方式显然存在发展瓶颈。

（四）数字货币的"去中心化"设计虽然可以做到货币发行量的透明化和不可篡改性，但是，这只是对一种数字货币而言。由于目前世界上流行着几千种各种类型的数字货币，这么多竞争性的货币发行中心，如何避免发行总量失去控制呢？至少我们目前还只能寄托于优胜劣汰的自然法则，至于人类将为此付出什么代价，目前还不得而知。倒是 ICO 的跑路现象以及比特币发起机构曝出的贪腐丑闻让我们不得不对此持谨慎态度。

其实，纸币发行的中心化设计，最大的问题是它的不透明性，而数字化货币的分布式记账方式恰恰可以解决这个问题。也就是说，数字货币可以在保留"中心化"设计的同时，避免原有中心化体制的弊端。从这个意义上讲，数字货币完全可以被央行所利用。至于央行应该如何发行数字货币，我们放到第十章讨论。

从货币的本体功能出发，发行货币就是发行一种为社会普遍接受的交换比率的计量基准，由于这个计量基准涉及参与交易的各方利益，货币发行需要最低限度的公正性。"铸币权"的归属，最终取决于什么样的发行主体和发行机制可以更好地履行货币的公共管理职能。从这个角度来讨论问题，就有了一个客观的评判标准。从货币发展的历史来看，将"天下公器"交给私人机构似乎不是一个好的选择，私人发行的数字货币也没有给我们提供足够的证据来支持"去中心化"的设计,比较现实的路径是如何利用数字货币的公开性来制约政府发行货币的决定权。

到目前为止,我们讨论的都是本位货币的发行,而货币供给问题远没有那么简单,后面,我们会逐个分析"派生货币""影子货币"和"共生货币"是如何使央行对货币供给逐步失去控制的。但在展开分析之前,还有一个问题是绕不过去的,这就是货币与债务的关系。

第三章
货币就是一张欠条吗？

一个不可否认的事实是，货币从产生的初始，就与债务联系在一起，并且随时相互转换，债务就像货币的影子一样伴随着货币的前世今生，以至有些经济学家断言，货币就是债务。

最早将货币等同于债务的是19世纪货币信用理论的倡导者，英国经济学家米切尔·英尼斯，他认为，货币并不是一种商品，而是一个抽象的衡量单位。它的衡量对象就是债务。英尼斯直接断言："一枚硬币就是一张欠条。"[①] 这种论断，也得到不少经济学家的赞同，凯恩斯是其中比较有代表性的一位。在《货币论》中，凯恩斯按照货币发展的不同阶段，将货币分为计算货币、正式货币、银行货币和表征货币这四种演化形态，凯恩斯认为前三种货币演化形态都与债务有关，或者干脆就是债务，只有正式货币，即国家货币才与纯粹的债务不同。[②] 但这种"正式货币"不是债务，它又是什么呢？我们没有看到凯恩斯的进一步论证。

---

① [美]大卫·格雷伯：《债——第一个5000年》，孙碳、董子云译，中信出版社2012年版，第46页。
② [英]约翰·梅纳德·凯恩斯：《货币论》，何瑞英译，商务印书馆2009年版，第7—10页。

在今天，也许是与纸币的债务式发行有关，货币即债务的说法又开始流行起来，美国经济学家 L. 兰德尔·雷在《现代货币理论——主权货币体系的宏观经济学》一书中，则直接宣称，"美国的货币是政府的负债，是一种可以兑换为纳税义务以及其他进行国家支付的支付方式的借据。"[①] 美国人类学家大卫·格雷伯在《债——第一个5000年》中则表述得更为直白，他认为，"货币不仅让债务得以存在，而且货币和债务如影随形，一定同时出现"。他列举了美索不达米亚时期的各种债务记录，并得出结论说："债务的历史就相当于货币的历史。那么，要想理解债务在人类社会中扮演的角色及其作用，最简单的方法就是研究各个时期使用的货币以及人们使用货币的方式——并且这些论证最终将揭开有关货币的全部真相。"[②] 他进一步推论，货币并不是起源于物物交换，而是起源于记录债务，货币只是债务的计量单位。

这种认知在主流经济学中也非常有影响力，狭义货币和广义货币的定义 M_1 和 M_2，除了现金之外，都是以商业银行的负债——活期和定期存款为统计口径的。将货币等同于债务，涉及对货币本质的界定。再进一步，将债务作为货币发行的信用基础，则涉及货币政策的制定。债务与货币的关系成为一个绕不过去的话题。这个关系不理顺，则所有涉及货币的讨论，都会回到同一个起点，货币真的就是一张欠条吗？

[①] [美] L. 兰德尔·雷：《现代货币理论——主权货币体系的宏观经济学》，张慧玉等译，中信出版社2017年版，第9页。

[②] [美] 大卫·格雷伯：《债——第一个5000年》，孙碳、董子云译，中信出版社2012年版，第21页。

▶▷ 一枚硬币的两面

为了搞清楚货币与债务的关系,我们还是要从债务的起源说起。

最早的借贷合约可以追溯到公元前 4000 年的美索不达米亚,苏美尔人在黏土板上记录个人应该支付的债务,并将这些黏土板密封在被称为"bullae"的黏土匣内。由于这些黏土匣所包含的债务是必须支付给持有人的,因而被当时的人们作为支付手段相互转让。债务支付的形式从蜂蜜到面包无所不包。大卫·格雷伯据此认为,货币本身就是债务。那些认为"货币即债务"的经济学家,也经常用借贷凭证在市面上的流通作为例证,以此来证明货币与债务的等同关系,并进而断言,这些"借条"就是货币。但这种观点显然忽略了一个必要的论证程序,即在这里作为货币进入流通的,究竟是什么东西。

我们就以大卫·格雷伯所举的案例做一个分析。把装在苏美尔人黏土匣中可以作为货币转让的东西定义为债务,显然是以偏概全。我们知道,借贷关系至少涉及两个交易主体,一个是债权人,另一个是债务人,货币所代表的借贷关系也就同时具有了两面性,一面是债权,另一面是债务。这就像一枚硬币具有正反两面一样,货币也同时记录了债权与债务这两个方面,我们不能将两者混同,就像我们不能将黄世仁和杨白劳混同一样。

那么,苏美尔人的黏土匣里面装的究竟是什么呢?作为借贷契约,它不仅仅是债务,同时也是债权。这个信贷契约之所以可以代替货币使用,是因为它可以作为交换比率计量基准的一个尺度，因为它代表了一种追索权，具有价值，也就是说，苏美尔人的黏土匣可以作为货币使用的，不是债务，而是债权的凭证。同时，它也不是作为计量基准的本位（即本位货币），而是这种货币的替代品，以补充本位货币的不足。

举一个身边的例子可能更容易理解，比如我们去商业银行贷款，银行会同时出具一式两份的贷款合同，我们作为借款人所持有的合同文本，仅仅代表还款的义务，我们不可能将它作为支付手段转让，因为没有人会用财产来换取债务。但商业银行却可以将我们的借款合同包装成证券化资产销售给第三方，在这里，商业银行出让的是收取利息和本金的债权，而不是还款的义务。

同样的案例，罗曼·克鲁帕的描述就完全不同，他在《人类货币史》中这样描述，美索不达米亚地区以楔形文字记录装入陶土信封并盖上借方印章的大型借贷契约，都是由债权人保存的，要等到债务到期偿还之日才能打开。如果契约规定债务只偿还给黏土板的持有者，而不是某个确定的个人，持有者就可以将该黏土板出售给他人，从而将债权转让[①]（着重号为笔者所加）。历史学家在这里明确界定作为代用货币流通的，是债权而不是债务。引用这一案例的经济学家也许是没有发现这个重要区别，或者是太急于证明货币就是债务，从而错误地"将债权转让给他人"误以为是货币等同于债务的证据。

即使退一步说，我们不考虑债权与债务的区别，仅仅就货币与债务的关系而言，将货币等同于债务也很难成立，因为货币在交换与借贷中的作用是不同的，这种不同体现在以下三个方面：

[①] ［加］戴维·欧瑞尔、［捷］罗曼·克鲁帕提：《人类货币史》，朱婧译，中信出版社2017年版，第16页。

（一）货币与债务的本质区别在于权属性质，货币是交换的凭证，而借条是借贷的凭证，通过交换获取的是货币的所有权，而通过借贷得到的仅仅是货币的使用权。交换是表示所有权的交换，而借贷则是使用权的交换，这两者有性质上的不同。作为交换比率的计量基准与作为使用权的借贷凭证，在形态上也不一样，一个是货币，另一个则是债券或契约凭证。这就如同作为美元的联邦储备券和作为债务的美国财政部国库券一样，二者虽然可以相互转换，但无论如何都不能看成同一种东西。

（二）在交换过程中，A 支付给 B 的货款，与 B 的商品标价是一致的。在交易达成之后，A 不需要支付货款以外的其他费用。但在借贷关系中，借入者需要支付比交换更高的费用，也就是在货款之上还要加上延期支付的成本——利息。这是现款支付与借贷支付的最大区别。

（三）交换的每一个单项实现的是货币与商品的交换，即 $M \Leftrightarrow G$，而借贷实现的货币在不同时点上的数量交换，即 $M_{t0} \Leftrightarrow M'_{t1}$（式中的符号$\Leftrightarrow$代表交换），这两者在转换形态上也存在差别。

当然，笔者并不否认货币与债务之间存在着关联，但这种关联并不是相互等同的关系，而是表现在形态上的相互转化。其转化的形式有两种，一种是"债权凭证的货币化"，即债权持有人将债权凭证作为货币替代品用于支付的过程；另一种是"货币信用的债务化"，即新增货币以发行机构的债务作为信用背书，这是信用货币时代的特殊做法，目的仅仅是为币值提供信用保证，与货币本身的性质没有关系，而且在很多情况下，也与货币流通的数量不等同。那么，债权凭证在什么情况下可以转变为货币？

而货币信用又在什么情况下需要用债务做背书？这种转变的条件又是什么？这些才是我们需要研究的课题。下面，我们就对"债权凭证的货币化"与"货币信用的债务化"分别加以考察。

▶▷ 债权凭证的货币化

在上面的案例中，进入流通领域作为支付手段的是债权凭证而不是债务凭证，但债权并不是货币，它只是作为货币的替代品，而不是作为本位货币进入流通领域的。

在现代货币制度下，债权货币化主要通过两种方式实现，一种是票据持有者将未到期的债权贴现，这种方式通常都要有一个贴现折扣，也就是持有者得到的实际金额会小于票据的票面价值。另一种转化的形式是将债权作为抵押物，取得信贷资金，通常这种抵押也要根据债券的信用做减值处理，并且在贷款到期还款后，还要取回作为抵押物的债权。折现抵扣和抵押贷款利息的存在，恰恰说明货币与货币的代用品是不同的。至于将债权直接作为支付手段，通常都是在变现比较困难的情况下不得已而为之的方式。

在中国历史上，债权凭证的货币化是由专门经营货币的金融机构实施的，中国最早的民间金融机构是唐代的柜坊，客户在柜坊存款，柜坊要与客户约定取款信物，相当于客户的债权凭证，当客户让柜坊付款给第三方时，取款人必须出示这个凭证。《太平广记》卷二三中的"张李二公"记载了这样一个故事。有两位阔别多年的好友张氏和李氏在扬州重聚，由于受安史之乱的影响，李氏仕途受挫，求张氏资助三百贯钱。张氏取出一顶草帽交与李氏，让他去王老的店铺取钱。李氏到王老家后，王老的女儿验证了草帽上缝缀的绿线，确认张氏有两千余贯钱存在店铺，李氏遂领钱而归。① 在这个故事里，缝有绿线的草帽就是张氏存钱在王家的债权凭证，这个凭证代表的是取款的权利，并不是钱款本身，张氏将草帽转交给李氏，等于是张氏将债权作为支付手段，给了李氏一笔钱，通过债权的变现，完成了债权凭证货币化的过程。

中国唐代的"飞钱"也有债权凭证的性质，"飞钱"属于可兑换纸币的雏形，它在性质上更类似于汇票，主要用于铜钱的异地汇兑。"飞钱"的存取方法是这样的：商人到长安，将钱币存放在诸道进奏院或富裕的文武官僚家中，然后取得一种牒券，这种牒券分为两半，一半由寄钱的商人收存，一半由收取钱币的进奏院或私家寄往本道或外地相关机构或人家，商人便可轻装上路，到了有关地点，合券核对无误，即可领取自己的钱款。"飞钱"因其安全、便捷而深受商人欢迎，故又被唐人称之为"便换"。就本质而言，"飞钱"是一种债权的证明，它之所以可以在异地提取，也是将债权凭证作为货币替代的一种方式。②

到了宋代，"交子"的出现，更是这种债权凭证替代本位货币流通的典型案例。交子最初产生于四川民间，具体做法是，由十余万户居民联保，每年向官府上交一定量的人工物料，以获得官方的认可。交子以同一色纸制造，票面印屋木人物，铺户押字，各自隐秘题号，朱墨间错，作为私家印记。不预先填写数字，交子见票即付，动辄万贯。后因有伪诈者骗取铺户钱财及铺

---

① 见《太平广记》卷一，中华书局1961年版，第158页。
② 见赵伟《中国全史·钱庄史》，经济日报出版社1999年版，第11—12页。

户不守信用，以致争讼不断，最后不得不改为由官方发行，官府设"交子务"，交子三年一换，并规定发行限额，以36万铁钱存库作为发行交子的保证金。官营交子产生以后，行用了八十多年时间，后被钱引取代。在交子被钱引取代之后，纸币的管理部门也从交子务归并为买钞所。除了交子、钱引以外，会子和关子也是宋朝的纸币形式。其发行原理与交子、钱引大同小异，本质上都是债权凭证的货币化。即以本位货币作为信用保证，发行方承诺凭借债权凭证（交子、钱引、会子、关子）作为本位货币的代用支付手段。但由于后期会子和关子发行过滥，以至于相对于本位货币一再贬值。为了不引起读者的厌烦，笔者在这里就不一一介绍了，有兴趣的读者，可以查阅汪圣铎著《两宋货币史》，做进一步的了解。

在金融业不发达的古代社会，债权凭证的货币化仅仅体现在债权的转让这个层面。在现代金融体系中，债权凭证的货币化才真正成为一种系统性运作的模式。现代金融机构通常都持有大量的流动性金融资产，如各种期限的国债，3A评级的企业债和证券化的信贷资产，而且这部分资产在金融机构持有的比例越来越大。

美国自20世纪八九十年代开始，大型商业银行和投资银行就出现了增持流动性资产的趋势，传统的信贷资产的比例在不断下降，到2007年时，5个最大的商业银行的付息贷款资产只占总资产的50%，而证券类资产则占到26%。[1] 投资银行由于开发了许多商业资产的投资组合，为了给证券化资产提供适当的抵押支

---

[1] Stephen Bell and Andrew Hindmoor, *Masters of the universe, slaves of the market*, Harvard University Press, 2015, p.77.

持资产而购买了大量初始抵押物。2006年，最大的5家投资银行交易的证券在资产构成上占到了32%的比例。[①] 中国最近几年也出现了类似的趋势，我们以招商银行为例，2010年招商银行的债券投资与总存款的比例为19%；到2017年已经上升到24%，2018年为25.42%，2019年略有降低，达到24.8%。[②] 中国工商银行的情况则变化不大，在2010年时，债券投资占总存款的比例为32%，2019年为33%。[③] 高比例持有流动性债券在中国的商业银行中已经成为比较有代表性的现象。

金融机构持有这些债券类资产，如果利率高于存款利息，可以获得利差收入。当资金短缺时，又可以在回购市场做抵押融资，或者直接在债券市场抛售变现，而获得抵押物的金融机构，可以进行再抵押，这个过程同样可以实现货币信用的扩张。这个问题我们在第五章讨论影子银行的时候还会专门论述。

从债权的货币化引申出了另外一个问题，即广义货币的概念究竟应该采用债权的口径来统计，还是采用债务的口径来统计？虽然债权与债务是一枚硬币的两面，但在金融系统可以发行代用货币的情况下，代用货币所代表的债权有可能会大大高于以本位货币统计的债务。即使不存在代用货币，从银行的角度说，因为有超额准备金和存款准备金的存在，放贷形成的债权和存款形成的债务也不是同一个数量，否则也不会有"存贷比"（2015年以前曾经作为重要监管指标）的概念。这样一来，究竟用债权还是用债务作为货币的统计标的，就不是一件无所谓的事情，因为两

---

① Stephen Bell and Andrew Hindmoor, *Masters of the Universe, Slaves of the Market*, Harvard University Press, 2015, p.78.
② 数据来自招商银行相关年份的财务报表。
③ 数据据中国工商银行相关年份的财务报表数据计算得出。

种口径统计的流动性数量会有很大的差别，还涉及货币乘数的计算。对此，我们在后面几章会做展开的分析。

▶▷ 货币信用的债务化

所谓货币信用的债务化，是指货币发行采取债务授信的方式。它其实是债权凭证货币化的前提条件。债权凭证的货币化，因为债权本身就对应着债务，可以为这部分债权做信用背书。但在很多情况下，有些代用货币本身并不是第三方的借款凭证，这个时候发行机构为了保证这部分代用货币的信用，就要"强行加戏"，以债务的形式为这部分货币授信。

与债权凭证的货币化一样，货币信用的债务化也有两种实现的方式，一种就是金融机构通过发行见票即付的商业票据，如中国古代钱庄凭借自己的信用而发行钱票和银票，这些钱票和银票可以代替现钱和现银在市面上流通，等于民间承认的纸钞。对于自己发行的钱票和银票，钱庄都要承担兑现信用，其兑现方式如票面所注："凭票取（银钱若干）"或"凭票发给（银钱若干）"，即认票不认人，因而可以在市面上流通。它之所以可以成为本位货币的替代品，就是因为钱庄承认这部分钱票和银票属于自己的债务，客户可以随时兑现现金。请注意，钱庄在这里承诺的是兑付现金，即金属货币，而不是另一种银票，当钱庄发行的银票超过自己的金属货币准备金时，钱庄承诺的债务与其发行的债权凭证之间不相等的情况就出现了，这时候，用债权凭证统计流动性规模的必要性就显现出来了。也就是说，货币信用的债务化并不意味着债权凭证和债务的授信是一一对应的关系，信用的债务化仅仅是为代用货币提供一种信用保证。

还有一种中国古代钱庄开出的庄票，也属于这种类型。庄票通常是应客户要求开出的，客户要交付每千两银2—5钱的费用，叫做票帖。庄票分为即期票和远期票。即期票为见票当日就必须兑付现款给持票人，远期有5天、10天、20天等多种期限。远期庄票未到期也可以折扣兑现。庄票上都要写明应付银两数额、出票庄号，若是期票则加注期限，然后在骑缝处盖上该庄戳记，一分为二，票根留钱庄，正票交给客户使用。开庄票的客户有两种，一种是有存款在该庄内的往来户，另一种是虽无存款但被钱庄认为是殷富且有信用者。对于前者，钱庄开出庄票是代客户支付，属于债权凭证的货币化。这后一种方式即为货币信用的债务化。钱庄发出的信用贷款不以客户的存款作为基础，钱庄名义上是借用他人的存款向信用客户贷款，等于使用钱庄的名义负债（事实上可能并没有对应的存款准备金）来发放贷款。这就构成了货币信用的债务式发行，因为钱庄必须承诺庄票的持有人可以随时到钱庄兑换现金。现代商业银行利用现金作为兑换基础，以派生货币的形式发放贷款，这种业务也是一种货币信用债务化的过程，即银行通过增加可兑换债务的方式，来增加信贷资金。

货币债务化的主流模式，是国家信用纸币的发行。如美国联邦储备券（即美元）的投放通常都与国债的发行联系在一起。当美国财政部需要增加开支，但税收数量又无法满足财政支出时，就需要发行债券融资，美国的做法是，由美联储包销国债，如果新增的美元债务全部由市场所吸纳，则无须发行新的联邦储备券。如果有一部分没有销售出去，则需要由美联储买断这部分剩余。买入的资金来自美联储的"债务"，即用"借入"的联邦储备券（美元）买入国债，在美联储的资产负债表上，买入的国债计入资产项下，"借入"的联邦储备券计入负债项。这样一来，以联邦政府债务作为信用背书的新货币就生成了。将货币发行与政府债务联系在一起，目的依然是为新增货币提供一个信用保证，即政府增加的货币支出，要以政府未来的税收做抵押，以保证货币币值的稳定。事实上，当政府用新增货币作为政府支出的手段时，货币持有者等于持有债权凭证，可以用这部分凭证支付政府提供公共服务的对价——税收，这等于是货币持有人通过交税的方式来购买政府的公共服务。所以说货币信用的债务化，其实另一面依然是债权凭证的货币化。

从货币信用的债务化发行方式，并不能得出货币即债务的结论，因为央行虽然在财务报表上，显示是用借来的钱（债务）来购买美国财政部发行的国债，但这并不是我们通常意义上理解的债务，因为美联储向之借钱的债主是一个子虚乌有的人物，或者换句话说，这个债主就是美联储自己。它"借"的钱其实是自己印出来的，在电子货币时代，连印的功夫都省略了，直接用电脑敲出一串数字就可以搞定。这同商业银行的债务或个人的债务在性质上完全不同，商业银行借用储户的钱做信贷，不仅要随时准备满足储户提现的需要，而且还要对这种借贷支付利息。可是美联储不会有这样的烦恼，在任何时候，美联储都不必担心债主的登门讨债，也不用为这种"借贷"支付任何利息。所谓货币的债务发行，只是借用债务的名义为货币做信用背书，与实际的债务并不相同。

2007年次贷危机之后，为拯救濒临崩溃的金融市场，美国政府连续多次实施量化宽松的货币政策，通过公开市场操作，买入了大量的国债和次级贷款抵押债券，美联储的资产负债表迅速膨胀，高峰时达到了 4.5 万亿美元的创纪录规模。在新冠肺炎疫情冲击下美联储故技重演，实施零利率和无限量资产购买计划，资产负债表一度膨胀到 7 万亿美元的创纪录规模。在美国经济露出企稳迹象之后，美联储又开始逐步缩表，每一次缩表都会引起市场流动性降低的担忧，为了安抚市场情绪，美联储也多次出面澄清，缩表并不意味着流动性的减少，这又是怎么回事呢？

我们知道，央行缩表的方式，理论上只有三种，第一种是美联储在公开市场操作中出售国债并注销收回的美元；第二种是美联储持有美国国债到期，由美国政府偿还债务，在注销国债的同时，注销从美国财政部支付的联邦储备券；第三种是商业银行将借自美联储的贷款还给美联储后，美联储将这部分"借来"的美元注销。这三种方式不管是哪一种，都不可避免地要减少流动性。除非美联储直接将国债注销，而不收回在市面上流通的美元。否则，还真想不出有什么别的办法可以在缩表的同时又不减少流动性。那么，在实际操作上有什么障碍吗？

我们先看第一种方式，美联储在公开市场抛售了债券，在资产负债表的资产端减少了国债，但同时多出了等额的美元，这部分钱是美联储"借"来的。按道理说，这时候应该将这笔钱偿还给"债主"了，可是我们前面提到，这个债主其实并不存在，美联储即便不还，这个"黄世仁"也不会上门逼债。如果要做到缩表的同时不减少流动性，美联储只要将这笔钱作为"利润"上缴给财政部就可以了，事实上，美联储每年都要向美国财政部上缴利润，最近几年上缴金额都在几百亿美元的规模。这至少说明，美国财政部与美联储的债权债务关系只是名义上的，你见过哪个

"黄世仁"给"杨白劳"进贡的？

下面再看第二种方式，如果美联储没有卖出手中的美债，而是持有美债到期，这个时候，美国财政部会向美联储支付本金和利息吗？如果答案是肯定的，收回的本金和利息还给那个并不存在的"债主"后，流动性肯定会减少，不减少流动性的方式依然只能是将这部分多出来的美元作为"利润"上缴给财政部，但既然如此，还有必要费这道手续吗？美联储直接在资产负债表上将国债和美元同时对冲掉岂不是更加省事？问题的实质依然是，即使美国财政部还不上所欠的国债，美联储也不必为此担忧，因为借给财政部的钱都是自己印的，就像我们用笔给别人"画"了一个亿，别人还不了，又有多大的关系呢？直接注销财政部的债务，在财务处理上没有任何技术难度，只需要动动手指就可以将账目做平。

至于第三种方式，道理与前两种相同，如果商业银行还款后，美联储注销了"借来"的美元，流动性也会不可避免地减少。不减少流动性的唯一办法就是将"利润"上缴给财政部。

然而这样一来，"货币信用的债务化"也就成为一个形式上的约束。货币发行方式又回到财政式发行的老路。实际上，现代货币理论（MMT）就主张，只要美联储能够在不引发通货膨胀的情况下保持低利率，就可以通过印钱还债的方式来解决国家债务和预算问题。前美联储主席伯南克就持这种观点，他甚至认为，在必要的时候可以用"直升机撒钱"来摆脱经济和财政困境。通过大量印钱来稀释债务和直接注销国债，只是形式的不同，本质上没有区别。在一开始还看不出什么问题，但后来都是一个共同的结果——奔腾式通货膨胀。

▶▷ 统计口径的迷茫

作为主流经济学的狭义货币和广义货币概念 M_1 和 M_2，都是以商业银行的负债类指标作为统计口径的。虽然在商业银行的资产负债表上资产和负债都是相互对应的关系，不会有数量上的差异，但是 M_1 和 M_2 只包含现金、活期存款和定期存款，事实上很难涵盖流动性的规模。所以在国外也早有经济学家（托宾、格利等人）认为，不仅商业银行的各种存款，其他金融机构吸收的储蓄存款和定期存款也应该包含在广义货币的范围之内，按照他们的定义，广义货币的公式为：

$$M_3 = M_2 + D_n$$

式中的 D_n 即为非银行金融机构的存款。而 D_n 在商业银行的资产负债表中，表现为同业存入和拆入一栏，是单独列出的，不被计入存款总额（在中国，这一项目下只有证券市场保证金和货币市场基金被列入 M_2），因而不受存款准备金率的约束。但在这个项目下代表的流动性在银行的资产负债表中所占的比重却越来越大。

我们以中国工商银行为例，2004 年，中国工商银行的同业存入和拆入款项为 2532 亿元人民币，同期存款总额为 50607 亿元人民币，只占 5% 的比例。到了 2010 年，同业存入及拆入达到 9223 亿元人民币，增长了 2.64 倍，而同期存款总额为 103854 亿元人民币，只增长了一倍，前者的占比已经变为 8.88%。到了 2017 年，中国工商银行的同业存入和拆入款项达到 17065 亿元人民币，同期存款总额为 192263 亿元人民币，二者比例约为 8.9%。

2019年，同业存入和拆入款项达到26589亿元人民币，同期存款总额为208470亿元人民币，二者比例上升为12.75%。[①] 这个变化趋势在股份制商业银行也能显示出来，只是起伏较大，我们以招商银行为例，该行2002年的同业存入和拆入款项与同期存款总额的比例仅为0.2%；2010年，这一数字蹿升为17.7%；到了2017年，又下降到7.55%；2019年，又上升至11.54%。[②] 但总的趋势还是在上涨。

如果广义货币概念不包括这部分内容，就会造成很大一部分流动性被遗漏在统计范围之外，从而给宏观货币政策带来误导。事情还不止如此，由于这部分资金不计入M_2，因而不受存款准备金率的约束，其对于货币衍生的效果绝不是现有货币乘数可以涵盖的。如果将这部分非银行金融机构的存款计入M_2，又会产生一个新的问题，因为机构持有的标的通常是证券化资产，并且普遍采用杠杆操作（见第五章影子银行的分析），如果仅仅用负债类指标，依然难以涵盖市场的流动性规模。

正是由于这个原因，拉德克利夫勋爵于1959年提出了一个更为宽泛的广义货币定义：

$$M_4 = M_3 + L$$

式中L为金融机构存款以外的所有短期流动性资产。这个概念虽然有可能接近流动性的真实范围，但将短期流动性资产加入广义货币的概念，就产生了一个概念上的矛盾。我们知道，传统的狭义货币M_1和广义货币M_2概念都是用商业银行的债务来定义的，但商业银行和金融机构持有的短期流动性资产则是计在资产

[①] 根据中国工商银行相关年份年报数据计算得出。
[②] 根据招商银行相关年份年报数据计算得出。

项下的，性质上属于债权。如果将金融机构持有的流动性资产同时算作货币，由于这部分债权已经与银行资产负债表中的存款相对应，再将这部分流动性资产计入广义货币的范畴，是否有重复计算之嫌？

在银行的资产负债表上，虽然债权和债务是对应的，但这只是一种做账的方法，实际上，债权与债务代表的流动性内涵是不一样的。债权有利息的收入，而债务却有利息的支出。用哪个指标来衡量流动性规模肯定不是无所谓的事情。问题还不仅如此，因为在金融机构可以制造代用货币的情况下（我们在后面几章将分别探讨它们的形态和流通机制），市面上的流动性有可能大于金融机构的实际负债。比如金本位制度下，商业银行发行的银行券，有可能超过其本位货币的负债达数倍之多，同样的事情在纸币本位制度下也会发生，比如影子银行所创造的证券化信贷资产，可以在同业拆借市场做抵押融资，拆借资金的金融机构又可以将这些证券化资产做再抵押，从而形成货币的衍生，而这种流动性规模在负债类指标 M_1 和 M_2 上很难准确反映出来。

因此，我们在扩充广义货币的内涵时，首先要解决作为货币发挥作用的载体究竟是债权还是债务，笔者认为（重要的事情说三遍），就代用货币的本质而言，它们是债权凭证，并且是作为本位货币的替代身份出现在流通领域的，以解决本位货币不足的问题。债务仅仅是货币信用背书的方式，它通常用本位货币来代表，与市场上的实际流动性并不一致。秘密隐藏在代用货币的产生方式之中，我们在下一章讨论。债权作为支付手段可以增加市场流动性，通过抵押和重复抵押可以完成流动性的扩张。因此，如果我们想得到流动性的准确指标，就应该选择债权的统计口径。当我们用债权指标衡量流动性时，长期困扰我们的流动性数量偏差就会消失。

因此，应该在对货币本体功能的认知基础性上，重新设计广义货币指标，将所有的流动性资产计入广义货币的范围，用$M_n = \sum M_1 + M_2 +, \cdots, M_n$来表示。$M_1, \cdots, M_n$代表各种流动性债权。因为流动性债权价格在不断变动中，货币管理当局可以从实时更新的数据中了解流动性扩张和收缩的动态，并在达到一定的阈值时及时出手干预。经济发展与流动性之间存在着一定的函数关系，当流动性过高或过低时，都会对经济生活带来负面影响。债权指标相对于债务指标，不仅更加准确，而且对流动性变动的趋势也更为敏感。

从债权的角度来理解广义货币，就可以很容易解开各种代用货币（派生货币、影子货币和共生货币的总称）做成的流动性迷局。循着这条线索，走出货币迷宫的路径赫然出现在我们面前。

第四章
货币的变身术？

过去我们总以为，货币发行总量是由本位货币的发行机构所控制的，如果流通中的货币数量过多或过少，应该由货币发行当局承担责任。如果事实果真如此，货币当局的基础货币发行数量与市面上流通的货币之间应该有一个稳定的比例关系，但笔者通过追踪官方公布的数据发现，这种本位货币与流通货币之间稳定的比例关系并不存在，实际运行的货币供给机制要复杂得多，货币当局的本位货币发行，只是货币供给的第一个层级，在这个层级之下，还存在一些次生层级，商业银行发行的派生货币就属于这个次生层级之一。

所谓派生货币，是指金融机构以本位货币为基准发行的替代货币，其币值以本位货币来表示。派生货币进入流通领域的先决条件，是发行机构必须向使用者承诺，可以随时将派生货币兑换为本位货币，并且保证这种兑换有一个确定的比率。

在金属货币时代，金、银、铜等金属货币为本位货币，商业银行发行的银行券或钱庄发行的银票，以及由政府发行的可兑换纸币都为派生货币；在信用货币时代，纸币成为本位货币，可以随时兑换为纸币的各种商业票据和电子货币为派生货币。但派生货币长期以来一直被传统货币理论所忽略，这种忽略的结果就是我们对于金融领域的许多现象都无法给出合理的解释，甚至基础货币的发行也被派生货币带来的期限错配所绑架，货币政策的有效性和主动性正逐渐减弱。在付出了各种莫名其妙的代价之后，如今已经到了我们必须正视这一问题的时候了。

▶▷ 金银的替身

在金属货币时代，经常会产生流通便利问题，比如金属货币的运输、保存和防伪会产生较高的成本，在经济衰退和社会动乱时，贵金属货币容易被人们窖藏而退出流通。这样一来，为避免金属货币使用中的种种不便，发明一种派生货币来代替金属货币在市面上流通，就有了一个比较充分的理由。

派生货币一开始大都是由民间金融机构自发创造的，当然也有少数例外。中国唐代的"飞钱"，宋代的"交子""钱引""会子""关子"，元代的"宝钞"以及民间钱庄发行的钱票、银票，等等，都属于派生货币的类型，因为内容较多，这里就不一一介绍了。我们只用西方国家在贵金属货币时代使用的派生货币——银行券，来做典型案例的分析。

银行券最早出现在 17 世纪的瑞典，而不是金融业发达的荷兰和英国，这里有一些特殊的原因。与其他西方国家实行金银货币本位制不同，瑞典长期实行的是铜本位制，随着经济的发展，沉重的铜币在大额交易中带来很多不便，促使人们寻找一些替代方法。银行券的发行开始于1657年，一家名为 *Stockholms Banco* 的银行成立，这家银行发放贷款不是通过资金账户划转，而是通过发行预先印制的可兑换纸币来进行。尽管这家银行很快就过度扩张，并于1664年倒闭，但它发明的银行券却被人们继承了下来。1668年一家公共银行（即议会银行）建立，在1701年这家银行开始发行银行券，开始时只有很小的规模。从1726年开始，当纸币成为税收支付的法定货币时，银行券开始广泛流行起来。[①] 此后，发行银行券来代替金属货币在市面上流通，逐步成为西方国家银行系统约定俗成的做法。

在没有银行券的时代，金属货币的支付和转移会带来很多麻烦。比如一位企业家将一千枚金币存入银行，当他需要支付设备、材料费用时，如果用现金支付，他就不得不将这些沉重的金币搬来搬去，还要雇佣保镖去保护那些金币不被偷窃和抢劫；收款人在收到金币时，为避免数量有误或收到假币，必须不厌其烦地逐个去查验那些金币。银行券的出现，使上述问题迎刃而解，几张纸片就可以省时省力地完成任意金额的买卖，这对交易各方来说都有好处，于是乎，银行券在西方国家受到普遍欢迎，开始大行其道。

然而，这个表面上看起来对各方都有利的方法，却隐藏着另外一个危险。假定某一商业银行的存款为10万金币，如果所有的信贷全部采用现金支付，商业银行可以贷款的上限就是10万金币。银行不可能贷出自家库房里没有的存款。但在商业银行可

[①] Mishal D. Bordoedited, *Central Banks at a Crossroads: What can We Learn from History?*, Cambridge University Press, 2016, p.34.

以发行银行券时，情况就完全不同了。精明的银行家们发现，在正常年份，人们很少会用手中的银行券去兑换现金，毕竟，带着沉甸甸的金币到处跑可不是一件轻松惬意的事情。既然如此，何不多发一些银行券来赚取利息，只要储户不同时提取现金，就不会有任何兑付问题。重要的是，这样做会使银行发行多于存款的贷款，以增加银行的收入。

当然，在商业繁荣时期这样做不会遇到任何麻烦，因为这时大家更注重资金的使用效率，不会整天守着一堆金属货币来练习算数。但当市场出现恐慌情绪时，情况就完全不同了。这时的银行券一下子变成了烫手的山芋，不仅新的银行券发不出去，人们持有的银行券也都拿去银行挤兑。这样一来，银行每收回一笔银行券，市面上就少一笔流通性，而兑换出去的贵金属硬币由于具有保值和避险的功能，会被人们储藏，不再进入市场，货币紧缩就这样愈演愈烈，政府出面阻止都收效甚微。由于银行之前发行的银行券大大超过了金属货币存量，大量储户的挤提，很快就会达到银行兑付能力的上限，当银行无力支付时，相当于银行违约（人们之所以接受银行券就是因为银行必须承诺银行券可以随时兑换成金属货币），就会发生银行倒闭，由于银行之间存在着复杂的债权债务关系，一部分银行的倒闭会引起一连串的多米诺骨牌效应，引发市场的整体恐慌，货币紧缩会变成一个自我强化的过程，最后的结果就是经济危机的爆发。

英国是最早发现派生货币埋藏隐患的国家，但解决办法的出现却是"无心插柳柳成荫"。17世纪末到18世纪初，英国爆发了"南海泡沫"危机，商业银行面临挤兑风潮。为了缓解资金周转的困难，英格兰银行故意放慢支付行为，以延长兑换时间（以面值较小的硬币支付银行券），用"赢得的时间"来召集伦敦商人同意接受英格兰银行发行的银行券作为对金属货币的替代。这本来是一个无奈的权宜之计，却无意中发现了控制银行券发行风险的解决办法。

到了1797年，法国人即将登陆的传言令市场恐慌气氛蔓延，各商业银行捉襟见肘、难以为继。这时，英国政府不得不宣布法案，停止银行券兑换黄金。本来这属于银行的违规行为（等于放弃了可兑换承诺），按道理说应该引起商业集团的反对。但出人意料的是，这项法案并没有遭到市场的抵制，一天之内就有1140名商人签署了声明书，愿意接受英格兰银行发行的银行券，在随后的近四分之一个世纪里，英格兰银行发行的银行券原则上没有任何担保，但照旧流通，且运转情况正常，与铸币的比价也基本保持稳定。[1]

既然英格兰银行发行的银行券具有较高的信用，不用担心银行挤兑这一类烦心事，为什么不将这个银行券的发行权集中在英格兰银行手里呢？于是在1844年，由罗伯特·皮尔爵士主持，英国政府通过了一项法律，赋予了英格兰银行发行银行券的垄断权，同时取消其他商业银行发行银行券的权力，这样一来，英格兰银行等于控制了派生货币的发行，避免了商业银行在银行券上的兑付危机。而美国人在同一时期被银行挤兑闹得鸡飞狗跳，直到引发了史上最大的银行倒闭潮，带领整个西方世界进入"大萧条时代"，在吃尽了商业银行滥发银行券的苦头之后，美国人才

---

[1] 徐瑾：《印钞者——中央银行如何制造与救赎金融危机》，中信出版社2016年版，第22—23页。

终于意识到这种做法是行不通的。

　　派生货币发行的内在悖论在于，正是由于本位货币的流动性不足，才需要派生货币来补充，因而派生货币的发行数量注定要超越本位货币的数量，而派生货币的信用基础又是其可兑换性，当经济衰退来临时，大大超过本位货币数量的银行券不可避免会出现挤兑危机，问题的糟糕之处在于，这个悖论在商业银行主导派生货币的体制下是无解的，只能通过央行对银行券的垄断来避免。可惜的是，当人们终于认清这个问题的时候，金本位制也寿终正寝了。与金本位制联系在一起的银行券发行，也从历史舞台上消失。人类进入了信用纸币时代。让人意想不到的是，在纸币时代，又产生了新的派生货币问题。

▶▷ 纸币也可以派生？

　　第一次世界大战爆发后，除了个别国家之外，由政府发行的纸币已经失去了与黄金的可兑换性，成为纯粹的信用货币，原来的派生货币——纸币——这个时候变成了本位货币。

　　一提起纯粹的纸币制度，人们首先想到的就是货币的"超发"，因为纸币制作的低成本与它所代表的票面价值是完全不成比例的，货币当局很难抑制超发的冲动。不可否认的是，在纸币的财政式发行的制度下，纸币的超发确实是一个严重的痼疾，20世纪爆发的几次史无前例的恶性通货膨胀，都是由滥发纸币引起的。

　　为了防止这种情况发生，目前通常的做法是将纸币的发行与国家的债务联系在一起,在这种发行制度下,央行的基础货币投放存在国家信用的约束。那么,这种做法是否能够避免货币的过度投放呢?

对此,主流经济学的货币理论陷入了混乱,经济学家通常用急剧增长的 M_2 数据来说明央行的基础货币存在超发,但如果要证明市场上流动性的急剧增加是由于基础货币过度投放造成的,有一个很简单的方法,就是看 M_2 的增长率和 M_0 的增长率是否保持同步。

假定原有的基础货币投放量是 1 万亿元人民币,存款准备金率为 20%,剔除其他因素,货币乘数应该为 5,广义货币流通数量应该为 5 万亿元。如果在原有基础上增加基础货币投放 10%,即基础货币投放上升为 11000 亿元,通过货币乘数的放大效应,广义货币流通量应该增加到 55000 亿元,也是增长 10%。在这里,能够改变两者同步关系的最关键因素是存款准备金率,当存款准备金率提高时,会增加货币乘数中分母的数值,M_2 的增长率会低于 M_0 的增长率;只有在存款准备金率下降时,M_2 的增长率才可能高于 M_0 的增长率。

但笔者查阅了央行历年公布的数据,却发现了一个十分奇怪的现象:从有数据统计的 1995 年开始,到 2019 年年底,除了 1999 年,其他年份都是 M_2 的增长快于 M_0 的增长。尤其是 2010 年以后,银行表外理财业务开始迅速增长,且传统信贷业务大量转入同业项目(不计入 M_2 的统计口径)之下,但 M_2 的增长率依然高于 M_0 的增长率,这就要对上述 M_2 的急剧增长是由于基础货币投放增加的假设提出质疑了。表 4-1 是我国 1995—2019 年货币供给量及增长率的情况:

表 4-1　　　　1995—2019 年货币供给量及增长率（年末数据）　单位：亿元，%

年份	货币和准货币（M_2）	狭义货币（M_1）	流通中的现金（M_0）	比上年增长 M_2	比上年增长 M_1	比上年增长 M_0
1995	60752	23987	7885	29.5	16.8	8.2
1996	76095	28515	8802	25.3	18.9	11.6
1997	90995	34826	10178	17.3	16.5	15.6
1998	104499	38954	11204	14.8	11.9	10.1
1999	119898	45837	13456	14.7	17.7	20.1
2000	134610	53147	14653	12.3	16.0	8.9
2001	158302	59872	15689	14.4	12.7	7.1
2002	185007	70882	17278	16.8	16.8	10.1
2003	221223	84119	19746	19.6	18.7	14.3
2004	254107	95970	21468	14.7	11.6	8.7
2005	298756	107279	24032	17.6	11.9	11.9
2006	354604	126015	27073	17.0	17.5	12.7
2007	403442	152560	30375	16.7	21.0	12.2
2008	475167	166217	34219	17.8	9.1	12.7
2009	606225	220002	38246	27.7	12.4	11.8
2010	725851	266621	44628	19.7	21.2	16.7
2011	851590	289547	50748	17.3	8.7	23.7
2012	944832	296883	52392	10.9	2.4	3.2
2013	1106524	337291	58574	17.1	13.6	11.8
2014	1228374	348056	60259	11.0	3.2	2.9
2015	1392278	400953	63216	13.3	15.2	5.0
2016	1550066	486557	68303	11.3	21.4	8.0
2017	1676765	543790	70645	8.2	11.8	3.4
2018	1826744	551685	73208	8.9	1.5	3.6
2019	1986499	576009	77189	8.7	4.4	5.4

资料来源：1978—2009 年的数据来自《2010 中国经济年鉴》第 875 页，2010—2019 年货币供应量数据和历年增长率根据中国人民银行官网公布的数据整理得出。

从表中可以看出，我国每年的 M_2 增长率都高于 M_0 的增长率（只有 1999 年除外）。如果说，这么多年以来，中国的央行一直在降低存款准备金率，也还可以解释这种现象。然而实际的情况却是，即使在存款准备金率大幅提升的年份，M_2 的增速依然会高于 M_0 的增速。比如在 2010 年，央行分 6 次上调存款准备金率，累计上调 3 个百分点，但 2010 年的 M_2 余额为 72.6 万亿元，同比增长 19.7%，M_0 余额为 4.5 万亿元，同比增长 16.7%，依然是 M_2 的增长高于 M_0 的增长。同样，在 2011 年，央行也是先后 6 次上调存款准备金率，累计上调 3 个百分点，但这一年的 M_2 增长了 17.3%，M_0 只增长了 13.8%。唯一一次 M_2 增速低于 M_0 增速的情况，出现在 1999 年，而这一年，央行并没有提高存款准备金率，反而是将存款准备金率由 8% 下调至 6%。按道理说，M_2 应该增加，但实际上却在减少。如果只是个别年份出现偏差，我们可以归结为偶发因素，但是连续数年的长期偏离，甚至是逆向偏离，就需要重新思考传统货币理论的相关假定了。

那么，问题出现在哪里呢？如果在存款准备金率大幅上调的年份，M_2 的增长率依然高于 M_0 的增长率，这说明在我们的货币发行机制中，除了基础货币的投放以外，还存在着一些长期被人们忽略的货币衍生机制，从而改变了货币乘数的放大效应。经过笔者长时间的观察，发现在商业银行的信贷发放中，存在着一个派生货币的创造过程。

在纸币本位制时代，以纸币为兑换基础的各种商业票据，成为派生货币，特别是自 20 世纪 90 年代开始出现的电子货币，成为当代派生货币的主要形式。电子货币这类派生货币的出现，使商业银行获得了独立创造信用的手段，货币供给变成了一个难以驾驭的变量。

首先需要说明一下，我们这里所讲的电子货币，不是基于区块链技术的数字货币，虽然两者的表现形态有些相似，都是数字代码，但数字货币属于本位货币，并且具有不可复制、不可伪造和不可篡改的特性；而电子货币则是以法币作为计算基准的替代货币，它只有和本位货币保持兑换关系时才具有支付功能，且资金的转移和过户都要经由第三方机构。

电子货币与纸币的关系，与银行券和金属货币的关系在性质上其实是一样的。商业银行在贵金属货币时代，可以发行超过金属货币存量的银行券，在今天，商业银行也可以发行超过纸币存量的电子货币，发行时商业银行只需承诺，发出的电子货币随时可以兑换为纸币就可以了。但事实上，这一条也经常会打折扣，今天储户到商业银行兑换纸币，如果超过一定的数额，就需要预约，如果数额过大，银行也可以拒付。不同之处在于，电子货币兑换纸币的压力要大大小于银行券兑换金属货币的压力，因为纸币并不像金属货币那样具有保值和贮藏的功能，当出现货币贬值的时候，将电子货币兑换成纸币并不能回避通货膨胀的风险。即使发生银行倒闭，因为有存款保险制度和央行的无限量货币宽松政策（这在金属货币时代是完全无法想象的，那时候的公开市场操作必须有真金白银投入），储户用电子货币挤兑纸币的需求也没有那么强烈。

随着时间的推移，派生货币在整个货币系统中的比重变得越来越大，而流通中的本位货币——纸币和硬币的数量则变得越来越少。即使是央行发行的基础货币，也有很大一部分采取电子货币的形式。以欧盟为例，2014年3月，流通中的现金（纸币和硬币）只有9263亿欧元，同时期欧元区信贷机构在欧洲中央银行的存款为 383.37 亿欧元，两者相加，总共为 9646.37 亿欧元，被定义为 M_0。[①] 2014 年 3 月，欧盟两年以上的定期存款为 83558 亿欧元（加上流通中的现金，两者总数为 92921 亿欧元，被定义为 M_2），我们看到，流通中的现金只占 M_2 的 1/9 左右。在英国，98% 的货币采用电子货币的形式，只有 2% 的货币以纸币和硬币的形式存在。[②]

商业银行在商业繁荣期创造了大量的派生货币，从而使货币供给量大大超过货币乘数所放大的数量。而在经济衰退期，即使政府降低存款准备金率，增加 M_0 的供给量，但随着派生货币的急剧收缩，M_2 的增长率反而会低于 M_0 的增长。

▶▷ 银行"印钱"的招数

那么，在纸币时代，商业银行是如何创造派生货币的呢？这首先需要了解现代商业银行的信贷过程。

传统货币理论在讨论银行的借贷行为时，隐含了一个假定，即银行贷出的资金会以现金形态转移到客户的手中，再由客户通过购买各种要素，将货币转移到卖家那里，卖家会将收到的现金存入银行，银行在向央行缴纳存款准备金之后，再将卖家的存款贷放出去，从而开始下一个循环。这样一来，信贷扩张首先遇到的就是现金约束，如果银行将所有的现金贷出，就只能等到贷款回收后，再发放新的贷款。

[①] Peter Bernholz, *Monetary Regime and Inflation：History, Economic and Political Relationships*, Edward Elgar Publishing Limited, 2015, p. 4.

[②] Adair Turner, *Between Debt and the Devil：Money, Credit, and Fixing Global Finance*, Princeton University Press, 2016, p. 58.

但在现代的金融体系内，情况并非如此。银行在向客户发放贷款的时候，并不是像教科书所描述的那样，将现金贷给客户，再由客户转存到其他银行。真实的情况是，发放贷款的银行通常要求客户在本银行内开立资本账户，不要忽略这个差别，这里面隐藏着现代银行系统创造信用的全部秘密。

由于商业银行每天的存贷往来十分频繁，并不需要每笔信贷资金都对应相当数量的存款，银行只在当日结算时才会平衡总的资产负债表，当商业银行将一笔资金转入客户在本银行的资金账户时，账面上可能并没有相应的现金，银行只需要用电子货币开出1个亿的"空头支票"。当这笔"无中生有"的资金打入客户的账户后，因为资金账户开立在贷款银行，相当于这笔贷款自动生成一笔新的存款，对于商业银行来说，当1个亿的新增存款和1个亿的新增贷款在银行的资产负债表上实现平衡时，即使贷款客户当天将贷款全部转出，在日结算时，假定其他存贷业务保持平衡，也只会产生一个存款准备金的缺口。也就是说，在这种信用模式下，如果存款准备金率为15%，这家银行发行1个亿的商业贷款，只需要筹措1500万的存款准备金额度就可以了。

而商业银行普遍采取的逐月还款方式，也使这个存款准备金的缺口没有看起来那么夸张。有些银行甚至在贷款发放的同时，就预扣了第一个月的还款额，假定贷款期为一年，存款准备金率为15%，预扣一个月的还款本息，等于直接回补了存款准备金一半的缺口，剩余的部分商业银行自有化解的办法（我们下一节介绍）。在贷款存续期的第二个月，当客户的还本付息到账时，存款准备金率的缺口就会自动弥补了。

贷款可以派生存款这个事实，加之央行清算系统的特点（商业银行允许在每个交易日的当天出现赤字,这种同一天内的赤字被称为白天透支),从而产生了这样一种模式,即当 A 银行给某个客户提供贷款时,有可能并没有足够的超额准备金余额,但银行依然可以做出这笔贷款,即利用"白天透支"的方式,动用法定存款准备金。当资金打入借款人在本银行开立的资金账户时,通过自动生成的"存款"额度,对应银行资产负债表上的贷款金额,由于采用电子货币的记账方式,避开了教科书所假设的现金约束,从而在一个独立的商业银行内部就可以完成信贷的扩张。

商业银行之所以可以这么做,是因为电子货币不具备加密特性,可以任意复制,商业银行可以借此逃过现金约束,而央行在现有的货币统计口径下无法对其进行监控。不仅如此,这种在一级扩张中无中生有创造出来的派生货币,还可以在各个银行之间形成二级扩张,其信用创造的数量将远远超过货币乘数所假设的规模。

▶▷ 聊胜于无的约束

那么,商业银行是否可以按照这种方式发放无限的贷款呢?也并非如此。商业银行在发放派生货币的时候,理论上会遇到四个约束,第一个约束是核心资本充足率;第二个约束是存款准备金率;第三个约束是存贷比,其实,该规定在派生货币的发行机制下形同虚设,2015 年 6 月年通过的《中华人民共和国商业银行法修正案(草案)》已经将存贷比 75% 的规定删除,我们这里就不再专门分析;第四个约束是现金存量,由于人类已经无限接近无现金社会,现金约束已经越来越小,我们下面仅对核心资本充足率和存款准备金率做一个简要的说明。

核心资本充足率是指商业银行核心资本与加权风险资产的比率，在20世纪70年代，银行的盲目扩张导致银行经营的资产规模超过银行资本几十倍，风险急剧上升。1974年，相继有三家大型国际商业银行——德国赫斯德特银行、纽约富兰克林银行和英国—以色列银行出现倒闭。有鉴于此，十国集团中央银行行长倡议建立了巴塞尔委员会，并于1975年签署了第一份巴塞尔协议，以后又不断地修改和补充，2010年9月通过的《巴塞尔协议Ⅲ》已经将核心资本充足率从4%上调至6%，同时可以根据情况要求达到8.5%—11%。这等于为商业银行发行贷款的总额加入了一个核心资本比率的硬约束，商业银行在达到这个指标的边缘时，要么提高核心资本充足率，要么停止贷款。这个规定，对于商业银行发行派生货币的规模起到了一定的约束作用，但却不能消除这个派生机制。

存款准备金率则是央行要求金融机构为保证客户提取存款和资金清算所准备的存款在存款总额中所占的比例。这是央行对商业银行贷款规模提出的另一个制度约束。在上述的商业场景中，商业银行可以让客户在本银行开立资金账户的方式做平资产负债表，但有一个窟窿没法弥补，这就是每一笔存款都需要按照一定的比例存入央行作为存款准备金。如果借款人在拿到贷款之后，并没有将贷款全部转出，还保留了大于15%的剩余（假定存款准备金率为15%），问题还不会出现。如果借款人迅速将资金账户中的钱全部用于支付，而收款的公司也是该商业银行的用户，情况也还可以控制，因为资金又以存款的方式转了回来，只是这时商业银行需要交纳两笔存款的法定准备金，如果借款人借贷的资金全部转移到其他商业银行，该银行就会出现一个相当于贷款金额15%的存款准备金缺口。在这里我们可以看出，存款准备金率的高低，对商业银行的信贷创造行为还是有一定的限制作用的，因为存款准备金率越高，意味着商业银行发放一笔贷款需要弥补的存款准备金缺口越大。

不过大家别急，这里面有一个非常重要的事情需要明确，在信用货币时代，人们很少会将大量现金存放在家里，借款人即使在贷款当天就转出所有的款项，这笔钱也并不会在流通领域中消失，而是继续留在银行系统之内，从这家银行转出去，无非是转移到了其他的银行。当一家商业银行发放的贷款又以存款的方式重新进入银行系统的时候，会使整个银行系统获得新的信贷资源。有较真的读者会进一步追问，即使信贷创造的派生货币还在银行系统之内，可是并不能解决贷出银行的存款准备金缺口啊？

这就涉及同业拆借市场的功能了。

▶▷ 东拆西借的腾挪大法

在介绍商业银行如何利用同业拆借市场化解存款准备金缺口的方式之前，我们需要对同业拆解市场的规模有一个大致的了解。表4-2是2002—2019年全国银行间同业拆借规模的数据。

表4-2　2002—2019年全国银行间同业拆借规模（年末数据）　单位：亿元，%

年份	总交易金额	增长率
2002	12107	
2003	22220	83.5
2004	13919	-37.4
2005	12127	-11.4

续表

年份	总交易金额	增长率
2006	20847	69.1
2007	106465	410.7
2008	150494	41.4
2009	193504	28.6
2010	278684	44.0
2011	334412	19.9
2012	467043	39.7
2013	355190	-24.4
2014	376626	6.0
2015	642135	70.5
2016	959131	49.4
2017	789811	-17.7
2018	1255458	58.9
2019	1386203	10.4

资料来源：根据中国人民银行官网历年公布的数据整理得出。

从表中可以看出，银行间同业拆借的规模总体保持快速增长，但中间的起伏较大，存在着周期性因素。自2007年开始，同业拆借市场交易规模迅速上升，比之前跃升了一个数量级，这主要是由于在2007年，中国人民银行发布了《同业拆借管理办法》（以下简称《办法》），自2007年8月6日起实施。《办法》规定，16类金融机构可申请进入同业拆借市场，其中，信托公司、金融资产管理公司、金融租赁公司、汽车金融公司、保险公司、保险资产管理公司等六类非银行金融机构是首次纳入同业拆借市场的申请人范围。此次调整简化了期限管理的档次，适当延长了部分金融机构的最长拆借期限，相比2006年，增加了六个月、九个月和一年的同业拆借项目。从2007年开始，市场规模保持了极高的增长速度，除了2013年和2017年出现负增长以外，其他年份的增长率大多都保持在20%—40%。

从2002年到2019年，同业拆借市场规模增长了113.5倍，这个速度不仅大大快于宏观经济的增长速度，而且也大大高于广义货币M_2的增长速度（同一时期增长了10.7倍）。即使排除2007年同业拆借市场交易主体扩大这一因素，这个增长速度也是超常规的，我们可以从表4-2中列举的数字看出这一趋势。这说明商业银行和非银行金融机构的业务对同业拆借市场的依赖度在逐年增加。

现在我们言归正传，当任何一家银行出现存款准备金不足的问题时，它可以到同业拆借市场做短期借贷来填补这个窟窿，因为央行的存款准备金率的计算是有一个结算周期的，只有结算日才会需要补足存款准备金的不足，而在平时的日子里，允许商业银行的存款准备金低于法定存款准备金一定的比例（目前中国是1%）。同业拆借市场的流动性越强，银行系统在建立新的信贷方面所受的限制就越少。通过同业拆借市场融通资金来补充存款准备金的不足之所以可行，是因为同业拆借市场融通的大多数是短期资金，与商业银行发放的长期信贷项目存在利差，商业银行可以用借短贷长的方式滚动操作，用长期贷款收益来覆盖短期融资的成本。

举例说明，当一家商业银行贷出1亿的贷款，出现了1500万的存款准备金缺口，假定这笔一年期的贷款利率为7%，由于目前银行信贷普遍采用逐月还款的方式，商业银行只需在头两个月从同业拆借市场滚动操作，拆借低于7%的短期资金，就可以完全弥补存款准备金的缺口，甚至还有利差盈余。

不管是存款准备金，还是其他款项，商业银行都可以从同业资金市场拆借。借入的金额计入银行资产负债表中非存款负债一项。其平滑功能对于维持金融市场的稳定起到关键性作用,同时也为商业银行发放派生货币提供了制度上的便利。由于可以通过同业拆借市场调节存款准备金的余缺,存款准备金率对商业银行发行派生货币的抑制作用也就比较有限了。

上述同业拆借市场属于无抵押借贷形式,借款凭借的是资本实力和商业信誉,能够进行拆入无抵押借贷的通常都是一些大银行,中小银行只能起到资金提供者的作用。另外,靠同业拆借填补缺口,贷款规模还是受资本充足率和存款准备金率的限制。对此,商业银行的变通办法是,持有一定比例的流动性资产——国债和3A评级的企业债,由于这一部分在银行的资产负债表上是计入资产项的,不会受到核心资本充足率的限制,也不受存款准备金率的约束。这种流动性资产,持有期可以获得利息收入,在遇到资金周转需要时,又可以在回购市场做短期抵押融资。

这样一来,同业拆借市场中的有抵押借贷,即全国银行间的债券抵押式回购市场也取得了惊人的增长。这个市场的规模除了2004年出现了负增长以外,其他的年份都保持正增长,且增长率十分惊人。2019年全年交易金额已经达到810万亿元,大大超过了同期无抵押信贷拆借的交易规模。表4-3反映了2002—2019年全国银行间债券质押式回购市场的交易情况。

表4-3　　　　　2002—2019年全国银行间债券质押式回购

市场的交易情况　　　　单位:亿元,%

年份	交易金额	增长率
2002	101885	
2003	117203	15.0
2004	93104	-20.6
2005	156784	68.4

续表

年份	交易金额	增长率
2006	263020	67.8
2007	440672	67.5
2008	563829	27.9
2009	677007	20.1
2010	846533	25.0
2011	966649	14.2
2012	1366173	41.3
2013	1519457	11.2
2014	2124191	39.8
2015	4324109	103.6
2016	5682693	31.4
2017	5882606	3.5
2018	7086726	20.5
2019	8100887	14.3

资料来源：根据中国人民银行官网相关年份公布的数据整理得出。

债券抵押式回购如此大的规模和如此快速的增长，确实是一个值得深思的问题，要知道，2019 年 M_2 的规模也只有 198 万亿元，但回购规模却达到 810 万亿元，再加上同业拆借的 138 万亿元，总规模达到 1146 万亿元，是 M_2 的 5.8 倍左右，这说明，我们过去用负债类指标 M_1 和 M_2 作为流动性指标，可能存在问题，回购市场交易规模的超常规发展，揭示出一条流动性扩张的隐蔽路径，传统货币理论出于对货币本质的误解，将货币等同于债务，因而对于债权凭证形成的流动性扩张视而不见。金融机构通过不同期限的抵押融资，使货币流通的速度加快。获得抵押品的金融机构可以用抵押品做再抵押，以提高资本的使用效率，通过这个不断叠加的反复抵押过程，相当于增加了流动性的数量。不仅是商业银行，其他非银行金融机构也通过这个途径加入到流动性的创造过程。这也从另一个侧面证明了，流动性规模应该从债权的角度，而不应该从债务的角度来理解。

在准备金维持期的不同阶段，同业拆借市场的活跃程度是不同的。在准备金维持期的前半部分，通常交易量较少，因为银行要等待其准备金需求的确定数额。在准备金维持期的末段，交易会相当繁忙。当准备金维持期最后一天的最后一小时来临时，经常会出现一些极端的交易。例如，某银行可能会在大部分市场参与者提走款项之后，发现自己的准备金存在很大的亏空。这家银行可能被迫以10%、20%、30%甚至更高的利率来填补头寸。而在平时，联邦市场基金利率会停留在一个相对较低的水平。在中国的同业拆借市场也有类似的情景发生。[①] 这就导致央行在结算期来临时不得不释放大量的中短期借贷便利以缓解资金紧张。央行的货币政策逐渐失去独立性，被金融机构发行派生货币的期限套利行为所绑架。

研究派生货币现象之所以重要，是因为在它的背后隐藏了商业周期大起大落的秘密。在经济繁荣期，因为有大量的投资需求，商业银行会利用派生货币创造出巨额商业信贷，并通过信贷的延期支付特性，通过货币的反复再利用，形成乘数效应。只是这个乘数效应的源头，不仅仅包含央行发行的基础货币，也应该包含商业银行发行的派生货币。这就可以解释，为什么在经济繁荣期，即使央行降低基础货币的投放量，但货币供给依然可以快速增长，这是因为商业银行可以创造出派生货币来满足市场对资金的渴求。当经济出现衰退时，尽管央行加大基础货币的投放，

[①] 参见杨文友、钟启瑞主编《中外同业拆借市场比较研究》和孙华荣、张立庆主编《同业拆借市场理论与实践》编入的相关文章。

但派生货币此时会出现急剧收缩，所以最初的量化宽松政策通常起不到立竿见影的效果。只有在基础货币投放足以抵消派生货币的收缩时，流动性才能缓解。在这个过程中，派生货币的膨胀和收缩，不可避免地加大了经济周期的波动幅度。

现代货币运行体制中种种匪夷所思的现象，如债务规模的直线上升；M_2 的增长率长期高于 M_0 的增长率；同业拆借市场的交易规模的增长率又长期高于 M_2 的增长率；存款准备金结算期临近时利率的大幅飙升……所有的秘密都隐藏在这个派生货币的创造过程中。它改变了货币供求的状况，创造出新增货币供给，这导致央行原有的利率调节手段逐步失灵，并形成债务规模的过度膨胀。

尽管借助同业拆借市场（有抵押和无抵押），商业银行创造了大量的派生货币，并因此获得了额外的盈利机会，但毕竟有金融监管的硬指标（存款准备金率和核心资本充足率）限制，发展速度还是会受到影响，金融资本如果想最大化地获取商业利益，必须寻找新的途径。这就是我们下一章所要介绍的内容——影子银行与影子货币。

第五章
影子银行与影子货币

创造派生货币的行为，虽然可以为商业银行带来额外的收入，但贷款项目的回收周期较长，且存贷业务被纳入金融监管的范围，商业银行发行派生货币依然有规模限制。为了追求收益最大化，金融机构必须另辟蹊径，打破原有商业银行的盈利模式，从新的方向寻找突破。

如果能将商业银行信贷资产提前变现，就可以将资金在一个贷款周期内多次循环利用，从而提高资金周转速度和利用效率。但这样做有一个技术上的问题，这就是信贷资产必须变成可以交易的产品，即我们前面所说的债权凭证向代用货币的转化。而要实现这种转变，必须让这些资产的使用价格——利息——浮动起来，于是，"资产证券化"和"利率市场化"就是这个运作过程必须具备的前提。因为只有实现"资产证券化"，才可以将信贷资产包装成标准化交易品种进行大规模转让。同样，只有实行"利率市场化"，不同期限、不同评级的资本品才可以设计出套利空间。

摆在华尔街面前的唯一障碍，就是20世纪30年代经济大萧条后期（1933年）制定的《格拉斯—斯蒂格尔法》。这个法案规定在金融机构间实行严格的分业经营，并对利率波动范围和信贷发放行为实施严厉的监管，以避免大危机的重演。从20世纪80年代开始，经过华尔街的反复游说，美国先后通过了四项法案，全面取缔了《格拉斯—斯蒂格尔法》对金融机构的监管。此后，华尔街放开手脚，一个全新的金融运行模式——影子银行（Shadow Banking）——走上了历史舞台，证券化的信贷资产——影子货币，也开始大行其道。在短短几年时间里，影子银行业务很快就超越了传统商业银行的信贷规模，由于这个体系的运行不在传统金融监管的范围之内，其畸形发展最终导致2007年美国次贷危机的发生。那么，影子银行是如何运转的？它给货币运行机制带来哪些影响？对宏观调控和金融监管提出什么新的挑战？这些都是我们必须认真面对的问题。

▶▷ 商业银行的"私生子"

关于影子银行的定义，目前最权威的说法，应该是2011年3月，金融稳定理事会（FSB）对于影子银行的广义和狭义界定。按照金融稳定理事会的说法，广义的影子货币是不包含商业银行系统的机构信用中介体系和中介业务；狭义的影子银行是指追求监管套利的信用中介体系。

但这样的定义并没有揭示出影子银行和影子货币的本质。在笔者看来，典型的影子银行是在传统商业银行贷款业务基础上，通过将信贷资产证券化，形成影子货币，并在各金融机构（包括非银行金融机构）共同参与的套利交易中实现信用扩张的体系，由于所有的投融资活动都游离于商业银行的资产负债表之外，并避开了金融监管的视线（2008年以前），因而被称为影子银行。

影子银行的发起机构为"结构投资载体"（SIV，Structure Investment Vehicle）和"特别目的载体"（SPV，SpecialPurposeVehicle）。这是由商业银行或投资银行发起设立的表外工具。银行设立 SIV 和 SPV 的目的何在呢？让我们来举例说明。

银行原有的盈利模式是将贷款放出后坐等收取利息，资产证券化和利率市场化的改革使商业银行获得了一种新的途径，即将现有的贷款包装成可以交易的证券化产品并在市场上出售，收回现金之后，再建立新的贷款，从而赚取更多的收益。为了使这个转让过程变得可行，需要在商业银行资产负债表之外建立一个证券化的操作平台，SPV 和 SIV 就是应这种需要而设计出来的。

所谓影子货币，就是商业银行通过 SIV 和 SPV，将信贷资产通过分层、组合、评级，包装成标准化的可交易产品。这些证券化信贷资产可以转让、抵押、变现，成为事实上的"代用货币"。通过影子银行系统，形成了一条新的货币扩张路径。这个演变的路径之所以被美国监管层所忽视，就是因为现有的狭义和广义货币都是以银行的活期和定期存款这些债务指标来统计的。所以这种债权类的流动性资产的扩张就游离出监管层的视线。

资产支持商业票据（ABCP，Asset Backed Commercial Paper）是影子货币的最初形态，也是 SIV 的主要资金来源。SIV 的经营模式是这样的，首先依靠发行 ABCP 以低成本筹集短期资金，去购买商业银行的信贷资产。这种资产支持商业票据期限通常在一年以下，由指定的金融资产做担保，如学生贷款、信用卡贷款、住房抵押贷款等。2006年1月美国发行的资产支持商业票据达8660亿美元；2007年8月增加到1.22万亿美元，占整个商业票据市场的一半。① 货币市场基金是ABCP的主要投资者。ABCP由于有评级机构的高评级，安全性与流动性等同于现金，可以满足各类融资需要。加之ABCP期限短，可以满足一些企业短期的融资额度，使融资同直接需求相匹配。自20世纪80年代中期开始，银行增加了它们的表外资产的数量，例如，汽车贷款和住房抵押贷款，在打包成资产支持证券前，可以先通过ABCP程序来为这些资产融资。ABCP相当于为银行提供了一种新的低成本表外融资工具，其功能有点类似于以往中国钱庄发行的"庄票"，由于它可以转让和抵押，并且不受金融监管的约束，从而形成了影子货币的最初形态。传统上，ABCP程序是投资那些来自非金融公司的应付账款，但随着时间的推移，又增加了更广泛的资产项目，包括高评级的抵押贷款支持证券（Mortgage-Backed Securities，MBSs）。2006年年底，美国ABCP的未偿贷款增加到1.1万亿美元，超过了未证券化（无资产担保的）商业票据的未偿贷款数量。② ABCP的短期债务包括平均90天到期的ABCP和平均一年到期的ABCP。这些短期资产之所以被称为"资产担保"，是由于它们是用抵押贷款池或其他贷款作为抵押物的。当违约出现时，ABCP的持有者有权占有或卖出作为抵押的资产。ABCP的短期资产迎合投资者的偏好，因为它允许投资者随时撤回资金以调整自己的投资需求。为了保证对这些载体的融资流动性，发起

---

① 辛乔利：《影子银行——揭秘一个鲜为人知的金融黑洞》，中国经济出版社2010年版，第115页。

② Adria van der Merwe, *Market Liquidity Risk: Implications for Asset Pricing, Risk Management and Financial Regulation*, Palgrave Macmillan, 2015, p.27.

银行要提供被称之为"防止流动性枯竭（liquidity backstop）"的信用额度。这些担保属于表外债务，并且没有被监管者加入杠杆计算的范围。这意味着商业银行不会因为这项业务的扩大而被要求增加资本金。

这样一来，商业银行可以成功逃脱发行派生货币的监管约束，通过发行派生货币带来的存贷比上升和存款准备金率的缺口，以及核心资本充足率的不足，都可以通过发行ABCP而轻易解脱，实现监管套利。

但这里面有一个问题，ABCP票据属于短期融资，而购买的信贷资产则是长期信贷资产：当ABCP到期时，所购买的信贷资产还没有完成转手，这个时候，SIV和SPV就需要再融资，继续发行ABCP以借新还旧，因为短期融资和长期信贷标的之间有一个利差，通过"借短贷长"的方式完成套利交易。

ABCP是证券化的短期债务，主要用于购买商业银行和投资银行发起的信贷资产，并把它们包装成各种证券化产品。这种证券化产品有一个总称，名为"资产支持证券"（ABS，Asset-Backed Security），它的发行过程是这样的：首先由基础资产发起人，通常是商业银行、储蓄贷款公司、抵押贷款公司、汽车金融公司、信用卡服务商、消费金融公司等传统意义的贷款机构，将贷款或应收款等资产出售给SPV或SIV，实现有关资产与发起人的信用隔离，再由SPV或SIV通过资产打包、评估分层、信用增级等步骤，向投资者发行。资产支持证券最初采用的基础资产为住房抵押贷款，随着资产证券化程度的不断提高，用于发行的基础资产也在不断丰富，后来陆续增加了汽车消费贷款、信用卡应收款、学生贷款、住房权益贷款、设备租赁费、厂房抵押贷款、贸易应收款等。因为发放抵押贷款需要达到一定的数量才可以建立ABS，为此，银行不得不增加持有一些次级抵押贷款数量以便从事ABS的创建业务。ABS建立之后需要根据风险和收益来分层，银行通常持有ABS中没有评级的较低分层，因为《巴塞尔新资本协议》禁止机构投资者投资没有评级的资产，但对银行保留无风险评级的资产则持宽容的态度。通过评级，存储次级抵押贷款并保持ABS的低级分层被看成低风险的业务。ABS的产品类型有简单的过手证券（pass-through security）和复杂的结构证券（structured security），如MBS、RMBS、CDO、CLO等。下面笔者就对它们分别加以说明。

抵押贷款支持证券（MBS，Mortgage-Backed Security），属于ABS中的结构性产品。具体做法是将抵押贷款资金池切块，分成不同风险和回报单元，结构可以根据发行人的意愿灵活设计，资金池产生的现金流分配给MBS不同的分层。MBS通常分为6层，也可以简化为高级层、夹层和股本层。假如本金为1亿美元，分配到各个分层的情况是：高级层7500万美元、夹层2000万美元、股本层500万美元；高级层回报6%、夹层10%、股本层30%。这种结构用以满足不同风险偏好的投资者。养老基金一般比较保守，感兴趣的都是风险小、高等级的MBS，对冲基金则寻求高风险、高回报，更偏重选择低等级分层。MBS在到期分配本金时，每一层得到的本金取决于资产损失的情况。如果损失在5%以内，由股本层承担；如果损失超过5%，股本层会损失全部本金，并由夹层承担部分损失；如果损失超过25%，夹层损失全部本金，超出的损失由高级层承担。一般高级层被评为AAA级，夹层被评为BBB级，股本层不评级。

住房抵押支持证券（RMBS，Residential Mortgage-Backed Security），属于 ABS 的一种特殊形式。在次贷危机前，当美国房地产市场一派欣欣向荣景象的时候，RMBS 风头一时无两，这种证券化资产被设计成用住房增值部分再抵押的模式，如果房价持续上升，借贷者可以用房屋升值的部分，再抵押获得新的贷款，以偿还旧贷款的本息，而一旦利率提高或房价不再上涨，这种证券得以存在的利差就消失殆尽。这也成为次贷危机最终爆发的源头。

抵押债务凭证（CDO，Collateralized Debt Obligation），按照标的资产，CDO 又可以分为现金 CDO 与合成 CDO。现金 CDO 中最大的类别就是 ABS CDO 和 MBS CDO。我们前面已经介绍过，MBS 本身已经是经过分层的证券化金融产品，分为高级层、夹层和股本层，高级层由于风险低，股本层由于回报高，都比较好卖，但夹层两头不靠，比较难于脱手，于是金融工程师们又在 MBS 的夹层中再设计出一个 MBS，即所谓的 MBS CDO，其高级层也被评为 AAA 级，但风险和回报的比例与 MBS 高级层是不同的。MBS 在损失不超过 25% 的情况下，还能得到所承诺的回报。但 MBS CDO 中的高级层，在抵押贷款证券损失超过 10% 时，就要被殃及。合成 CDO 是以 CDS（Credit Default Swap，信用违约互换）为标的物的 CDO，于 20 世纪 90 年代创立。后来的发展极为迅猛。其设计原理是这样的，将 CDS 对应的风险损失切分成不同的分层，每层收取不同的保费。基础层保费最高，承担的损失也最大。具体做法是，银行首先设立 SPV，然后银行和 SPV 之间签订 CDS 合约。因为组合成 CDO，至少需要 100 家公司的 CDS。通过把 100 家公司的信用风险敞口切分成不同的分层，可以将合成CDO卖给不同风险偏好的投资者。SPV合约的名义金额从5亿美元到10亿美元不等，有些在10亿美元以上。如果100家公司有7家违约，SPV支付1/3的损失；如果8家违约，SPV需要支付2/3的损失；9家公司违约，SPV就要付全部损失。为了获得这份保险，银行同意每年按CDS合约金额的1%—2%向SPV支付保费。CDO分层与其他CDO的结合又产生了CDO平方（以CDO分层为支持的CDO），证券结构变得异常复杂。2006年年底，CDO全球市场总量接近2万亿美元。[①]

抵押贷款契约（Collateralized Loan Obligations，简称CLOs），它相当于一个杠杆贷款池，具有不同支付优先权的债务和股权分层。CLOs通常拥有140—170项具有BB和B评级的贷款，排在前10的资产一般不到总资产的7.5%，排在前50的资产不到总资产的25%。一个CLOs以不同的风险回报来筹集资本，最高级的资本或者说是最先偿付的资本具有AAA信用评级，下一层筹集的资本是AA评级的，当次一级的资本筹集起来时，风险状况开始上升，这些风险必须有更高的回报做补偿。CLOs债务的一个重要特点是，它们不考虑贷款的市场价值，保证金只要求达到市场价值的一定百分比就可以了。这种方式的投资理念就是永远维持一个安全的保证金比例。例如，当一个100万美元的杠杆贷款以平价（100%）买入时，融资的提供者需要支付75万美元的购买价格，买家需要支付25万美元。如果贷款资产下降到90万美元，那么，融资的提供者需要将它的借贷减少到67.5万美元（90万美元的75%）。要求买家将贷款中的投资从25万美元提高

---

① 辛乔利：《影子银行——揭秘一个鲜为人知的金融黑洞》，中国经济出版社2010年版，第108页。

到 32.5 万元。CLOs 的债务，与市场对市场的融资相反，它是长期签订的，并且要持有到期。CLOs 结构更注重现金流和到期偿付。因而受到那些注重于资产层级并对价格变动不太敏感的长期投资基金的青睐。

我们知道，像 ABS 这种以金融资产作为信用抵押的产品，对于持有者来说，一旦抵押物出现信用违约，其估值就会大幅降低，将面临很大的变现困难。于是，金融机构又发明了一系列信用衍生品，来对冲这种风险。CDS 就是这种风险对冲工具之一。它占到整个信用衍生品市场份额的一半以上。这是一种针对违约风险提供的保险工具。对于 CDS 的买家来说，他希望通过 CDS 将风险转移，当信用违约发生时，自己的财产可以不受损失，条件是定期支付保费；对于 CDS 的卖家来说，如果不发生违约，他就获得保费收入，如果发生违约，他需要弥补买家的损失。这和我们大家都熟悉的保险原理是完全一样的，之所以称之为"信用违约互换"，是因为一项金融产品一旦被冠以"保险"的名目，就会被纳入监管的范围。为了逃避监管，华尔街就给这个事实上的保险产品起了这样一个莫名其妙的名字。CDS 被设计成对赌的形式，理论上可以容纳无限的资金，事实上，目前 CDS 已经成为影子银行中最大的资金池，次贷危机前就达到了 58 万亿美元的庞大规模。[1]

从 2001 年到 2008 年，美国的商业银行和投资银行证券化了 1.3 万亿美元的次级贷款，并对其中的大多数都发行了担保。证券化使银行在为房产泡沫中的次级抵押贷款提供保险方面起到了

---

[1] 辛乔利：《影子银行——揭秘一个鲜为人知的金融黑洞》，中国经济出版社 2010 年版，第 82 页。

决定性的作用，并且迫使它们吸收了次级贷款带来的大部分损失。对于商业银行来说，建立这些表外工具的最大好处是，可以逃避监管层对传统商业银行业务在资本金和准备金等方面的限制，将业务规模做大。

货币金融学教科书将货币的衍生局限在信贷这条途径上，但实际上，影子银行创造的影子货币，等于是将包装成证券化产品的信贷资产（债权）作为货币的代用品，通过金融机构之间的重复抵押融资，从而形成一个新的信用扩张系统，在这个市场上，因为没有核心资本充足率和存款准备金率的限制，流动性扩张的速度十分惊人。

▶▷ 暗影下的金融帝国

影子银行作为一个庞大的金融体系，它由发起机构、交易主体、中介平台和辅助机构搭建而成。下面，笔者就对影子银行的这些组织结构分别加以介绍。

当商业银行通过 SIV 和 SPV 将信贷资产打造成可以交易的证券化产品之后，不会留在自己手里吃利差，而是要把它销售出去，这就需要有机构投资者的参与和辅助平台的建设，而投资银行在整个影子银行系统和影子货币的运行中扮演了一个特殊的角色。

需要说明的是，投资银行本身也是资产抵押证券的发起人之一，从 1998 年到 2007 年，投资银行发行了 6400 亿美元证券组合产品 CDO，这是用来管理投资于次级抵押贷款的工具。[1] 另外，

---

[1] Daniel Aronoff, *The Financial Crisis Reconsidered*: *the Mercantilist Origin of Secular Stagnation and Boom-bust Cycles*, Palgrave Macmillan, 2016, p. 104.

投资银行还在这些证券化产品的回购交易中起到中介的作用。通常，其他投资人会将他们的证券化资产交给投资银行促成居间交易；作为交换，投资银行在回购交易中提供给债券投资人一个短期货币借贷。债券投资人使用这笔货币参与那些可以带来更高收益的投资或满足清算的需要。与此同时，投资银行与机构现金池做现金回购交易，在整个交易过程中，投资银行实际上扮演了一个配置货币需求（Matched Book Money Dealers）的经销商角色。不仅如此，投资银行对于其他金融机构的抵押物——证券化的信贷资产，也不会留在自己手里吃利息。为了增加收益，它们通常会将这些证券化产品再抵押出去，用来为自己融资，这个过程很有点像商业银行吸收存款再贷款的方式，只不过因为是用债权作抵押，程序上是反过来的，但道理都是一样，结果都是信用的扩张，而且没有存款准备金率的衰减因子，货币乘数更大，需要建立新的乘数公式重新计算（详见第六章）。

为了使影子银行的运作保持顺畅，它所创造出来的证券化产品必须有稳定的市场参与者，对冲基金（hedge fund）就是影子银行二级市场的重要参与者。与其他投资工具相比，对冲基金的最大特点是杠杆交易。这是因为，对冲基金采用反向持仓的方式（如对多仓的风险敞口用期货空单锁定）来对冲风险，在减少风险的同时，收益也相对下降。对冲基金提高收益的方式，就是将大概率的微小回报，通过杠杆效应，放大成高收益。在次贷危机前，有些对冲基金的杠杆率被放大到50倍以上。

影子银行提供的证券化产品，为市场提供了充足的套利标的，对冲基金如鱼得水，着实风光了一把。到2007年，对冲基金管理的资产已经达到1.8万亿美元，交易金额超过了共同基金，纽约股票交易所15%—20%的交易都是对冲基金所为。其风头甚至盖过了投资银行。广泛使用杠杆的意义在于，只用很小的资金就可以撬动巨大的资产，这种信贷扩张的方式使整个交易系统对利率的微小波动都十分敏感。一旦出现价格的单边剧烈波动，就有可能会引起流动性"坍塌"，这在次贷危机和中国2015年的股灾中都得到了充分验证。

货币市场基金（Money Market Fund）主要投资各类短期、低风险证券，如政府债券、存款凭证、企业发行的商业票据以及SIV和SPV发行的资产支持商业票据（ABCP），等等。货币市场基金与商业银行储蓄的最大区别是，它支付的利息通常稍高于存款，但不受美国联邦储蓄保险法的保护。由于货币市场基金投资风格稳健，长期以来很少跌破面值，这样一来，货币市场基金对银行储蓄形成了直接威胁，而货币市场基金本身也一直致力于将自己打造成储蓄账户的替代品，使其在具有储蓄账户的安全性和流动性的同时，还具有高于储蓄的回报。国际金融危机前，货币市场基金受到影子银行的青睐，成为临时存放巨额资金的避风港。截至2008年9月，美国共有2000多只货币市场基金，总资产将近3.8万亿美元。其中零售基金1.282万亿美元，机构基金2.5万亿美元。[①] 货币市场基金成为影子银行和大型企业获取流动性的重要来源。因为其价格稳定性的记录，货币市场基金的风险较少引起人们的关注。这部分是由于，美国的证券交易委员会（SEC）2a-7规则专门规定，必须限制货币市场基金可以承担的信贷、利率和流动性风险，以维持一个稳定的净资产值（这个规

---

① 辛乔利：《影子银行——揭秘一个鲜为人知的金融黑洞》，中国经济出版社2010年版，第62页。

则并不适用于其他形式的共同基金)。① 在 2008 年之前,货币市场基金的净资产值都维持在 1 美元之上。即使出现亏损,基金发起人也会消化这些损失以避免净资产值下降。这意味着,货币市场基金虽然没有联邦保险,却有类似的私人保险存在,即由基金承担任何可能的损失。② 货币市场基金在影子银行中的作用,主要是为 SPV 和 SIV 发行的 ABCP 提供融资,从而使影子银行打造影子货币的第一道工序得以完成。

那些买入证券化资产(我们称之为"影子货币")的投资机构出现资金短缺或者发现更高的套利空间时,可以在被称为 Repo(回购协议,Repurchase Agreement)的短期资金市场上做抵押融资,从而形成影子货币的扩张出口。Repo 就是以证券化的金融资产作为质押的短期贷款。一般分为隔夜、定期和自动展期三种,其中隔夜贷款最为常见,借款人在 24 小时之内将现金归还,贷款人归还质押的证券。为期两年的 Repo 也很常见,这种 Repo 往往是没有固定期限的,只是每天自动展期,直到一方提出终止为止,在正常情况下,等同于长期贷款。在美国,Repo 早已超过联邦基金,成为规模最大的短期货币市场,截至 2008 年 6 月,Repo 总市值超过 10 万亿美元,相当于当时美国 GDP 的 70%。③

传统上的 Repo 市场出于安全性和流动性方面的考虑,以国债为主要质押品,由于国债发行数量有限,远不能满足市场需求。后来,两房(房地美、房利美)债、评级相当于国债的各类

---

① Adria van der Merwe, *Market Liquidity Risk: Implications for Asset Pricing, Risk Management and Financial Regulation*, Palgrave Macmillan, 2015, pp. 22–23.

② Ibid., p. 23.

③ 辛乔利:《影子银行——揭秘一个鲜为人知的金融黑洞》,中国经济出版社 2010 年版,第 118 页。

资产支持证券和企业债也开始作为抵押品。国际金融危机爆发前，非政府发行的抵押品成为 Repo 市场增长的主要动力。Repo 的通常做法是，证券持有人以 A 价格抵押资产获得资金，并同意第二天以 B 价格回购。（A－B）/A 就是 Repo 利率，与储蓄存款利率相当。Repo 本身就类似于一个巨大的银行，只是这个银行是不受监管的。为了保证出借人的利益，质押证券通常要做一个"估值折扣（haircut）"，比如用 100 美元的抵押物，一个机构可以收到（100－x）美元的贷款，x 美元就代表"估值折扣"。估值折扣的数额反映了借入者需要借入的数量，如果估值折扣较高，说明需要进入这种协议的资金数量较高，从而转换为较高的融资成本。

保险公司在影子银行中的作用也十分特殊，一方面，商业银行提供的资产证券化产品构成了保险公司的长期投资标的；另一方面，保险公司也为这些资产提供保险产品，如为 CDO 提供 CDS 产品。美国最大的保险公司 AIG 就是因为开展了大量的 CDS 业务（曾经达到 4000 亿美元），而在次贷危机期间差点破产倒闭。

有了发行者、有了买家，还有中介机构和交易平台，影子银行运作似乎已经具备了一切必要条件，但这里面还缺少一个充分条件，即如何维持套利空间的存在。对于发行机构来说，短期融资的成本必须足够低，才能与长期债券之间形成利差，而 SIV 获取低成本资金的前提，是必须保证自身信用等级的 AAA 评级，保持住这个评级，SIV 发行的短期商业票据就能以比国债稍高的水平发售，而且在 270 天内无限制发行。而对于证券化产品的买家来说，许多投资人是一些受到监管的机构，监管条例规定他们只能将大部分资金投入到高评级证券。供给和需求这两方面都需要权威评级机构的配合,在美国,这样的评级机构有标准普尔、穆迪和惠普等。按照这些评级公司的标准,债券被分为从 AAA 到 D 几个等级,最高的评级是投资级,它具有较低的违约风险,这个评级包括美国政府债券和著名公众公司如通用电气、微软、艾克森石油等公司的债券。评级机构将低于 BBB-/Baa3 评级的债务列为投机评级,这个评级系列构成了高收益市场。"高收益"意味着这种债券可以提供高回报以补偿较高的信用风险。到 C 级以下,就进入破产清算等级了。[①]

信用评级对于高收益投资者和发行者来说是十分重要的,因为高收益债券的投资人通常要求发行者从两个评级机构获得信用评级,尽管投资者在做出投资决定的时候,依赖于他们自己的"尽职调查"或者发行者的评估,评级对投资决定依然具有影响。这是由于许多高收益的投资者有被评级指定的投资范围。例如,某种类型的投资者只能买入有限数量的信用评级为 CCC 的投资标的,而不管他们是如何考虑风险收入比的。许多买家利用较低的借贷成本做套利交易,评级可以影响到他们投资高收益债券的数量。

现在,主要角色悉数登场,而且看起来配合得天衣无缝,精心策划的大戏就这样隆重上演了。但在一片歌舞升平之中,有一个危险被人们所忽略,即影子银行的成功运作高度依赖估值折扣的稳定。因为影子货币的扩张模式与商业银行不同,影子货币不是通过资金的重复借贷,而是通过对证券化资产的重复抵押来实现扩张的。因而抵押时的估值折扣直接影响到影子货币的规模和

[①] Rajav Bagaria, *High Yield Debt*: *an Insider's Guide to the Marketplace*, John Wiley & Sons Ltd., 2016, p. 3.

效率，在影子银行体系中，估值折扣相当于商业银行系统的存款准备金率，它是影子货币的决定性衰减要素，影子货币乘数也主要由估值折扣构成。一旦估值折扣上升，相当于商业银行系统的存款准备金率提高，证券资产抵押所能获得的资金量就会出现下降，由于估值折扣受资本预期收益的影响，当资本预期收益出现不确定性时，估值折扣的下降幅度会非常剧烈，这会引起影子货币的急剧收缩，并形成连锁反应，导致流动性出现全面冻结。但问题的关键在于，在美国的实际利率已经降低的情况下，美国的生产率水平也在下降。潜在的低增长率意味着影子银行系统建立在十分脆弱的基础之上。

估值折扣的上升从次级贷款恐慌开始，Gorton 和 Metrick 的研究表明：回购的估值折扣从 2008 年 1 月的接近 10%，上升到 2008 年 9 月的接近 45%；雷曼事件之后，这一指数又上升了 20%，包括对某些资产 100% 的估值折扣。[①]

与此同时，由 SIV 和 SPV 发行的大量次级贷款的违约率大幅上升，次级贷款在当时美国 6 万亿美元的住房贷款中占有 1.3 万亿美元的份额，违约率是优质贷款的 5 倍。当次级贷款的违约率急剧攀升时，敏感的资本市场突然对 MBS 丧失了兴趣。投资者纷纷抛售手中与次级抵押贷款相关的证券，导致这些证券价格下跌。随着 RMBS 和 CDO 的不断贬值，SIV 和 SPV 赖以生存的短期批发资金市场——资产支持商业票据（ABCP）的流动性突然消失，首先是资产支持商业票据的融资成本快速上升，2007 年年初，期限 30 天的商业票据利率与联邦基金基础利率的利差从 25

[①] Quoted from Adria van der Merwe, *Market Liquidity Risk: Implications for Asset Pricing, Risk Management and Financial Regulation*, Palgrave Macmillan, 2015, p. 30.

个基点扩大到 75 个基点；8 月 20 日一度高达 365 个基点；8 月 28 日有所回落，但依然保留 155 个基点的利差。[①] 其次是资产支持商业票据市场余额出现急剧下滑，2007 年 8 月的数周之内，每周下降几百亿美元的余额。截至 2007 年 12 月，资产支持商业票据共下降 4040 亿美元，跌幅达 34%。[②]

到了 2008 年年初，SIV 新发行的商业票据基本无人问津，已发行的票据展期难以实现，这意味着影子货币陷入全面冻结。由于资金来源被切断，而 SIV 持有的 MBS 和 CDO 贬值幅度在 20% 到 70% 之间，SIV 只好尝试卖掉一些长期投资来应付临时资金周转，以偿还债务。不料即使是低价甩卖，也很难在市场上找到买主。据惠普评级公司的统计，SIV 持有的 4000 亿美元资产，有 95% 在两年时间内被处理掉，全球 29 只 SIV 中，5 只被重组，13 只被并入发起银行，7 只出现债务违约，4 只被清盘，几乎全军覆没。当 SIV 出现危机的时候，一些大的发起银行，如美国银行、花旗银行、JP 摩根等为了保住名誉，不得不采取注资或合并报表等措施，解救陷入危局的 SIV，这样一来，影子银行的风险又回到商业银行体系中，引发商业银行的大规模坏账核销。

当影子银行创立的 SPV 和 SIV 陷入困境时，作为其产品 MBS 的主要投资人——投资银行就首当其冲。首先陷入困境的是贝尔斯登，随着 MBS 和 CDO 及相关债券的大幅贬值，贝尔斯登旗下的两家基金由于投资了过多的次级贷款相关证券，且杠杆过高，损失高达面值的 90%。在万般无奈之下，贝尔斯登只好向美联储求助，在美联储的帮助下，贝尔斯登被 JP 摩根收购。雷曼兄弟

[①] 辛乔利：《影子银行——揭秘一个鲜为人知的金融黑洞》，中国经济出版社 2010 年版，第 177 页。

[②] 同上。

公司则由于没有得到美联储的援助，在 2008 年 9 月 15 日宣布破产保护。

随着雷曼兄弟公司的倒闭，引起了一系列多米诺骨牌效应，对冲基金、投资银行、保险公司都在雷曼有大量的融资抵押品，这些抵押品收不回来，就会出现大量的坏账核销。这些影子银行的重要成员都纷纷遭遇重创，就连影子银行体系中的最后一个避风港——货币市场基金也被殃及。为了防止影子银行体系的最后一块多米诺骨牌的倒下，美联储创立"特别基金商业票据融资便利"解救陷于危难的市场；9 月 19 日，美国政府又宣布了一项 500 亿美元的保险计划，对货币市场基金提供临时担保。[①]

经过几轮货币宽松政策的全力抢救，金融市场的崩塌总算是遏制住了。为了防止金融危机的再度发生，2009 年 7 月 15 日，美国国会通过了名为《多德—弗兰克华尔街改革与消费者保护法案》的金融监管改革法。其基本内容是成立金融稳定监管委员会，由财政部牵头，将金融衍生品和非银行金融机构纳入理事会监管范围。但由于影子银行形成的虚拟经济与实体经济的失衡没有得到解决，当新冠肺炎疫情来袭时，暂时被掩盖的问题又再次暴露出来。只是这一次，美联储已经没有多少牌可打了。

▶▷ 东方特色的金融暗流

相对于美国而言，中国的影子银行起步较晚，资产证券化的规模也相对有限，根据东方金诚与中央结算公司联合发布的 2019

[①] 辛乔利：《影子银行——揭秘一个鲜为人知的金融黑洞》，中国经济出版社 2010 年版，第 189 页。

年资产证券化发展报告，2019年全年发行的证券化产品为2.34万亿元，年末存量为4.19万亿元，其中信贷资产支持证券（信贷ABS）发行9634.56亿元，同比增长3%，占发行总量的41%；企业资产支持专项计划（企业ABS）发行10917.46亿元，同比增长15%，占比47%；资产支持票据（ABN）发行2887.36亿元，同比增长129%，占发行总量的12%。资产证券化的比例依然较低。更重要的是，中国的影子银行与美国的影子银行存在形式上的差异。这给中国影子银行的界定带来了困难，为了叙述简明起见，本书采用比较严格的标准，将中国影子银行限定在"一平台""二通道""三连环"三种基本形式上。"一平台"即为商业银行的表外理财平台；"二通道"是指"银行与信托公司的合作通道"以及"银行与证券公司的合作通道"；"三连环"为民间连环借贷，这种借贷通常由出资者、募集者和高利贷者组成债务链，所以笔者称其为民间借贷三连环。我们下面就分别对它们做简要描述。

1. 银行的表外理财平台

2009年"四万亿元"的救市政策出台之后，中国的信贷规模出现爆炸式增长，并引起管理层的警惕，在2010年实施信贷调控中，管理层对信贷流向进行了监管，一些被限制的领域，如房地产和地方融资平台，开始向传统信贷渠道之外谋求融资。而商业银行也急需一种能够突破存贷比限制，将表内资产表外化的工具。此时，银行表外理财平台的作用就凸显出来，通过将表内资产表外化，来达到对信贷限制的规避。如果一定要和美国的影子银行进行对比，商业银行的表外理财平台，类似于美国商业银行建立的SIV和SPV这种特别结构和目的载体。只不过形式上要更为"原始"一些。

首先需要说明的是，并不是所有的银行理财产品都属于影子银行的范畴。商业银行理财产品一般分为表内和表外，表内理财相当于银行存款，体现在银行的资产负债表中，需要计提拨备，无论产品盈亏，银行都要"刚性兑付"。而表外理财则不体现在银行的资产负债表上，银行不承诺保本，只收取一定比例的管理费。

由于中国影子银行的信贷资产证券化率不高，银行表内和表外理财平台的投资标的都有一部分"非标"产品。这部分非标产品由于不能在回购市场做抵押融资，在转让上也有相当的困难，因而这部分影子货币的扩张速度明显受到限制。按照2013年3月银监会下发的《中国银监会关于规范商业银行理财业务投资运作有关问题的通知》（以下简称8号文）的定义：非标准化资产是指未在银行间市场及证券交易所市场交易的债权性资产，包括但不限于信贷资产、信托贷款、委托债权、承兑汇票、信用证、应收账款、各类受（收）益权、带回购条款的股权性融资等。常见的非标业务形式包括买入返售票据、信托受益权转让、同业代付、保险协议存款等。截至2012年年底，非标资产余额约为19.21万亿元，其中，委托贷款余额6万亿元，信托贷款2.97万元，未贴现的银行承兑汇票约6.23万亿元，同业代付约2.89万亿元，融资租赁即小额贷款约1.1万亿元。[①]

2013年出台的8号文，规定了银行理财资金投资非标规模的上限，即理财产品余额的35%与银行上一年度审计报告披露总资产的4%之间的低者，此后，银行理财产品的非标业务规模逐渐收缩。

---

① 李洁怡主编：《银行非标资产交易》，中信出版社2015年版，第6页。

2018年4月27日下达的《关于规范金融机构资产管理业务的指导意见》（以下简称"资管新规"），以及在9月28日公布的配套措施《商业银行理财业务监督管理办法》（以下简称"理财新规"），又在8号文的基础上，做了进一步的补充，对银行理财业务实施穿透式管理，即向上识别理财产品的最终投资者，向下识别理财产品的底层资产，并对理财产品的运作实行全面动态监管。到2018年年末，银行理财余额为32.1万亿元，其中"非保本、非同业"的表外理财大约为21.2万亿元，投向非标资产的比重为17.23%，大约为3.7万亿元。[①] 比2012年的42%的占比已经大幅下降。

2. 银信合作与银证合作渠道

中国影子银行的业务除了一部分是由银行自己的表外理财平台打理的，还有一部分业务是通过表内的同业项目以及表外理财平台与信托公司或证券公司合作开发的。

银信合作是中国影子银行的重要渠道之一，在客户向银行提出贷款要求，而银行限于信贷规模或客户所处行业的限制，难以用贷款方式满足客户要求的情况下，银行通常会采用银信合作的方式"曲线贷款"。具体操作程序是：银行首先发行相应的理财产品募集资金，然后以此设立单一资金信托计划，通过发放信托贷款来满足客户的融资需求。

银证合作是中国式影子银行的另一个重要渠道，与其他影子银行的业务相比，银证合作起步较晚，但发展迅速。自2010年银监会叫停银信合作的通道业务后，银证合作就成为影子银行的主要形式。银证合作属于定向资产管理业务，即证券公司为商业

[①] 华夏资本联盟：《银行非标投资全解构》（2019年），搜狐网，2019年5月10日。

银行提供投资通道服务，以定向资产管理计划作为载体，根据委托人的指令开展投资操作，收取基本的管理费。其基本运作模式是，银行以理财产品等形式募集基金，以委托人的身份与券商签订定向资产管理合同；券商则以定向资产管理项目的管理人身份，进行定向投资。在这一模式下，券商仅提供资产管理通道，银行则负责资金的筹集及投资运作。银行作为委托方在原则上承担全部信用风险，券商则只收取佣金。

银信合作与银证合作有时候也在同业项目下进行，因为在银行资产负债表中，大部分同业业务，以买入返售的形式计入返售科目（所谓买入返售，即由转贴现卖方买断票据，双方约定在一定时期再以买断式购回）；剩下的一小部分业务，如委托定向投资，则存放在同业科目中。这两个科目下的非标资产都属于同业资产，仅计提20%（3个月内）或25%（3个月外）的风险权重，而传统信贷的风险权重为100%，因而同业资产较低的风险权重可以优化银行的资产负债表，降低银行的拨备率，放大信贷杠杆。另外，同业业务不计入 M_2，可以不受存款准备金率的限制。8号文下发之后，多数银行以机构间"互买""过桥"等方式，将超额非标从理财账户向自营账户转移，其资产则反映在同业资产及其他类投资项下。由于在买入返售非标等同业业务中，银行既可突破信贷额度限制，又能通过引入过桥方和担保方将风险权重占比降至25%，因此多数银行纷纷采用这种方式，导致2013年同业业务规模迅速膨胀。截至2013年第三季度，16家上市银行同业资产规模占总资产的比例达到10.6%。[1]

2015年，在"牛市新起点"论的刺激下，大量银行资金通

---

[1] 李洁怡主编：《银行非标资产交易》，中信出版社2015年版，第7页。

过伞形信托、券商两融受益权质押、委托贷款等渠道进入股市，规模达万亿元人民币的水平，甚至超过当时两市融资融券规模（约在1.1万亿元左右）①。上述四种模式中，以伞形信托占比最大。相对于融资融券，伞形信托的杠杆比例更高，总账户下的每个子账户又分为优先级和劣后级，据此按照1∶1—1∶5的比例配置资金，劣后资金最高可达1∶5。后来在监管层的要求下，现在二者的比例控制在1∶3左右。伞形信托的融资成本平均在8.3%左右，明显低于两融。

在随后的清查场外配资的监管行动中，影子银行的各路资金纷纷外逃，形成相互踩踏的惨烈场面，引起股市暴跌。有鉴于此，2017年12月出台的《关于规范银信类业务的通知》，对银信业务和银证业务做了严格的监管。将表内外资金和收/受益权纳入银信类业务范畴，严格限制通道业务。其中银信合作不管是否是通道业务，则不区分表内还是表外，只要是银行实质承担信用风险的，就要穿透计提资本和拨备，且不能通过通道规避监管指标或虚假出表。2018年出台的"资管新规"，则在去通道、去嵌套方面，又进一步加强了监管。通道业务受到进一步的限制。

3. 民间连环借贷

所谓"民间连环借贷"，是指民间企业或个人，以高息集资，然后再放高利贷给急需资金的企业或个人。在高利的诱惑下，不少人用自己的房产、汽车和企业作抵押，向银行贷款，转手借给放高利贷者，还有些人以高息向亲戚朋友借贷，然后再以更高的利息转借给放高利贷者。整个连环借贷的信用约束十分脆弱，一

---

① 李存：《中国影子银行的宏观经济效应及监管研究》，中国社会科学出版社2019年版，第44—45页。

旦借款人无力偿还债务，或其中的某个环节出现问题，就会引起债务链的瞬间崩塌。

与美国的影子银行参与主体主要是机构投资者不同，在中国各类影子银行的信贷中，民间借贷占到32%。[①] 参与主体也十分混杂，既有正规的担保公司、小额贷款公司、典当行，也有隐匿在大街小巷的地下钱庄、高利贷公司。利率也是参差不齐，"高利贷"的月息通常在5%—10%不等，而且往往采用利滚利的计息方式，借款人的利息负担非常重，无法按时还款付息的情况时有发生。相对于金融机构体系内的影子银行，这种民间连环借贷则更加混乱，严重缺乏监管。

中国的民间借贷之所以出现连环借贷的情况，是因为放贷者通常没有充分的手段募集到足够多的资金，这个时候，一个特殊的群体——金融掮客就应运而生了。这些人以高息向民众集资，然后再以更高的利息拆借给放贷人，从中套取利差。一些地方的公务员和银行系统的工作人员，因为身份特殊，容易得到出借人的信任，充当起"金融掮客"的角色。这种连环借贷的方式，往往涉及面广、涉案金额巨大，一旦发生借贷者跑路的情况，容易引发重大群体性事件。在高利的诱惑下，一些原本从事实业的民营企业甚至国有企业，觉得做实业辛苦，一年下来赚不到几个钱，以为高利贷来钱快，纷纷放弃自己的本行，做起高利贷生意来。这种转变，造成一些地方人心浮躁、投机风气盛行，加速了产业空心化的进程。[②]

概括起来说，与美国的影子银行相比，中国的影子银行发展

[①] 陈青松：《影子银行》，电子工业出版社2014年版，第22页。
[②] 同上书，第51—79页。

形态还处于初始阶段，资产证券化程度不高，与之配套的金融衍生品也不丰富，比如没有对冲工具和重复抵押的市场，因而杠杆率普遍较低。由于机构的参与度不高，因而中国的影子银行更加依赖零售渠道融资，其运行模式也随着监管的跟进而不断演变，具有鲜明的"中国特色"。但2015年清查场外配资引起的股市暴跌，说明即使是"原始"的影子银行，造成的危害也不可小视。因此，仅仅在规模上限制还是远远不够的，需要从理论上彻底搞清楚它的运行机制。

▶▷ 影子银行的启示

影子银行及影子货币的出现对传统货币理论形成冲击，也对金融监管和宏观调控提出了新的课题，下面笔者就尝试性地做一些探讨，看一看影子银行给我们带来了哪些启示。

第一，影子银行创造了新的货币形态，但这种货币与传统的货币统计口径完全不同，传统的狭义货币 M_1 和广义货币 M_2，在商业银行的资产负债表上都表现为债务，但影子货币则表现为流动性资产。这涉及对货币本质的认识，即代用货币究竟是债务还是债权的问题，我们在第三章已经做了探讨。但影子货币的流动资产形式，肯定不在传统货币的统计口径的范围之内。次贷危机前美国影子银行的资产规模已经达到传统金融业务的235%以上。但在广义货币 M_2 上面完全显示不出来，这也是美国监管层没有觉察到危险并最终导致局势失控的原因。传统的货币定义及货币统计口径已经不能反映新的金融格局，亟须做出调整。中国在2001年，就已经发现原有货币统计口径的偏差，开始将证券保证

金纳入 M_2 的统计口径，2018 年 1 月又将货币基金存款计入 M_2 的非银存款。不过依然不能全部覆盖影子银行所创造的流动性，在理论上也没有做出相应调整，不过今天已经到了我们必须正视这一问题的时候了。

第二，由于影子银行的资金来源不是传统的商业银行存款，而是发行 ABCP，这部分融资方式，不仅在 M_1 和 M_2 中反映不出来，并且与商业银行创造的派生货币不同，它不受央行存款准备金制度的约束和银行核心资本充足率的限制，只要存在套利空间，就可以发行任意的数量。这等于是在表外建立了另一套存款系统，这样一来，影子货币的发行量就完全脱离了宏观调控的范围，从而使央行的货币政策效应大幅降低。

第三，由于影子银行采用资产证券化的方法，将一部分对应实体经济的信贷资产包装成可以交易、对冲、套利和抵押的证券化标的，可以在银行系统之外形成大容量的资金池，比如，在高峰时期美国的影子银行持有了 16 万亿美元的资产，但是由于普遍采用高杠杆和对冲交易模式，影子银行衍生品合约金额超过了 165 万亿美元。[①] 仅针对次级贷款的 CDS 合约就达到接近 60 万亿美元的规模。这种"蓄水池效应"在金融危机时就会演变成"堰塞湖冲击"，给金融监管和宏观调控带来了巨大的挑战，如果金融监管当局仅仅盯住一些过时的指标制定货币政策，则很容易出现刻舟求剑、缘木求鱼的现象。等到问题暴露时，损失已经无可挽回。

影子银行带给金融体制的最大影响，就是出现了一个不受监管约束的金融体系，由于不受存款准备金率和核心资本充足率的

[①] 辛乔利：《影子银行——揭秘一个鲜为人知的金融黑洞》，中国经济出版社 2010 年版，第 17 页。

限制，这个体系可以在经济繁荣期创造出任意数量的货币供给，从而改变了货币衍生的机制。在影子银行形成体系之前，传统的货币扩张路径见图5-1：

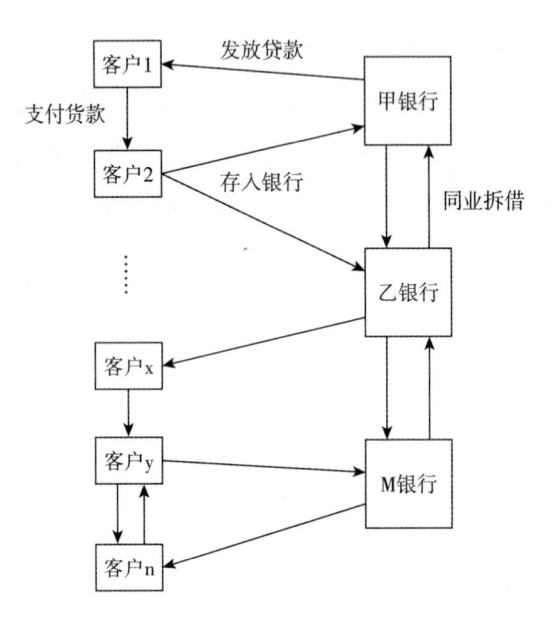

图5-1 传统的货币扩张路径示意

影子银行的运行模式出现以后，商业银行通过表外工具，将现有信贷资产以证券化的方式转让出去，利用回笼资金进行信贷的再创造。这样一来，商业银行就可以利用原有的负债创造更多的贷款。并且商业银行创造的派生货币也不再受核心资本充足率和存款准备金率的限制，通过不断重复前一个过程，将信贷规模成倍放大。而影子银行通过信贷资产的证券化，又创造了一个信贷产品的二级市场，形成双层叠加的信贷扩张结构，见图5-2所示：

图5-2只是一个基本的框架，实际情况要更为复杂。需要指出的是，影子银行形成的信贷规模，只有一部分与实体经济有关，大部分都是在虚拟金融中做套利交易，这也是信贷增长快于

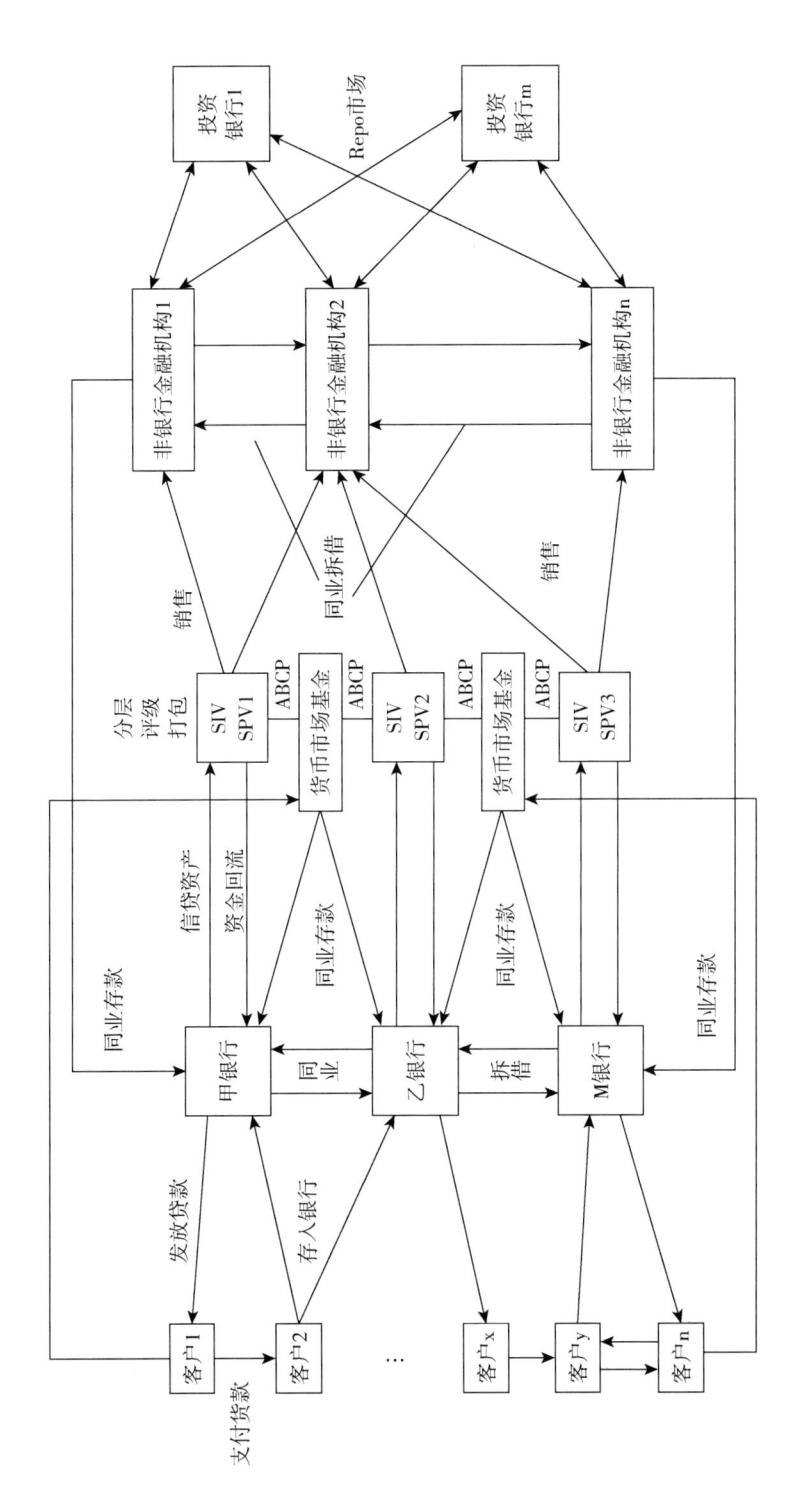

图5-2 影子货币与传统货币叠加的货币扩张路径

实体经济增长的一个重要原因。当证券化的信贷资产转移出去之后，其买入者既可以持有到期，收取固定收益回报，也可以将这些证券在市场上转让，甚至可以在 Repo 市场做抵押融资。

应该承认，这种金融创新也并非一无是处，首先它提高了货币流通的速度，提高了资金使用的效率。而且在影子银行创造的证券化信贷资产中，只有住房抵押贷款中的次级贷款属于有毒资产，次贷危机前，美国住宅抵押贷款的 60% 被包装进 CDO、CLO 以及 CDO 平方这些可以交易的信贷证券中。[①] 由于有毒资产与良性资产混合包装成同一类证券化产品，当其中的次级抵押贷款信用丧失，也将其他资产的信用带进了低谷。其实，证券化信贷资产的其他项目，如汽车消费贷款、信用卡应收款、学生贷款、住房权益贷款、设备租赁费、厂房抵押贷款、贸易应收款等，其资产质量并没有那么差，违约率也不高。而更注重现金流和到期偿付的"抵押贷款契约"CLO，绝大多数都挺过了次贷危机的冲击，从 1994 年至 2013 年，CLO 债务只出现了极小的违约率，根据标准普尔提供的资料，只有 8 个最初的投资评级分层出现了违约。这只占同一时期所有投资级分层总数的 0.15%。[②]

也就是说，影子银行的问题出在三个方面，一是房地产的次级抵押贷款在一些证券化产品中的比例过高，以致整个系统的抗风险能力下降；二是影子银行的高杠杆交易方式使金融系统难以承受价格剧烈波动带来的风险；三是影子银行的运作脱离了金融监管的范围，导致问题已经非常严重的时候也没有采取有效措施

[①] Adair Turner, *Between Debt and the Devil: Money, Credit, and Fixing Global Finance*, Princeton University Press, 2016, p. 94.

[②] Rajav Bagaria, *High Yield Debt: an Insider's Guide to the Marketplace*, John Wiley & Sons Ltd., 2016, p. 40.

加以遏制。

尽管影子银行的出现，已经使信贷扩张的路径变得异常复杂，但事情还没有到此结束，最近几年发展得如火如荼的互联网金融又生成了另一个层级的金融系统，出现了"共生银行"与"共生货币"，组建出现代金融的第三级架构，下一章，我们就对这个新生业态做专门分析。

第六章
互联网金融与共生货币

影子银行所创造的流动性仅仅是现代货币发行机制的一个演变过程，而不是它的终极形态。随着互联网的普及和相关技术的发展，一种全新的金融业态——互联网金融——取得了快速生长，其主要形式表现为借助互联网技术建立的各种金融交易平台，如"P2P"网贷平台、第三方支付平台以及基于互联网技术的理财中心，等等。

与影子银行不同的地方在于，这些网络平台并不是在传统银行体外运行，而是寄生在传统银行的内部，它们虽然从商业银行分流了一部分居民存款，但因为是在银行内开户，其资金又会以同业存款的方式重新回到银行系统，而互联网金融创造的证券化信贷资产，比如由阿里小贷、京东白条发行的ABS，通常都销售给商业银行，为商业银行等传统金融机构提供理财和套利工具，从它们的生存模式来看，更像是传统银行体内孕育的一个子系统，与商业银行形成了一种"共生关系"，所以笔者称互联网金融为"共生银行"，由互联网金融创造的流动性（原始形态为互联网金融发放信贷带来的现金流，成熟形态为互联网金融的小额贷款公司发行的 ABS）为"共生货币"。

应该说明的是，"共生"是一种普遍的生物学现象，也是一种进化的形式。人类在这个地球上与许多生物存在共生关系，人体细胞的线粒体也是在数十亿年前由某些细菌寄生于真核生物体后共同演化的结果。从互联网金融发展的短暂历史来看，互联网金融与传统金融既有业务上的替代关系，也有功能上的互补和资源的共享，对于互联网金融这种新型业态，笔者基本持正面评价。

互联网金融凭借其巨大的成本优势和技术优势，不仅改变了传统金融体系内的货币流通渠道，还催生了完全不同的商业模式，在给传统货币体系带来挑战的同时，也为我们展现了未来金融的无限可能。货币运行机制将会出现何种演变？货币管理和货币政策需要做出什么调整？一系列崭新的课题摆在我们面前。

▶▷ "点对点"的平台

P2P（Peer-to-Peer）网络借贷是出现较早的互联网金融形态，按照其初始的定义，应该是"个体和个体之间通过互联网平台实现的直接借贷"。P2P 网络借贷中的"个体"，包括自然人、法人及其他组织。P2P 企业，就是为借贷双方提供点对点中介服务的平台。

这里所说的"初始"定义，是指 P2P 网络借贷最初的设计理念，其核心就是"去中介化"。出借人和借款人不再通过银行等金融中介机构达成借贷协议,而是通过网上注册、在线缔约、在线划转的方式实现资金使用权的转移。借款利率在最高利率的限制下,由借贷双方自行设定,P2P公司仅仅以纯粹居间模式运营。

所谓纯粹居间模式,即网贷平台作为信息中介,只负责对借款人的信息进行数据分析和筛选,并对符合要求的借款人进行评级。经评级后即可在网贷平台上线。而资金供给方则需要给网贷平台的资金账户充值并参与投标。当借款人还款时,网贷平台会根据各位出资者的出借比例,自动将还款打入投资者的账户。网贷平台的收益,以收取交易服务费的方式实现。如果借款人违约,网贷平台不承担任何担保责任,由投资者自行承担违约的损失。应该承认,这种模式设计并不严谨,后来的平台蜕变,在很大程度上偏离了这个初衷,这是后话。

我们看到,这种网贷平台对于货币衍生的意义仅仅在于,它可以将对传统银行忽略的一些借贷需求起到补充作用,从而提高资金的使用效率,此外,这种网贷平台不受存款准备金率的限制,如果运转良好的话,创造信用的速度会很快。

2005年,全世界第一家P2P借贷平台Zopa在英国成立,随后在世界各地生根发芽,并取得快速发展。我国首家P2P公司宜信(Credit Ease)于2006年在北京揭牌,此后,中国的P2P公司的发展进入快车道,据不完全统计,在2016年P2P平台依然火爆的年份,全国正常运营的P2P平台有2349家,借贷余额6212.61亿元,居全世界之首。[1]

在平台贷发展初期,最早的参与者大都是按照最初的设计模

---

[1] 转引自刘进一《互联网金融——模式与新格局》,法律出版社2016年版,第55页。

式运作的，但随着越来越多的资本涌入这个行业，内部成分变得复杂，一些受高利率诱惑的投机资金，以及一些纯粹圈钱的骗子也都纷纷涌入这个领域，平台贷的内部竞争开始加剧。为了吸引更多的资金和参与者加入到自己的平台，各个 P2P 都开始介入平台的交易活动，开始对投资人的资金承诺担保，有部分 P2P 平台不仅承诺保障本金，还承诺保障利息。这样一来，P2P 的性质就发生了改变，从原来完全中立的撮合借贷双方资金借贷的交易平台，变成了信用贷款公司。越来越多的投资人不是根据自己的判断，而是依赖平台信用进行放款。

将平台信用加入之后，P2P 的收益，也从无风险的服务性收入，直接变成了有风险的担保收入。在经营模式上，又回到了传统商业信贷的老路，但是平台贷本身并没有传统商业银行的规模经济优势和风险控制能力。一旦出现大面积的坏账，P2P 平台就会出现跑路潮。尤其是最近几年，P2P 平台的倒闭成为一种普遍现象。即使是资金规模达到几百亿元的 P2P 平台也难逃厄运。

笔者认为，P2P 平台的根本问题还是出在制度设计上，这种点对点的信贷方式在创立初期，区块链技术还没有发育成熟，借贷双方无法通过智能合约相互约束，也无法利用数字货币的可追溯性和公开性进行实时监控，以致借贷双方的权益，尤其是出借人的权益无法保障。由于 P2P 平台的技术含量过低，使得大量投机资金和无风险承受能力的资金涌入这个领域，出现大规模违规操作也就很难避免了。

但也应该看到，这种互联网金融的融资模式，还是存在部分的合理性，因为在传统的信贷体制中，对于任何一个投融资项目，不管涉及金额的大小，都要花费大体相同的审贷工作量，出于成本收益的考虑，银行等信贷机构自然对小额信贷业务特别是无抵押的纯信用贷款不感兴趣。大量中小企业和个人的贷款需求得不到满足。传统商业银行发放一笔贷款，即使有资产做抵押，从借入者征信、项目审核再到最终批准，耗时漫长、手续繁杂。而平台贷的P2P模式，可以在很短的时间内完成项目审核并将贷款发放给借款人。虽然有一定的风险，但回报也较高，不排除有投资人愿意采用这种高风险高回报的借贷方式。与此同时，一部分原来在传统银行系统内无法覆盖审贷成本的小额或无抵押贷款项目，也有了获得融资的机会。

一般而言，如果严格按照点对点的设计思路发展这种基于互联网的融资模式，对商业银行的信贷业务不会产生明显的替代作用，它更多地体现为对传统融资方式的一个补充。只是从货币流程上，一部分资金会从原有的银行借贷流程中转移出来，经过一个子系统的循环，再回到银行体系中。

▶▷ 依附在"通道"上的银行

随着互联网技术的发展，一种依附在支付通道上的金融业态产生，并且得到快速发展，我们将这种业态称为"第三方支付平台"。所谓第三方支付平台，是指经货币管理当局批准，在收付款人之间提供货币转移的非银行金融机构。在中国比较有代表性且占比较大的互联网第三方支付平台是蚂蚁金服旗下的支付宝和腾讯旗下的微信支付。这两家分别占到了互联网支付平台资金流量的50%和40%左右。支付宝与微信支付的区别在于，支付宝是通过电商网络生成的支付平台，而微信支付则是依托社交网络生成的支付平台。

第三方支付平台等于是在客户与银行之间建立了一个中介，当客户需要支付或转款时，调拨指令不是由客户直接向银行发出，而是由客户向支付机构发出指令，再由支付机构向银行发出指令。第三方支付平台的具体操作过程（以支付宝为例）可以分为两个环节：第一个环节是客户在支付宝输入密码后，提交付款指令；第二步是支付宝按照客户的支付指令向银行发送扣款指令，银行根据支付宝的扣款指令将客户资金扣划至支付宝账户，支付宝再根据客户的指令将款项支付给指定的客户。

在原来的设计流程中，备付金（比如在淘宝上的买家付款）会在第三方支付平台的账户上停留一段时间，如果买家在货物到达时确认付款，资金滞留在支付宝的时间就是快递送达的时间加客户确认的时间。如果买家没有确认收货也没有提出延长付款期，则是 10 天后自动划款，走邮政系统是 30 天自动划款。这等于是自动在第三方支付平台上形成一个资金蓄水池，支付宝可以利用这部分短期的存量资金给淘宝商家或客户发放短期贷款或进入短期融资市场做套利交易，形成一个事实上的信贷资金池，更为重要的是，这部分资金属于零成本负债，支付宝无须为客户支付利息、使用上也不受存款准备金率和资本充足率的限制。

作为第三方支付平台，微信支付的交易方式与支付宝相同，都是由客户先向支付中心发出指令，再由支付中心向银行发出拨款指令。微信支付与支付宝在操作程序上的区别在于，微信支付不存在消费者与商家之间的延迟支付问题，不管是"公众号支付""APP 支付""扫码支付"还是"刷卡支付"，都是即时完成的，因而无法生成寄生在支付通道上的资金池。但是，在微信支付平台上存在着"微信钱包"的功能，用户在相互转款、发送红包或者充值之后，如果没有立即提现或完成支付，这笔资金也会滞留在微信的账户内，其性质也相当于微信支付获得的"共生货币"。

这种第三方支付平台独享的金融特权，很快就被管理层发现，并出手管制。2018年6月中国人民银行发布《关于支付机构客户备付金全部集中缴存有关事宜的通知》，规定自2018年7月9日起，按月逐步提高支付机构客户备付金集中交存比例，到2019年1月14日实现100%集中交存。2018年12月，中国人民银行支付结算司又下发了《关于支付机构撤销人民币客户备付金账户有关工作的通知》，规定在2019年1月14日之前，撤销开立在银行的人民币客户备付金账户。第三方支付机构原来享有的这部分无成本资金从此不复存在。

虽然这部分资金池被取消，但第三方支付平台还有其他的资金池，如淘宝旗下的"余额宝"和微信的"零钱通"，以及下一节将会提到的各种理财中心。资金还是会滞留在第三方支付平台。

相对于线下交易的现金支付方式，互联网金融的无现金支付具有无可比拟的优势。传统的支付方式要求客户必须手握现金，一手交钱一手交货，如果客户手头没有现金，就要到银行转账或提取现金，即使是在自助存取款机上操作，也要往返奔波，费时费力。而互联网金融只要一部移动终端在手，就可以搞定所有的支付。居民待在家中，可以在网上采购、订餐，通过快递直接送货上门；上街购物、乘车都不用带现金，这种便捷是传统金融机构所无法提供的。第三方支付平台在带来生活便利的同时，也大大减少了现金的使用频率。无现金社会的到来，也为数字货币时代的到来奠定了基础。但无现金交易提供了一种潜在的可能，即在互联网金融创造共生货币时，因为没有现金兑付的压力，并且不受存款准备金率和核心资本充足率的限制，理论上可以创造出无限的信用。这给金融监管带来了新的课题。

在美国，类似的第三方支付平台也有很多，比较有代表性的是 PayPal 和 Apple Pay。PayPal（在中国大陆的品牌为贝宝），是美国 eBey 公司的全资子公司，1998 年 12 月由 Peter Thiel 及 Max Levchein 建立，总部位于美国加利福尼亚州的圣荷西市。PayPal 在使用电子邮件的用户之间转移资金，避免了邮寄支票或者传统汇款带来的不便。PayPal 也和一些电子商务网站合作，成为它们的货款支付方式之一；但是用这种支付方式转账时，PayPal 要收取一定数额的手续费。2017 年 4 月，Android Pay 与 PayPal 合作，PayPal 成为 Android Pay 用户可以使用的平台。2018 年 3 月，PayPal 申请了一项专利，用以改善用户的支付体验，从而更好地与信用卡这种支付方式进行竞争。在全球 202 个国家和地区，PayPal 有超过 2.2 亿用户，已实现 24 种外币间的交易。

Apple Pay 是苹果公司发布的一种基于 NFC 的手机支付功能，于 2014 年 10 月 20 日在美国正式上线，其支付原理也是将手机与银行卡或信用卡绑定，首先，客户向店方支付平台发出指令，其次通过第三方支付平台向银行发出指令，最后由银行完成支付行为。操作上比信用卡要方便，在美国的发展也较快，到 2015 年，美国已有 2500 家银行支持 Apple Pay，在美国本土取得成功后，Apple Pay 随后在英国、加拿大、中国等国家和地区陆续开展。

但它们的共同特点，都是和银行的信用卡对接，没有借助电商平台和社交平台发展出独立的生态系统，在使用的便捷性和广泛性上无法和支付宝与微信支付相比。这里就不做进一步的介绍了。

▶▷ 比宿主更具活力的共生体

在互联网金融中，最具代表性的是各种依托在线金融服务的综合理财平台。近年来，其业务发展十分迅猛，表现出比传统金融更加强大的生命力。综合理财平台是一种将各种支付、信托、保险、借贷、典当等金融服务在一个线上平台汇总，提供综合服务的互联网金融业态。由于其无限贴近各种生产、交易和消费场景，因而其提供的金融服务更有针对性，也更加高效和便捷。比较有代表性的是蚂蚁金服、京东金融、度小满金融和陆金所。

这种支付平台等于是在传统的商业银行的大资金池中，又开辟了一个独立的子资金池，支付账户所记录的资金余额实质上是客户委托支付机构保管的，所有权归属于客户，但客户的资金不再停留在各自的银行账户内，而是集中到第三方支付平台的理财账户。这种理财账户在传统商业银行的资产负债表上属于同业存入或同业拆入。随着商业银行的存款余额部分转入这种理财账户，直接表现为居民存款的减少和同业存款的增加，由于综合理财中心具有独立的信贷功能，相比较第三方支付平台的资金池来说，规模更大，资金滞留的时间更长。由于这种理财平台具有运营成本低（不需要设在城市中心地带的运营中心和营业场地）、运行效率高（可以利用移动终端即时提取）、收益高（有些时候非固定存款的年化收益率甚至高于银行定期存款）等特点，发展势头极为迅猛。因为这些综合理财平台的功能大体相同，为了避免重复，我们下面主要介绍一下比较有代表性的蚂蚁金服的情况。

蚂蚁金服，全称是浙江蚂蚁小微金融服务集团，是阿里巴巴集团的关联公司，于 2014 年 10 月成立，蚂蚁金服旗下业务包括支付宝（我们在上一节已经有过介绍）、芝麻信用、蚂蚁大可、蚂蚁金融云、招财宝、蚂蚁聚宝、网商银行、蚂蚁花呗、蚂蚁借呗等。其中对传统货币流通影响最大的是余额宝、蚂蚁花呗、蚂蚁借呗、招财宝和网商银行。

余额宝是天弘基金管理有限公司为支付宝用户量身定制的一款货币基金产品。用户将资金存入支付宝并转入余额宝账户，天弘基金管理有限公司将客户资金用来投资于短期货币工具，如国债、中央银行票据、银行定期存单、短期政府债券、企业债券、同业存款等有价证券，获得的收益一部分为天弘基金管理公司的管理费用，一部分为余额宝客户购买该货币基金的收入。余额宝由于取现便捷，收益高过银行活期存款，因而受到投资人特别是年轻人的青睐，发展势头十分迅猛。

蚂蚁花呗是蚂蚁金服提供给消费者的"这月买，下月还"的消费信贷服务。蚂蚁借呗是支付宝推出的一款贷款服务，目前的申请门槛是芝麻分在 600 分以上，按照分数不同，用户可以申请的贷款额度从 100—300000 元不等。借呗的还款最长期限为 12 个月，贷款日利率为 0.045%，随借随还。花呗、借呗都由重庆市阿里小微小额贷款有限公司和商融商业保理有限公司提供业务支持。

招财宝由蚂蚁金服旗下的子公司上海招财宝金融信息服务有

限公司负责运营。余额宝客户可以通过招财宝购买其他定期理财产品，包括：借款产品（个人贷、企业贷）、基金产品和保险产品等，产品到期后资金再回流进余额宝。余额宝和招财宝的结合类似于"活期+定期"的组合。

网商银行是由蚂蚁金服作为大股东发起设立的中国第一家核心系统基于云计算架构的商业银行。它以互联网的方式经营，不设物理网点，不做现金业务，以互联网为平台，小存小贷，主要提供20万元以下的存款产品和500万元以下的贷款项目。在人员配备上，只用少量的技术和管理人员，网商银行目前只有300名员工，其中2/3是和数据与技术相关的人员。该银行采取轻资产、重交易、平台化的经营思路，其产品的目标客户主要是电商平台的个人卖家和个人创业者，其产品特色为简单的纯信用贷款，无抵押无担保，整个流程都是纯粹的线上交易，随借随还。自开业以来，业务发展迅猛，2016年已经实现盈利，营收达到2015年的10倍以上。2018年上半年网商银行的总资产达到1096亿元，比2017年年末增长40.15%，营业收入31.06亿元，利润总额为4.44亿元，经营业绩增速迅猛。

需要指出的是，网商银行已经有自己独立的金融牌照，不再像第三方支付平台那样"寄生"在银行系统之内，其民营资本加"互联网+"的营运模式形成了一个独立的业态形式。不管是支付系统、理财系统还是信贷系统，都比传统金融的运营成本有了极大的降低。随着互联网技术的进一步改进，这个趋势还会进一步加强。相比之下，传统金融系统的运营需要固定的营业场所、众多的业务人员以及复杂的内部管理机构，运营成本居高不下。此外，民营银行通常有互联网金融的背景，如我们前面提到的第三方支付平台，一旦民营银行成立，这些平台可以在自家银行独立开户，形成资金的大规模转移，这个时候，传统商业银行的存款业务就会受到真正的冲击。

综合理财中心主要的服务对象是从事电子商务的企业和个人，这种特定业态对于资金需求具有高频度、小额度的特点，蚂蚁金服的网商银行推出随借随还的"钱包式贷款"，使电商企业可以用高杠杆、低成本滚动经营，让交易像流水一样畅通。对于一些交易活跃的客户，网商银行可以通过"订单贷"，为小微企业提供100万元以下无抵押、无担保的纯信用贷款，快速收回货款，加快资金流动。可以用很少的启动资金将销售额度迅速扩大，极大地缓解了中小电商的资金压力。有数据显示，2019年"双十一"期间，网商银行为300多万个中小商家提供了3000亿元贷款资金支持，助力商家备货。值得注意的是，"双十一"贷款的总资金量达到3000亿元，贷款不良率仅为1%，在银行业中不良率处于绝对低位。

凭借大数据、人工智能和阿里云等技术革新，网商银行独创了"310"模式，实现了3分钟审贷、1秒钟放款、全程0人工介入的全流程线上贷款模式。商户可以通过电脑和手机在7×24小时内随时获得贷款服务。在消费端，蚂蚁金服开启"花呗"产品，推动消费者分期消费，2019年"双十一"期间，天猫商家为线上800万种商品开通了花呗分期免息，同比增加了5倍。蚂蚁金服自成立以来，发展速度惊人，目前，支付宝的全球用户已经突破10亿人，天猫整体月度活跃用户达7.21亿人。

与传统商业银行的经营模式不同，蚂蚁金服贴近各种销售场景和消费场景，可以准确掌握借贷人的实际资信状况，阿里巴巴通过"诚信通"等手段，积累了大量的原始商户数据，为小微贷款业务奠定了基础。这种贴近交易过程的金融服务模式可以补充传统商业信贷的最大短板，使小额贷款和纯粹信用贷款获得了巨大的市场空间。并通过资产证券化的过程，由小额贷款公司将短期信贷资产包装成标准化的资产支持证券（Asset-Backed Security，ABS），形成不同于派生货币和影子货币的"共生货币"。

在上一章我们介绍影子银行运作模式时，曾经介绍过 ABS 的分层包装方式。互联网金融的 ABS 组成结构也大致相同，只是更为简洁，比如蚂蚁金服小额贷款公司发行的 ABS，将年化利率为 15%—18%（最高到 23.88%）的短期信贷资产，分为 abc 三层，其中 a 层占 70%，利率为 5%—6%，b 层占 25%，利率为 7%—8%，c 层只占 5%，享受剩余的利差，但也要最先承担坏账风险。

就是这么一个简单的产品，2015 年刚一推出，就获得了令人瞠目的飞速发展。到 2017 年，蚂蚁金服的小额贷款公司发行的 ABS 已经达到 3500 亿元，而蚂蚁两家小贷公司的注册资本合计只有 38 亿元，若将 ABS 回表，花呗、借呗的资本金贷款的杠杆比可达接近百倍。这种前所未有的情况，引起了传统商业银行的不满与诟病，也让管理层颇为震惊，随即出台了新的监管措施，2017 年 12 月 1 日印发并实施的《关于规范整顿"现金贷"业务的通知》中，对网络小额贷款提出的监管要求是，以信贷资产转让等名义融入的资金，应与表内融资合并计算，合并后的融资总额与资本金额的比不得超过已有规定。该通知出台之后，小额贷款公司发行 ABS 的次数被限定在 5 次，ABS 的发行规模在 2018 年出现了明显下降，但问题的症结究竟在哪里却并没有得到澄清。

其实，蚂蚁金服等小额信贷 ABS 之所以得到快速发展，"周转次数"只是表象，真正的秘密隐藏于它的运营模式之中，我们在上一章曾经介绍过，影子银行发行 ABS 采取的是"借短贷长"的滚动模式，即利用长期信贷资产的高利率和短期融资的低成本做套利交易。而互联网金融 ABS 的运营模式是反向套利，即"借长贷短"。蚂蚁小贷发行的 ABS 一般为一年左右的存续期，优先级的利率为 6% 左右。但前端的小额消费贷款都是以月、周、天来计算的，年化利率为 15%—18%。也就是说，互联网金融的 ABS 是用长期融资成本的低利率与短期信贷的高利率进行反向套利交易。

为什么互联网金融的短期借贷利率会高于长期借贷利率呢？这是因为，互联网金融开展业务的领域，是传统金融因为成本因素而不会触及的，如短期、小额、无抵押的信用贷款，但由于互联网金融贴近消费场景，可以用极低的成本和极短的时间完成审贷、信用评级、贷款发放、贷款收回的所有程序。这种信贷的特点是小额度、高频率、超短期、大数量……因此，它可以快速生成。互联网金融的 ABS 可以在短期内迅速扩张的原因在于，当互联网金融的小额贷款公司用短期信贷资产打包成标准化的 ABS 并成功售出之后，原有的短期信贷资产可能很快就到期了，回笼的资金可以很快形成新的 ABS 的信贷资产，从而实现不间断的 ABS 融资。这与影子银行发行 ABS 形成鲜明对照，影子银行的 ABS 是由长期信贷资产构成的，它的形成周期长、周转速度慢，因此扩张速度就没有互联网金融的小额信贷那么夸张。

这里面有个误解需要澄清，有些人以为蚂蚁金服小贷公司发行的 ABS 达到 100 倍的杠杆率是由于 ABS 的周转次数太多了，其实并非如此。蚂蚁金服的两个小贷公司 30 亿的注册资本金，再加上银行1∶2配资，达到90亿规模，按照ABS的三个分层，a、b部分是可以转让的，总共占95%，c属于股本层，占5%，需要保留下来做信用担保，也就是说，即使蚂蚁金服发行的ABS没有任何估值折扣，100亿也只能收回95亿，这部分资金如果在一年内无限循环发行也只有20倍的扩张规模，即90亿最多只能发行1800亿的贷款，但蚂蚁金服小贷公司2017年在资本金只有38亿的时候，发行的ABS达到了3500亿元的规模，这显然不是周转次数太多造成的，而是发行数量过多。原因就是我们前面提到的，ABS的前端是短期小额信贷，可以快速生成新的ABS，加之这个领域属于未充分开发的处女地，有很大的拓展空间，所以ABS的发行可以实现跳跃式增长。

也就是说，这种模式的潜在风险并不体现在它的周转次数上，而是体现在ABS"借长贷短"的模式之中，这种模式成功运作建立在三个前提之上，一是前端的短期借贷利率必须和后端的长期信贷资产之间保持足够大的利差，如果蚂蚁金服、拼多多、京东等机构的同类业务相互形成竞争，就会使前端利率下降，当利差缩小到成本边界，该模式就达到扩张的极限；二是坏账率必须维持在年化利率可以覆盖的范围以内，即小额短期信贷的年化收益率减去ABS的年利率支出，再减去经营成本支出，剩余部分必须高于坏账带来的损失，目前小额贷款公司不到1%的坏账率不会出现任何问题，但在特殊时期或突发事件下就有可能出现兑付危机；三是借贷规模要保持稳定扩张，"借长贷短"的模式要求前端业务不间断滚动才能保持较高的年化收益率，并与ABS的利率形成套利空间，一旦短期借贷的扩张速度赶不上ABS的发行速度，或者在特定情况下出现借贷停滞，前端借贷产品的年化收益率接近 ABS 的利率，再加上经营成本，这种模式就难以维持了。

概括起来说，互联网金融在服务对象、融资渠道、运营模式等各个方面，都与传统商业银行和影子银行有很大区别，而共生货币与派生货币和影子货币的套利方式也存在诸多不同。面对这样一种新型金融业态，是否适宜采用传统的监管模式和调控手段，还存在探讨的空间。笔者认为，可以尝试引入互联网金融平台的平衡竞争机制，让前端借贷利率处于合理空间；用坏账率与杠杆率挂钩的方式进行风险监控，形成 ABS 发行规模的市场化调节机制；利用大数据分析对小额信贷规模做趋势预测，并以此作为风险防控的参考依据。应该承认，如何在防范金融风险的同时，鼓励和保护金融创新，依然是一个需要不断探索的课题。

与阿里巴巴旗下的综合理财平台相似的还有京东金融，微信的理财通，百度的度小满，中国平安的陆金所……原理大致相同，这里就不一一介绍了。

可以看出，综合理财平台的业务基本上涵盖了银行、基金、信托、保险等传统金融服务的内容，它与传统金融的最大区别就是它的包容性，即业务涵盖了许多被传统金融所忽略的群体——大多数中小企业和创新群体。此外，蚂蚁金服和京东金融这些综合理财平台，都依托大型电子商务平台，对于促进互联网交易起到了极大的推动作用。

互联网金融中有相当一部分内容是传统的信贷业务，只不过是通过互联网平台销售和运营，这部分金融业务形成的信贷扩张和货币衍生，没有包含在传统的货币统计范围之内，至于小额贷款公司发行的"共生货币" ABS，以及经过在同业拆借市场上重复抵押形成的流动性扩张，由于不属于传统货币理论的货币范畴，一直没有作为流动性管理的标的。随着互联网金融的交易规模日益扩大，需要有一种新解释系统和监管标准。虽然互联网金融是寄生在传统商业银行的体系之内，与商业银行形成共生关系，但互联网金融的低成本和快速便捷的服务模式，有可能逐渐形成对传统金融的替代效应，迫使传统金融做出制度和经营模式的改变。毕竟，更低的成本、更便捷的服务、更高效的运作，都是金融演化史中不可抗拒的因素。从这个意义上讲，互联网金融的未来发展不可小视。

由互联网金融平台所创造的"共生货币"，与"派生货币"和"影子货币"的生成路径不一样，影子银行所创造的许多证券化的信贷资产，是可以在回购市场做抵押融资的，相当于创造了新的流动性工具。而互联网金融一方面吸收商业银行的现有资源来创造信贷，另一方面也可以用商业银行创造派生货币的方式创造信用，在商业银行的资产负债表上，表现为传统存贷业务向同业业务的转移，以及同业业务的扩张反哺传统的存贷业务，只是互联网金融利用其成本和技术优势，其发展势头极为迅猛，体量在宿主体内迅速膨胀，反过来逼迫传统宿主也做出经营方式的调整。

互联网金融的"共生货币"、商业银行的"派生货币"和影子银行的"影子货币"一起，共同形成了现代经济体的真实货币供给。这样一来，基于传统信贷的货币乘数已经不能准确反映货币的衍生规模，需要做出全面的调整。

▶▷ 重新理解乘数效应

在前面的章节中，我们介绍了商业银行在贷款过程中利用派生货币创造存款的方法，也分析了影子银行如何通过影子货币增加流动性的路径和互联网金融吸取和衍生共生货币的模式，由于派生货币的存在，造成了 M_0 和 M_2 的长期偏离过程，影子货币和共生货币又大部分避开了 M_1 和 M_2 的统计口径。从而形成了一个新的多路径、多层次的信用衍生过程，见图 6-1 所示：

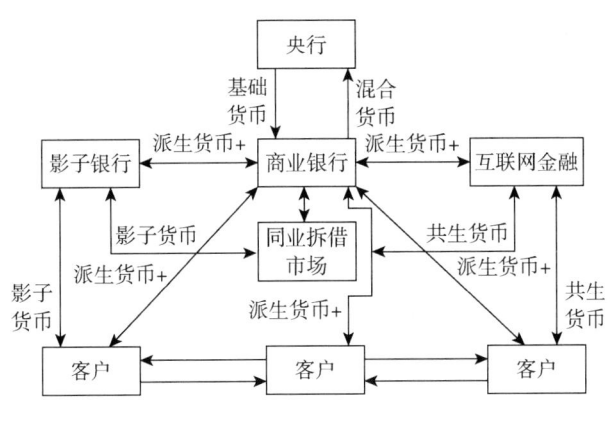

图 6-1 货币流程示意

注：派生货币 + 代表基础货币 + 派生货币。

这只是一个简化的图形，为了便于读者理解，实际的情况要复杂得多。根据这样一个货币流程图，现代金融体系的流动性，不能仅仅用债务统计口径来解释，事实上，商业银行和金融机构发行的派生货币和共生货币与影子银行创造的债权型影子货币，形成了一个虚拟交易系统，在这个系统内部，派生货币、共生货币与影子货币通过同业拆借市场实现短期、快速、频繁的转换，在加快货币流通速度的同时，增加了市场的流通性。原有的货币乘数公式只盯住传统商业银行基础货币的衍生过程，显然远远不能概括流动性的总体规模和货币衍生的机制，笔者在第四章关于"派生货币"的研究中，指出 M_2 的增长与 M_0 的增长长期不保持同步，且在绝大多数年份 M_2 的增长都快于 M_0 的增长，这个现象说明，我们就无法通过传统货币乘数推导出货币衍生的规模，因而也无法为货币政策提供科学的依据。

笔者试图通过构建一个新的货币乘数，将派生货币、影子货币以及共生货币都加入其中。即把商业银行的表内和表外的所有流通性都计入货币总量，打破原有的 M_1、M_2 的统计口径，仅用不同项目下的衰减系数作为区分的标准。

存款准备金率作为重要的漏出因素，在不同的国家，存在不同的征收标准，因而货币乘数的计算方法也应该有所区别。比如在中国，对活期存款和定期存款都收取同样比例的存款准备金，但对于影子银行和互联网金融的大部分货币存量（证券公司的保证金和货币基金除外）不征收存款准备金。

美国的情况又有所不同，美国原来是按照银行性质和地区征收不同的存款准备金率，活期存款和定期存款都要征收。但在1980年《存款机构放松管制和货币控制法》出台后，存款准备金制度出现了重大调整，大银行的活期存款的准备金率为12%（1992年调整为10%），小银行为3%，个人定期存款为零，非个人定期存款为3%，但到了1990年，非个人定期存款也不再收取存款准备金。也就是说，如果要制定新的货币乘数，中国和美国在指标上会有一些不同，这样一来，在乘数的计算上，就会出现国别差异。

下面，我们就从新的认知出发，重新构建一个以中国统计口径为准、包含所有货币形态的新货币乘数。由于影子银行的货币衍生路径和漏出因子与商业银行不同，笔者在乘数中将其作为单项计算。在将本位货币、派生货币、影子货币和共生货币都纳入货币扩张的范围之后,还需要对除影子货币之外的所有货币形态做一个区分,即分为央行收取存款准备金的部分和央行不征收存款准备金的部分,然后分别计算各自的货币乘数,进行加总,得出总的货币乘数公式,即:

$$m = \left\{ \frac{(1-x)(1+d)}{r_d + e} + \frac{x(1+d)}{b} \right\} W_{c1} + \frac{S_m}{V_d + E_r} W_{c2}$$

式中 x 代表不受存款准备金率约束的存款占整个银行负债中的比例,1−x 为受存款准备金率约束的负债比例,r_d 为存款准备金率,e 为超额准备金率。d 为商业银行创造派生货币的比例,它是派生货币对基础货币的变动幅度,用正或负的百分比来表示。对于不受存款准备金约束的部分 x,理论上可以无限扩张,但由于有核心资本充足率的限制,这种扩张也是有边界的。另外,x 的部分虽然不受存款准备金率的限制,但是流动性极强,需要配备较高的超额准备金,但这部分超额准备金通常是以流动性资产的形式存在于金融机构的资产负债表当中的,其与 x 部分的比率用 b 表示,当流动性短缺时,金融机构就会拿这部分金融资产做抵押融资,因此,不受存款准备金约束的部分也是有漏出系数的。公式中最后一项为影子货币的乘数公式,式中的 S_m 代表所有证券化的金融资产,V_d 为估值折扣率,E_r 为证券重复抵押的退出率。W_{c1}、W_{c2} 分别代表两类货币的权重,它们用百分比表示,$W_{c1} + W_{c2} = 1$。为了计算简便起见,公式中没有考虑现金漏出因素。假定是在一个封闭的经济体内,基础货币投放之后全部在经济体内部运行,用这个公式就可以计算流动性的总体规模。如果是开放体系,情况就比较复杂,因为要计算其他国家的货币乘数,这不是我们现在要解决的问题,就不做分析了。

这个公式说明，在派生货币、影子货币以及共生货币全部作为货币供给的背景下，央行除了要控制基础货币的投放之外，还要考虑各种其他派生货币的衍生速度。但由于长期以来对这一因素的忽略，经常是问题已经很严重时，央行才有所察觉。这是因为，商业银行创造的派生货币在回归商业银行的存款系统之后，会带来严重的期限错配，当结算季到来时，由于大量的到期债务需要结算、展期或兑付，各个金融机构会同时出现资金紧张，从而导致短期借贷市场利率飙升，迫使央行释放流动性以缓解"钱荒"，出现钱放得越多却越缺钱的奇怪现象。但长此以往，央行的公开市场操作就容易被商业银行信贷扩张所裹挟，如果迁就金融市场，会造成债务规模的不断攀升，央行强行"断奶"或管理层人为"去杠杆"，往往伴随着股市暴跌、企业倒闭、经济衰退、利率飙升等一系列恶果，总之就是"死给你看"，迫使央行在杠杆率没有降下来的情况下，不得不重启量化宽松的货币政策，造成杠杆率的再度升高，债务增长成为一个不可逆的过程。对此，原有的货币理论无法提出有效的解决办法，需要建立一种新的分析范式，进行全新的探索。

第七章
利息的起源与负利率的出现

从上面的分析我们看出，不管是派生货币、影子货币还是共生货币，其运行模式都离不开利率的驱动和利差的存在，也就是说，要理解现代货币制度的运行规律，就必须解释，为什么借了别人的钱除了要偿还本金之外，还要支付利息。对于利息支付的理由，经济学家给出了许多不同的说法，这些说法大致可以分为两类：一类是报酬说，另一类是来源说。

报酬说侧重于贷款人出借货币所做出的牺牲，认为利息是对这种牺牲的回报，如威廉·配第认为，利息是贷款人暂时放弃货币使用权的报酬；西尼尔则认为利息是借贷资本节欲的报酬；凯恩斯也持类似的观点，在他看来，利息是贷款人放弃周转流动性所得到的回报。

而持来源说的经济学家则认为利息来源于资本的使用过程，有人认为利息来源于资本的租金（达德利·诺斯），也有人认为利息来源于利润（亚当·斯密）或剩余价值（卡尔·马克思），新古典经济学家则认为，利息来源于资本的边际生产力。

所有这些关于利息的理论，虽然说法不一，但都是在讲一个道理，借钱支付利息，是个天经地义、无可置疑的事情。

但在当今世界，却出现了一个亘古未有的怪现象，即出借人借出款项后不仅没有任何收益，还要给借款人倒贴，也就是所谓的"负利率"现象。按照主流经济学的原理，利息是资金持有人牺牲当下权益的报酬，如果这种牺牲得不到回报，还要有所贴赔，货币持有人就会停止出借。随着货币供给的彻底终止，借款需求得不到满足，借款人就会提高借贷利率，利率就会随之上升，也就是说，在主流经济学的世界里，负利率根本就不可能出现。

然而，现实的情况是，这个"不可能出现的"事情在日本已经有二十多年的历史了，在欧盟则出现了十年左右的时间。有消息说，美国在 2021 年也有可能实施负利率。果真如此，负利率在发达国家将成为一个普遍的现象，这到底是怎么回事呢？是经济学对利率的本质存在误解，还是当前经济出现了过去不曾预料的变化？为了弄清楚负利率的起因，我们要对收取利息的依据做重新的认识，为此，还是要追本溯源，从利息的起源说起。

▶▷ 利息收取的依据

关于利息的起源，报酬说和来源说的共同问题是都没有将利息的产生放到交换的框架中去理解，前者是从出借者的角度解释利息的起源，后者是从使用者的角度解释利息的起源，但借贷是一种交换关系，需要借贷双方都有意愿，且在双方的意愿不相冲突时，才可以达成交易。如果仅仅从个体本位的角度，借贷者会认为利息越高越好，借入者会认为利息越低越好，利率的决定全凭供求双方的力量对比，利率水平的高低就没有一个公允的依据了。

牛作为最早的实物货币，向我们展现了利息的最初形态。一个苏美尔人借给邻居20头牛，过了一年之后当他收回牛群时，牛群靠自我繁殖会增加一定的数量，这些增加的牲畜，并不是出借牛群的使用功能（如耕地、产奶等）所产生的，而是由牛群作为生物种群的自我繁殖能力所产生的，因而属于所有者权益。利息这一金融术语就是直接产生于这种借贷的田园形式。苏美尔人的贷款利息被称为 màš，意为"牛犊"。拉丁语的"flock"一词的本意也是牲畜（pecus），与英语"金钱上的"（pecuniary）词根是一样的。[①]

用牛犊来表示利息，无形中揭示了利息的起源，牛群自然繁衍所形成的增殖，应该归还所有者，这可以看成是利息收取的依据。收取的多少，取决于牛群这一单一要素的自然增长率的高低。

后来，当苏美尔人在美索不达米亚地区建立城邦文明之后，又发展出了两套货币系统，一套是以大麦作为计算基准的农业记账系统，另一套是以白银作为计量基准的城镇记账系统，有趣的是，这两套系统的利率是不一样的，以大麦作为货币的借贷利率达到33.3%，而以白银作为货币的借贷利率只有20%。[②] 这种不同货币之间的利率差异，也为利息来自单一要素的自然增长率提

[①] Andrew Palmer, *Smart Money: How High-stakes Financial Innovation is Reshaping Our World for the Better*, Basic Books, 2015, p. 5.

[②] [美] 布莱特·金：《大数据银行》，张翠萍译，机械工业出版社2016年版，第1页。

供了依据，即对于所有者而言，持有不同要素的出借者会有不同的回报要求，这背后的原因，只能是来自不同要素的自然增长率，用其他的理由很难讲清楚为什么不同的实物货币会收取不同的利息。

需要说明的是，对于某些无机物来说，比如贵金属，并不存在自然繁殖的问题，但金银等贵金属作为不可再生的资源，在地球上的存量有限，开采成本会越来越高。这里，涉及另一个概念，即"要素稀缺度"，这个概念具有普遍的意义，不仅适用于货币，也适用于其他商品。所谓要素稀缺度，又分为绝对稀缺和相对稀缺，绝对稀缺度用需求的餍足点（餍足点即一个收入周期中边际效用为零的消费量）和实际的供给量之间的差额来表示。相对稀缺度用两种要素的绝对稀缺度的对比来表示，或者用一种要素的绝对稀缺度与整个社会的商品加权平均稀缺度的差额来表示。当作为货币的要素出现相对稀缺度变化时，就会影响到利率水平，有时候还会导致利率超越行业的重置成本（即放弃交换，转为自己生产的成本），在这里表现为利率所代表的交换比率低于对方单一要素的自然增长率。

中国古代是农耕社会，谷物曾经长期作为实物货币的形态出现。汉语中的"利息"一词中的利字，是禾（庄稼）旁边加一把刀，为收割之意。息可以理解为生息。我们知道，人类种植的谷物，最初都是从野外采集来的，不需要人类的培育。也就是说，野生谷物在田野里，即使不去经营，也会有一定的收成。这和美索不达米亚人借出牛群，要收牛犊作为利息是出于同样的道理，谷物出借，要收回一定数量的新生谷物作为回报，这与谷物这一单一要素的自然增长率有关，也与粮食在青黄不接时期的资源稀缺度有关。

如果将利息收取的依据理解为单一要素的自然增长率、风险厌恶水平和要素稀缺度的叠加，所有集中在利率问题上的症结就可以迎刃而解，也为理解负利率的产生提供了一把钥匙。货币持有者借出货币之后，等于是在一定时期内牺牲了单一要素自然增长的权利，同时还出让了要素的稀缺性，并承担了一定的风险，这种牺牲当然是需要得到补偿的。在这里，单一要素的自然增长率属于出借的重置成本，而风险厌恶水平、要素稀缺度与单一要素的自然增长率共同构成了借出资金的机会成本。只有当出借的收益可以超出要素的重置成本和持有成本时，要素持有人才会产生出借的意愿。超出的部分越多，可以覆盖的风险厌恶水平和要素稀缺度也就越高，愿意出借的资金也就越多。反之，超出的部分越少，可以覆盖的风险厌恶水平和要素稀缺度越低，货币供给量就会越少。

不过，这是从借出者的视角看待利息收取，那么，从借入者的视角又会如何看待利息的支付呢？

▶▷ 付息的动机

我们用单一要素的自然增长率说明了出借者利息收取的依据，而对借入者来说，支付利息等于在偿还本金的基础上，还要付出一个"额外的金额"。那么，在什么情况下，借入者宁愿付出这个"额外的金额"也要借入货币呢？这个问题涉及一个新的概念，即要素的复合增长率。

简单说来，要素的复合增长率就是生产者将各种单一要素结合在一起产生的效率，通常它要远远高于任何单一要素的自然增长率。借入者之所以愿意支付利息，就是因为借入资金后实现的复合增长率在覆盖借入成本之后还有剩余。

比如，一个农民有种田的技术，但却没有耕地和牛，仅仅靠体力给别人打工，或者野外采集和狩猎，效率是很低的。如果借来牛和种子，租赁土地，再结合体力和技术，会产生更高的收益。假定在没有借贷之前，每年的打工收入为3万元人民币。当他打算借10万元利率为10%的一年期贷款来扩大经营时，就要算一笔账，如果用这10万元租赁10亩地搞蔬菜大棚，及购买种子、材料、化肥、水、农药，雇用临时工等，一年以后，如果收入达到14万元以上，就足以覆盖贷款本金、利息支出、各种投入和机会成本（给别人打工的3万元收入），用图7-1表示如下：

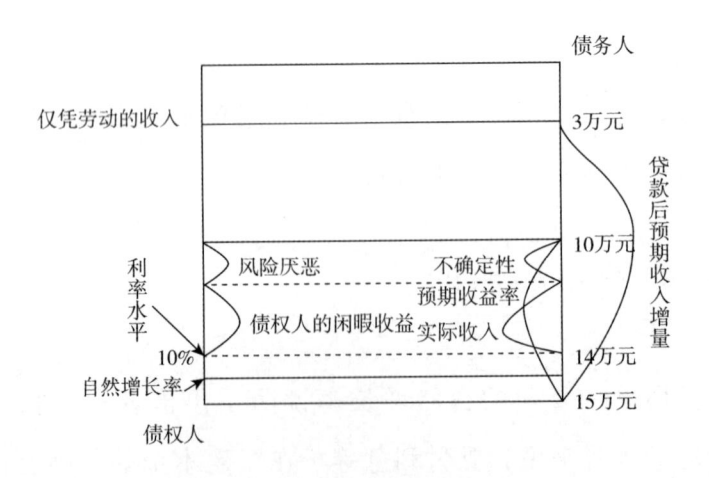

图7-1 借贷的成本收益计算

图中，假定债务人在借入10万元贷款之后，收益为15万元，利率为10%，假定不确定风险为10%，在扣除本金、利息、各项支出之后，实际收入为4万元。这就比给别人打工的收入高出1万元，作为对风险厌恶水平的抵销，也就是说，贷款10万元的销售收入如果能达到15万元之上，就比给别人打工合算。

借入者在决定是否借贷的时候，首先要考虑的是"要素的复合增长率"是否可以覆盖单一要素的自然增长率和风险厌恶水平。这里又引申出另外一个重要的概念，即资本的预期收益率，它是由要素的复合增长率＋未来不确定性的风险构成的。

这里需要说明的是，资本的预期收益率与经济学教科书中所说的"资本收益率"是不同的，教科书所说的资本收益率，是指当前确定的资本收益水平，如果资本收益率不变，借贷需求就由利率水平与资本收益的差额来决定。在数学表达上，投资需求是利率的减函数，当利率升高时，投资需求就会减少；当利率降低时，投资需求则会增加。

问题在于，主流经济学的这个假定是不成立的，如果投资收益率是一个确定性的事件，只要借贷利率低于投资收益率哪怕只有一分钱，在利润最大化的驱动下，对资本的需求就是无限的，不可能出现借贷需求随利率波动而增减的情况。事实上，投资者所参照的并不是现有投资收益与利率的差额，而是衡量预期收益率与利率的差额，由于预期收益率属于还未实现的收益率，存在着巨大的不确定性，并且会随着时间的推移而发生改变。这种包含不确定性因素的预期收益率与利率之间的差额，笔者称之为预期利率差。由于个体之间存在着风险偏好的不同，预期利率差越大，可以覆盖的风险厌恶水平就越高，对借贷资本的需求就越高；差额越小，对借贷资本的需求就越少。

当利率升高时，如果预期收益率上升得更快，借贷需求不仅不会减少,反而还会增加。反过来说,如果预期收益率降低的幅度,大于利率降低的幅度,即预期利率差出现"倒挂"(即预期收益率低于利率)的情况,即使利率降低也很难刺激贷款需求。

这样一来,负利率出现就可以得出合理的解释了。即当预期收益率降低到负值时,为了刺激经济,利率不得不降低到零以下,但即使如此,如果负利率不能够覆盖预期收益率下降的幅度,依然很难刺激投资。比如,房产投资者预期房价还会下跌30%以上,即使住房按揭贷款利率为-0.5%,人们还是很难提起贷款买房的兴趣。

▶▷ 借贷成立的条件

从前面的分析可以看出,借贷成立的前提条件是,借入者出借的诉求和借出者借入的诉求之间存在着一个可以共容的空间。在这个空间中,出借人通过借贷关系可以获得自己能够接受的利息和风险补偿,而借入者可以通过借贷关系实现要素的复合增长率,并且在支付借贷成本和应付不确定因素之后还有盈余。双方的关系可以用图7-2来表示:

如图7-2所示,如果借贷者借入了相当于1500千克小麦的贷款之后,通过要素的结合,达到了更高的产出,从原来的1000千克小麦增产到4000千克小麦,还本付息为2000千克小麦,借款人的收入比原来仅靠自身劳动的收入多出了1000千克小麦,这对借入者来说是有利的。从贷款人的角度来说,假定20%为要素自然增长率(这个自然增长率也包含在粮食青黄不接时的价格上涨),如果利率高于20%,则对出借人就是有利的。按

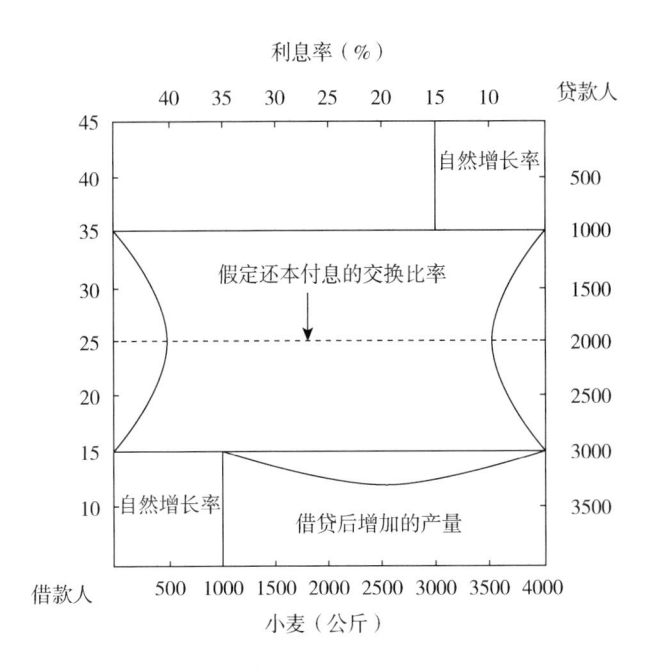

图 7-2 借贷的互利区间

照图 7-2，如果借出 1500 千克小麦，一年后连本带利达到 2000 千克小麦，收益率为 25%，比贷款人自己囤积小麦等待价格上涨要更为有利。在实际的借贷过程中，借贷双方会就利率的高低进行博弈，实际的利率取决于借贷双方的议价资本，即借贷双方持有要素的稀缺度。

但不管怎么博弈，如果出借方提出的利率水平高于借入方的预期收益率水平和风险厌恶水平，就不会引起借贷者的兴趣，除非是资源稀缺度出现了巨大的不平衡，比如给企业或个人"续命"的借贷（这里涉及"投资沉没率"和"生命估值"的概念，因为不是本书的主题，不做展开讨论），如果借入方提出的利率水平低于单一要素的自然增长率，也不会让出借方有贷款的意愿。也就是说（在要素稀缺度大体平衡的情况下），利率水平应该高于出借方的单一要素自然增长率和风险厌恶水平，低于借入方的要素复合增长率减去风险厌恶水平和借贷成本的剩余，利率在这个区域内波动才能够形成借贷行为。

那么，是不是在这个区间形成的借贷行为就是合理的呢？也未必。因为预期收益率在经济体的各个部门之间通常存在差别，有的时候这种差别会突然变得非常离谱。在同样的利率水平下，就会出现部门间"预期利率差"的悬殊区别，从而引起资金在不同的部门之间的转移：如果不同部门的预期利率差超过了部门间的重置成本，就会形成生产要素跨部门的无序流动，形成资源错配，整个经济体将陷入危机。比如，当股市和房地产市场的预期收益率急剧上升时，会引起资金的跨部门转移，尤其是当股市或房地产市场形成"自我强化"的增长预期时，借贷资本就会大规模、持续性地流入房地产市场或股市。它通常通过两种方式实现这种转移，一是间接投资转化为直接投资，表现为存款大搬家，居民储蓄变为证券账户保证金或房产。二是借贷资本以杠杆资金的方式进入股市和房市。但这种无序转移的结果，是资本市场和房地产市场的泡沫积累，当资金转移达到存量资本的极限时，就会出现市场的崩溃。这个时候，货币当局就是降息也很难扭转市场的颓势，一直要等到市场预期收益率高于利率水平时，转折才会到来。

事实上，一个经济体处于平衡状态时，利率应该等于单一要素的自然增长率加风险厌恶率。当投资的预期收益率低于这个水平时，说明产业结构和需求结构出现了问题，这个时候需要调节的是产业政策或收入政策，而不是利率政策。如果通过人为的干预使得实际利率低于单一要素的自然增长率和风险厌恶率的叠加水平时，就会形成不同部门间利率与预期收益率之间的虚假套利机会，从而加剧部门间资源配置失衡，造成经济周期的大起大落。

所以，政府的宏观调控措施就不能仅仅依赖利率政策，还要与产业政策相结合，即除了利率管理以外，还要通过价格调节进行部门间收入预期的管理，至于具体的干预方法，我们放到第十一章来讨论。

▶▷ 金属货币时代的利率

在货币发展的不同阶段，利率的表现也有不同的规律。在实物货币和金属货币时代，由于要素的稀缺度和借贷的无限责任（还不了债要卖身为奴），如果完全按照市场化调节，借贷利息通常都是非常高的。

中国汉代曾经有一段时间，借贷关系完全市场化，利率高得离谱，借款与高利贷几乎是同义语。根据史料记载，汉文帝时，农民的贷款利息达到"倍称之息"，所谓"倍称之息"，就是"取一偿二"，即借 100，要还 200，因为农时多以半年计，实际的年利率可能更高。[1][2] 农民借了高利贷无法偿还，只能"卖田宅鬻子孙以偿债者矣"。高利贷加剧了社会的两极分化，大量农民流离失所，形成社会的不稳定因素。到了汉武帝时期，为了降低高利贷对社会弱势群体的盘剥，政府制定了相关的法律，设置货币借贷的利率上限，如果放款人超过法律规定的利率上限收取利

---

[1] 见石俊志《中国货币法制史概论》，中国金融出版社 2012 年版，第 74 页。
[2] 《汉书》卷二四上《食货志上》。

息,将会受到严厉处罚。汉武帝元鼎元年(前116),旁光侯刘殷因为"取息过律",受到"免侯"的处罚。只因为赶上了天下大赦,才获得从宽处理。① 汉武帝颁布限制借贷利率最高限额的法律之后,货币市场的借贷利率一般维持在20%左右。

在人类文明发源地之一的美索不达米亚地区,为了防止高利贷的发生,商业贷款利率都是法定的,为每月1/60,这是因为当地的计数系统是六十进制,这样算下来,年利率应该为12/60,也就是20%。国家贷款利息由寺庙收取,再经由寺庙重新注入社会。②

公元前2000年的汉谟拉比时代,信贷发展到一个十分广泛的程度,以至汉谟拉比法典包含了大量有关的规则。其中包括对农民需要预先支付的农具、种子和土地所承担的利息率做出了限制,并且指定抵押物的种类,以保证贷款的安全。③

古罗马时期也存在同样的社会现象,随着债务的积累,大量平民沦为债务奴隶。高息债务,无疑会成为社会两极分化的助推力,致使穷人和富人的矛盾日益激化。债务问题以及由此而来的贫富对立,几乎成了古希腊和古罗马时代所有社会问题的焦点。雅典的民主改革以及公元前4世纪古罗马的民权改革,都与债务危机有关。古罗马在公元前367年通过的《李锡尼—绥克斯图法案》就是要解决日益严重的债务奴隶问题。该法案中有一条规定:已付的利息一律折作本金,未偿清部分分三年归还。④ 直到

---

① 见石俊志《中国货币法制史概论》,中国金融出版社2012年版,第80页。
② [加]戴维·欧瑞尔、[捷]罗曼·克鲁帕提:《人类货币史》,朱婧译,中信出版社2017年版,第16页。
③ Andrew Palmer, *Smart Money: How High-stakes Financial Innovation is Reshaping our World for the Better*, Basic Books, 2015, pp. 5 – 6.
④ 应克复等:《西方民主史》,中国社会科学出版社1997年版,第68页。

公元前 326 年，罗马城邦通过了《波提利阿法案》，规定债务人只以其所有财产而不以人身对债权人负责。到古罗马共和时代的后期，为了缓和罗马内部的贫富对立，利息率一降再降，凯撒做执政官时，利率已经降低到 12% 左右。而由他推行的一项专门性法案，又将利率做了进一步的调整。[①] 罗马帝国早期，根据那个时代的罗马贵族马尔库斯·西多尼奥斯·法尔克斯（生卒年月不详，从他的记述来看，应该是公元 1 世纪末至 2 世纪初的人）的记载，当时的贷款利率分为两种，一种是以意大利本土的土地作为抵押的，年利率为 6%；没有抵押担保的贷款，年利率为 12%，或者月息 1%。[②] 到了亚历山大·赛维鲁做皇帝（222—235）的时候，他为了讨好民众，将借款利率降低到 4% 的水平。对于元老院的成员放贷，赛维鲁一开始是禁止他们收取利息，可能是难以执行，后来又允许他们收取 6% 的利息，但却废除了他们收取赠礼的权利。[③]

在实物货币和金属货币时代，货币借贷的利息较高也有一定的道理，这是因为，实物货币与金属货币具有天然的稀缺性，不可能任意增加供给。金属货币的借贷利息受产量增长的影响，通常这一增长会低于经济规模的增长，于是在经济增长和金属货币的供给量增长之间，会形成一个日益累积的资源稀缺度，这也是金属货币贮藏和保值功能的由来。当利率降低到金属货币的资源稀缺度（用经济增长率与金属货币增长率的差额表示）以下时，

---

① ［日］盐野七生：《罗马人的故事——凯撒时代》（下），谢茜译，中信出版社 2012 年版，第 170 页。
② ［古罗马］马尔库斯·西多尼奥斯·法尔克斯：《角斗场外的绅士——罗马贵族养成手册》，高瑞梓译，北京联合出版公司 2019 年版，第 47 页。
③ ［古罗马］埃利乌斯·斯巴提亚努斯等：《罗马君王传》，谢品巍译，浙江大学出版社 2017 年版，第 325 页。

人们就不会借出货币，因为借出货币还不如保存货币等待升值划算。货币供给减少，利率自然就会上升。同时，当经济不确定性上升时，人们出于避险的考虑，会更倾向于保留现金，从而使货币供给进一步减少，体现在货币借贷的成本上，就是利率的进一步提高。在古代社会，如果没有政府的干预，高利贷似乎是一个必然现象。这同时也说明，政府的公共管理职能除了发行货币、保持币值稳定以外，还有一个重要内容就是调节利率水平。但究竟利率如何维持，调整到什么水平才合理，以及需要采取什么辅助措施，这些都没有找到最终的解决办法。

▶▷ 负利率时代的来临

进入到纸币时代，因为货币逐渐符号化，不再具有效用价值，成本低廉的纸币或电子货币等货币载体的出现，使货币的发行成本大幅降低，尤其是 20 世纪 70 年代布雷顿森林体系解体，纸币失去了与贵金属的最后一点联系，发行货币的资源约束消失了，货币当局唯一需要担心的是货币超发会引起恶性通货膨胀，为了防止这种情况发生，目前流行的做法是以国家债务为纸币做信用背书。但这种货币发行方式隐含着一个制度悖论，由于基础货币以债务方式投入，再经过代用货币的衍生机制和货币乘数的放大效应，经济体的债务规模会以远高于经济增长的速度扩张。伴随债务的急剧增加，必然是利息负担的加重，又会反过来阻滞经济的增长，在经济增速放缓的同时，经济体所能承受的利率水平也在不断下降，从而形成一个恶性循环，笔者称之为"信用死结"，随着这个死结的收紧，货币当局不得不反复压低利率，使利率水平呈现长期下降的趋势。

以美国为例，第二次世界大战后美国一共经历了6次加息和降息周期，利率波动的高低点都呈现出一波低于一波的走势。从降息周期的起点来看，第一轮降息周期是从1984年开始的，利率的起点为11.5%；第二轮降息周期开始于1990年，降息前的联邦基金利率最高点为9.8125%；从1995年开始的第三轮降息周期利率的起点为6%；2001年开始的第四轮降息周期利率的起点为6.5%；第五轮降息周期从2007年开始，利率的起点为5.25%；2019年7月31日，随着美联储宣布将利率从2.5%下调至2%—2.25%区间，起点更低的降息周期再度启动。① 可以看到，除了2001年互联网泡沫时期，降息的利率起点略高于前一轮降息周期的利率起点，几次降息的利率起点呈逐级降低趋势。同样，每一轮加息周期的利率起点也在不断降低，形成了一个明显的下降通道。

这也是发达国家第二次世界大战后出现的一个普遍的趋势，即无风险到期收益率——以与指数挂钩的到期国债的实际收益来衡量——出现了持续的下降，在20世纪80年代晚期和90年代早期，一个英国的投资者可以买入10年期与指数挂钩的国债，得到超过3%的实际收益；到2007年，这个收益已经下降到1.8%；到2015年1月，则掉到了-1%。图7-3是英国与指数挂钩的国债收益率：②

在图7-3中我们看到，从1985年到2015年，英国的国债收益率沿着一个明晰的下降通道运行，到2013年，国债收益率已

---

① 参见百度百科——美国联邦储备系统。
② Adair Turner, *Between Debt and the Devil: Money, Credit, and Fixing Global Finance*, Princeton University Press, 2016, p.126.

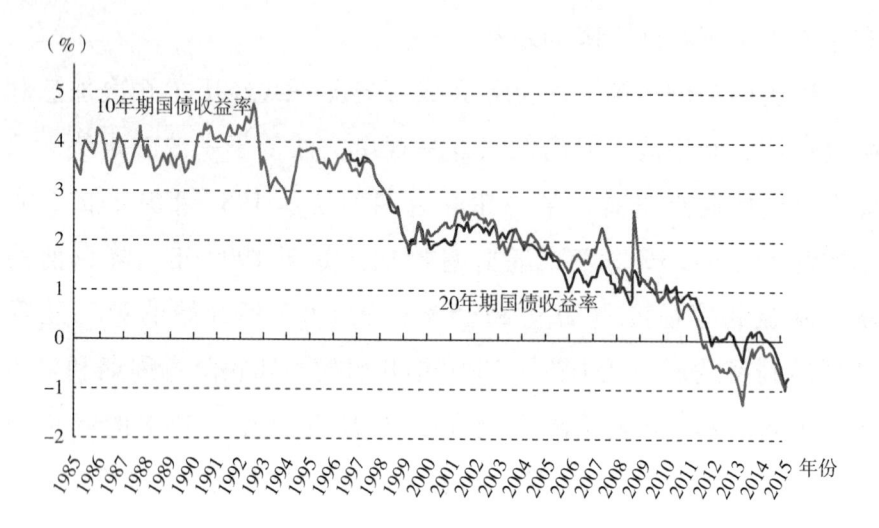

图 7-3　英国与指数挂钩的国债收益率

经出现负值。不过，英国并不是最早出现负利率的国家，第一个戴上负利率"桂冠"的国家应该是日本。

1998年11月，半年期日本国库券出现了低于零的利率，开负利率之先河。利率为负，这是自货币产生以来从未有过之怪象。不过这件事在当时并没有引起人们足够的重视，只是将它当做一个特殊事件来处理。谁也没有意识到，它是一个新时代来临的标志。直到2007年美国次贷危机爆发，恐慌情绪推动所有的资产价格急剧下跌，国债成为最后的避风港，在投资者的疯狂追捧之下，美国国债有史以来第一次出现了负收益。巴菲特当时认为，这是他这辈子所能见到的最为奇特的现象。

但是没过多久，这种"最为奇特的现象"又在欧洲重演，随着主权债务危机的蔓延，欧盟国家各项资产的价格都出现非理性下跌，德国国债成为投资者的避险选择，其收益率不断降低。在2012年，在德国的一次拍卖活动中，成交了一笔41.73亿欧元

2014年6月到期的国债，到期收益率为-0.06%。这就如同打开了一道闸门，从此以后，国债收益率为负的国家越来越多，按照世界清算银行的统计，截至2019年8月30日，以欧日债券为主的全球负利率债券规模已跃升至16.2万亿美元。规模超过中国一年的GDP水平，债券收益负利率的国家多达13个，并且形成逐步蔓延的趋势。

如果说，当经济出现下行风险时，国债因为具有避险功能，出现负利率也还可以理解。但居民的存款利率为负，则就是一个颇令人费解的事情了。居民将自己的闲钱存入银行，除了安全的因素之外，最重要的原因是可以从中收取利息。如果存款不仅不能获利，反而还要赔钱，居民为什么还要存款呢？但这样不可思议的事情还是发生了。从2014年6月开始，欧洲央行引入了负利率政策，首次将存款利率降低到-0.1%。日本则在2016年1月，对新增超额准备金实行负利率，即商业银行存放在日本央行的部分资金利率为负，随后，丹麦、瑞士等国银行也相继将存款利率降到零以下。按道理说，存款收益为负，居民应该增加消费或投资才符合理性原则，但奇怪的是，虽然存款利息一降再降，但消费和投资却依然步履蹒跚，难有起色。2019年9月12日，欧洲央行再次决定，将存款利率下调10个基点，从-0.4%下降至-0.5%，这意味着，一个人在欧盟的银行存款1万欧元，一年后，自己只能取回9950欧元。于是实行负利率的国家，居民开始不再往银行存钱了，他们也没有加大消费或投资，而是将现金从银行中取出，存入自家的保险柜。这种储蓄现金的行为导致日本和德国的保险柜被居民抢购一空。一些德国的保险柜生产企业不得不采用三班倒的方式加紧生产。但是这样一来，负利率所释放出来的流动性又被"保险柜"所吸收，导致流动性不增反减。大量现金流出流通领域，形成"流动性漏斗"。这给货币当局的宏观管理提出了严峻的挑战。

事情到此还不算完，2019年8月5日，丹麦的日德兰银行推出了世界上首个负利率按揭贷款，贷款利率为 –0.5%。也就是说，如果你借这家银行100万元买房，一年后你只需还99.5万元就可以了。这是不是会形成一个普遍现象，目前还不好说。但如果贷款利率为 –0.5%，按照主流经济学的假定，对资金的需求应该是无限的才对，但为什么投资还是止步不前呢？这就又回到我们前面所说的预期利率差的问题了。如果贷款的负利率不能够覆盖投资房地产价格下降的预期，也还是很少有人贷款买房的。

负利率的出现只是说明，经济体的盈利机会已经消失，甚至就连保值和避险的工具也开始变得匮乏。比如国债收益为负，短期看会使政府的借贷成本降低，但它只是说明，整个经济体只有政府信用这个最后的避风港可以依赖了，如果经济持续恶化，逼迫政府持续扩大债务规模，导致财政赤字超过GDP的10%的门槛，政府信用的最后避风港也有可能沦陷，因为这个时候，货币的信用背书——政府债务的可偿还性出现了问题，一旦突破这个10%的阈值，就会打开奔腾式通货膨胀的阀门，形成财政赤字和通货膨胀的恶性循环。委内瑞拉、阿根廷、土耳其等国的惨痛经历可以看成下一次金融危机的预演，不过到那个时候，人们可能会沮丧地发现，已经找不到资金的安全避风港了，一切都在膨胀，投资者几乎无处可逃。

欧日等发达国家的经历表明，仅靠利率的降低并不能避免经济体陷入衰退，存款利率为负，意味着货币供给方面的收益已经下降到单一要素的自然增长率以下，会推动要素持续流入低效率的部门。对于新兴产业来说，因为有技术进步的周期约束，即使利率为负，对提升新兴产业的发展速度作用也是有限的。负利率最容易刺激的是那些靠利差生存的领域，比如房地产、股市以及金融衍生品市场，负利率会创造出投机性的套利空间，导致大量信贷资金在虚拟资金池中迅速积累，出现债务增长远高于经济增长的奇妙现象。

美国长期的低利率政策形成了资本市场一个新的玩法——上市公司通过负债在二级市场回购本公司的股票，因为回购部分计入库存股票（treasury stock），可以在流通股中扣除，在净利润不变的情况下，回购股票会使每股利润（EPS）上升，市盈率下降。上市公司将借来的资金回购公司股票，而不是投入生产和研发，这种方式和1929年经济大萧条爆发之前美国上市公司的做法如出一辙。从2009年到2019年的十年间，美国企业回购金额高达51609亿美元，而美国股市2020年年初最高点时也只有50万亿美元市值。这个游戏的前提在于，通过回购股票形成的每股收益增长必须高于利率水平，一旦利率提高到预期收益率之上或预期收益率降低到利率之下，这场投机盛宴就到了曲终人散的时候，新冠肺炎疫情来袭，一切都露出了原形。

日本是最早实施负利率政策的国家，但经过了好几个"失去的十年"，经济却迟迟不见起色，增长率一直在低位徘徊。除了2010年有一个从国际金融危机的谷底出现的恢复性增长以外，其他年份的增长都在2%以下，还时不时地出现负增长的情况。如果不是日本政府用激进的财政政策勉力支撑（国债占GDP的比重已经达到250%左右），日本经济的颓势会更加明显。德国自

2014年国债出现负利率以来，经济最高录得2.23%的增长，到了2018年就下降到1.53%，2019年，德国的经济增速进一步下滑，第二季度，德国经济增速同比仅增加0.4%，环比下降了0.1%。事实证明，负利率的政策效果并不理想，解决经济增长的动力问题依然悬而未决。

零利率和负利率的出现，说明纸币制度的基础已经发生动摇。纸币发行的前提，是以债务作为信用担保，这就要求借款人不仅需要到期支付本金，还要为单一要素的占用提供补偿。当利息为负时，意味着出借人需要向借入者倒贴，这就使纸币的信用体系遭到破坏。问题在于，这个利率为负的结局是纸币发行制度无法避免的，就像我们前面分析的那样，纸币发行制度造成债务的增长快于经济的增长，债务的增长导致利息支付的增加，利息支付的增加又降低了经济增长的活力，迫使利率进一步降低。这个"信用死结"在纸币制度下是无解的，最终只能由数字货币来破局。

第八章
都是货币惹的祸？

自从有了货币之后，一个挥之不去的幽灵——通货膨胀——就成为所有经济体的梦魇，并且像定期发作的瘟疫一样，给人类社会带来深重的灾难。或许是通货膨胀给人们的体验过于痛苦，经济学家和货币管理当局对此都异乎寻常的敏感，普通民众更是谈"胀"色变，历史上，很多社会动荡和政权更迭都与恶性通胀有关。就像人类对所有的灾难都要找到一个"罪魁祸首"一样，通货膨胀也不能幸免。弗里德曼曾经做过一个简单的归纳，他认为：通货膨胀仅仅是一种货币现象。也就是说，如果出现了物价的普遍上涨，那一定是货币当局发放了过量的货币所致。

这个信念已经如此深入人心，以至全世界的货币当局都将CPI作为制定货币政策的重要指标。目前国际上通行的做法是，当物价出现普遍上涨时，货币当局就收紧银根，提高利率；当物价下跌，经济出现衰退时，则降低利率，增加基础货币投放。通过控制货币供给量的方式来影响利率和物价水平。

进入到 21 世纪，特别是 2008 年国际金融危机和 2020 年新冠肺炎疫情带来的经济衰退期间，各国政府都一如既往地采取量化宽松的货币政策，利率破天荒地出现零值和负值，基础货币投放量达到前所未有的规模，可是人们一直预期甚至"期待"的通货膨胀并没有出现，消费物价指数迟迟达不到 2% 的调控目标。这种令人诧异的表现，使人们不得不怀疑：通货膨胀是一种货币现象的论断是否过于简单？在通货膨胀的背后，是否还存在一些人们未曾发现的原因？为了弄清通货膨胀的来龙去脉，我们需要比较一下过去的通货膨胀与今天的通货膨胀有什么不同，通过对货币史的考察，对货币与物价的关系做一次新的思考。

▶▷ 贵金属也会膨胀

说通货膨胀仅仅是货币现象，可能忽略了货币史上的一些细节。西方历史上最早描述金属货币贬值现象的，是古希腊诗人阿里斯托芬，他在名为《青蛙》的诗作中，对雅典的金币贬值做了生动的描述，"我发现，那些雅典善良、诚实的公民正在用古老的黄金换成新的货币。老金币完美无缺……锻造精良并有纯银的外廓……但我们却不再使用它们，而偏爱最近才发行的劣质且粗制滥造的铜币。"[1] 伯罗奔尼撒战争期间，大概从公元前 406 年开始，银币和金币逐步被铜和青铜所替代，而新的硬币却与老的硬币具有相同的票面价值。随后铜质劣币逐步将优质的银币和金币驱逐出流通领域。[2]

---

[1] Glyn Davies, *A History of Money*, University of Wales Press, 2016, p. 81.
[2] Peter Bernholz, *Monetary Regime and Inflation: History, Economic and Political Relationships*, Edward Elgar Publishing Limited, 2015, p. 32.

我们看到，金属货币最初的通货膨胀现象发生在战争期间，战争对生产条件的破坏，导致物质财富的绝对数量下降，贵金属退出流通领域，才出现物价的普遍上涨。至少金属货币最早出现的通货膨胀，是由战争引起的，与货币因素无关。物价的普遍上涨只是因为战争改变了生存资料和货币的比例。而在平时，古希腊的城邦国家基本上都可以维持物价的稳定。

贬值现象更多地出现在古罗马时代。最初的通货膨胀也发生在战争时期，布匿战争爆发之后，参战的双方——古罗马和古迦太基——都出现了货币贬值。当古罗马将帝国边界扩展到东方的时候，边境上的战事也导致同样的事情出现在希腊化的城邦国家。[1]

大约在公元前212年，古罗马共和国采用一种被称为"第纳流斯"（denarius）的银币，同时铸造"阿斯"青铜币，早期的1第纳流斯值10阿斯，公元前141年，第纳流斯被重新定值，1第纳流斯值16阿斯。此后这两种货币一旦发行，就必然采取这种等值关系。后来，奥古斯都成为古罗马皇帝之后，对铸币制度进行了改革，建立了一套包括金、银和青铜币的铸币体系，各种金、银、铜币之间都规定了固定的兑换比率。这一体系被沿用超过200余年的时间。贬值是从古罗马皇帝赛维鲁（Septimius Severus）和他的继任者统治时开始变得明显起来的，并且在公元3—4世纪出现加速。到4世纪，罗马银便士（denarius）已经完全失去了银的含量，变成了纯铜硬币。[2] 关于这次通货膨胀的程度缺乏准确的历史数据，但同时期罗马帝国治下的埃及，因为有

---

[1] Peter Bernholz, *Monetary Regime and Inflation：History, Economic and Political Relationships*, Edward Elgar Publishing Limited, 2015, p. 32.

[2] Ibid., p. 33.

许多纸莎草在干旱的气候中被保留下来，留存了比较系统的价格记录，可以作为同时期罗马帝国通货膨胀的一个参照。

在公元3到4世纪，古埃及发生了持续的通货膨胀，从克劳迪亚斯（41—54）到康士坦修（337—361）时期，小麦的价格在埃及公开市场上涨了超过一百万倍，但实际的通胀并不像统计数据来得那么富有戏剧性，平均年增长也就是4.4%左右。[1] 罗马帝国的通胀事实上仅仅在238年才刚刚开始。从那以后，通货膨胀缓慢加速，250年至293年，通胀速度为年均3.65%的水平，在293—301年，上升到年均22.28%。[2] 这一时期最高纪录的通胀发生在324—341年，达到年均增长41%的水平。[3]

对于这个长期且缓慢的通货膨胀过程，如果仅仅从货币供给的角度来理解不一定说得通。埃及曾经被称为"尼罗河粮仓"，是古罗马帝国小麦的重要来源。但埃及地处沙漠地带，年均降水量非常稀少，开罗年降水量仅33毫米，开罗以南地区降水量几乎为零。农业区主要集中在尼罗河谷和尼罗河三角洲，除了地中海和红海沿岸地区可从事雨养农业外，其他绝大部分地区只能利用尼罗河水发展灌溉农业。即使在具备现代化浇灌技术的当代，埃及的可耕地面积也只有约700万费单（每费单约合6.3亩），仅占国土面积的4%。在浇灌技术落后的古代，这个面积只能更少。问题在于，土地的常年灌溉，加之气候炎热，地表蒸发量极大，会形成土地次生盐渍化，即土壤中的盐分逐步汇聚，形成盐碱地，小麦的产量就会逐年减少。这样的情景在两河流域就曾经发

---

[1] Peter Bernholz, *Monetary Regime and Inflation: History, Economic and Political Relationships*, Edward Elgar Publishing Limited, 2015, pp. 33-34.

[2] Ibid., p. 34.

[3] Ibid., p. 45.

生过，美索不达米亚文明的衰落与此直接有关。在古罗马帝国统治下的埃及，同样的悲剧再次上演。随着小麦的产量逐年降低，会对小麦价格形成向上的推力。也就是说，物价的普遍上涨，既有货币供给的因素，也有产品供给的因素，不能仅仅从货币一方面来理解。

在这个问题上，古罗马帝国的统治者对待通货膨胀的态度很有意思，戴克里先和他的合作者们对通货膨胀采取了极为严厉的限制措施，在301年公布的一个法令中，有1200种商品和服务（包括130种劳务和各种运费）被规定了最高限价。他们认为通货膨胀的根源在于人们无限制的贪婪。虽然伴随着大量的死刑判决，但最终这种价格控制的措施被证明是失败的，商品从市场上消失，劳动力市场也陷入混乱。到305年，戴克里先退位，最高限价的法令遂不再生效。如果通货膨胀仅仅是一种货币现象的话，货币当局完全可以通过控制货币发行量来加以制衡，而不是用严刑峻法来做无用功。

在贵金属货币时代，只有一种通货膨胀与单纯的货币供给有关，这就是贵金属供给量的突然增加，在亚历山大打败波斯后，将波斯的贵金属铸成货币，导致商品价格上升了一倍。凯撒和奥古斯都从高卢和埃及缴获战利品运抵罗马时，也带来了价格的温和上升。不过这种方式的货币供给量增加，通常只会引起有限的通胀。[①]

在16世纪，由于贵金属供给的持续增加而导致价格长期上涨的情况出现了，这个持续的通货膨胀过程被后来的历史学家称

[①] Peter Bernholz, *Monetary Regime and Inflation: History, Economic and Political Relationships*, Edward Elgar Publishing Limited, 2015, p. 29.

为"伟大的价格革命"。物价的持续上涨是由黄金、特别是白银的大量流入带来的,西班牙人摧毁南美的阿兹特克和印加帝国所获得的战利品贡献了其中的一小部分,大部分则来自墨西哥和秘鲁新开发的银矿。贵金属的新增供给带来了价格水平的长时间上涨,以1503年老卡斯蒂亚的价格为基数100,到利昂(Leon)时期为180,到1579年的安达卢西亚(Andalusia)时期则达到256,平均年增长率为1.16%—1.86%。[1]

在古代中国,农耕社会的主要生产品是粮食,粮价的涨跌并不仅仅在于货币供应量的大小,也取决于粮食产量的多少。《汉书·食货志》记载,"籴甚贵伤民,甚贱伤农;民伤则离散,农伤则国贫。故……善为国者,使民毋伤而农益劝。"意思是说,粮价飞涨,会伤及平民;粮价太低,则会伤及农民。善于执政者,就是要取得两者的平衡。而粮食的贵贱,既可能与货币数量有关,也可能与粮食产量有关。

中国金属货币时代从货币供给方面引起物价变化的主要因素是铸币减重,即减少铸币中的金属含量,或增加铅、锡等低成本金属的比重。比如南朝宋废帝永光元年铸二铢钱,薄小质劣,最轻薄者一千文累积起来不足三寸,入水不沉,触手即破。萧梁武帝普通四年(523)索性连铜钱也废了,铸行铁五铢,因为铁钱值低利厚,导致民间私铸大起,币值惨跌,大同(535—545)以后,铁钱堆积如山,交易者以车载钱,论贯使用,从此奸诈四起,出现"短陌"现象,有以七十或八十为陌者,即以七十文当一百文用,九十以上叫"长陌"。政府多次强令足陌,民间不予

---

[1] Peter Bernholz, *Monetary Regime and Inflation: History, Economic and Political Relationships*, Edward Elgar Publishing Limited, 2015, pp. 29 – 30.

理会。武帝末年，竟以三十五文为陌。

当铸币减重达到不能再减的极限时，货币当局就发虚币大钱，以一兑多地收回市面上流通的减重小钱。比如唐肃宗乾元元年（758），正值朝廷组织军队围剿安史叛军，御史中丞兼铸钱史第五琦奏请铸行"乾元重宝"钱，在直径和重量方面，乾元重宝均超过流通中的开元通宝。乾元重宝法定直径一寸，每千枚重十斤。而开元通宝法定直径八分，每千枚重六斤四两。但是，一枚乾元重宝钱法定兑换十枚开元通宝，这等于是朝廷用10斤铜，兑换民间六十四斤铜。乾元重宝的铸行，一开始达到了预期的效果，不久之后，第五琦就出任了宰相，乾元二年（759），第五琦下令铸行一当五十的"乾元重宝"。乾元重宝千枚重十二斤，可以兑换三百二十斤重的开元通宝。百姓平时积蓄的开元通宝，瞬间缩水，市场上的粮食物资被官兵用虚币大钱洗劫一空，引起严重的通货膨胀。[①] 北宋徽宗时期，曾经推广过"当十钱"，所谓当十钱，顾名思义，就是以一当十的意思。推行当十钱的结果是，盗铸横行，以致当十钱不得不一再贬值，由当十，贬为当五，再贬为当三。[②]

金属货币时代也会出现通货紧缩，原因大体有两种：一种与货币供给有关，在金属铸币的币材成本上升的情况下，有时会出现铸钱成本高于钱币面值的情形。这时，铸币不仅没有收益，反而要贴赔。民间会将铜钱熔化，卖铜材或铸造铜器以牟取暴利。这时，流通中的货币急剧减少，出现货币短缺。另一种情况则与粮食生产有关，当连续几年出现风调雨顺的情况时，粮食丰收，

[①] 石俊志：《中国货币法制史概论》，中国金融出版社2012年版，第173—174页。
[②] 同上书，第326—350页。

就有可能出现粮食积压卖不出去的情况。而农耕社会粮食是主要的生产和生活资料，粮食价格的走低，也会带来其他商品价格的走低。

我们看到，主流经济学对于通货膨胀的解释还是过于简单了，费雪的货币公式，只包含了商品数量 T，货币数量 M，货币流通速度 V 和价格 P。这中间没有最重要的人口数量与商品数量的比率，显然，同样的商品数量对应不同的人口，对价格的影响是不一样的。这个比率涉及商品的稀缺性，因为任何一种商品对于人类的需求都有一个餍足点，达不到这个餍足点，就会出现持有货物者和持有货币者之间议价资本的不平衡，使货币与商品的比价出现扭曲。反过来，当商品供给超越了消费者的餍足点且还有剩余，商品的稀缺系数就会为负，所以笔者用商品的稀缺系数（即商品数量与餍足点的差距，用百分比表示）来表示。

与商品稀缺度相对应的是技术替代率，因为技术进步会带来资本节约、劳动节约和资源替代，即可以在原有货币投入的情况下，生产更多的产出，它由技术投入所花费的成本与技术创新所节省的成本的比率构成，它对资源稀缺性构成形成对冲效应。也就是说，即使在最简单的商品经济中，价格的变化也取决于以下因素，（1）产品数量（包括服务和金融资产）；（2）资源稀缺度；（3）技术替代率；（4）货币供给量；（5）货币流通速度。不能仅仅从货币供给一个角度来理解通货膨胀和通货紧缩。其中任何一个因素的变动，都有可能对价格产生影响。计算公式我们放到最后一章讨论。

▶▷ 派生的通货膨胀

当金融机构用金属货币作为兑换基础、发行派生货币——银行券的时候，通货膨胀和通货紧缩的表现形式就发生了变化，它主要体现在派生货币膨胀和收缩上，而且价格变动的指标也与本位货币引起的通货膨胀不同。

我们知道，在金本位制度下，当金属货币供给不足时，商业银行开具的无限期见票即付的票据，也称银行券，实际上起到对金属货币的替代作用。这种替代的前提是银行券可以随时兑换成等值的金币。银行家们为了赚取更大的利润，往往在经济繁荣期发行大量银行券，其规模远远超过金属货币的存量，当经济出现衰退时，人们害怕银行券贬值而纷纷到银行去挤兑硬通货，这时候市面上流通的银行券就会急剧紧缩，出现派生货币特有的通货紧缩——银行挤兑。

由于银行券的发行主要采用信贷的方式，再加上银行券的制作成本很低，因此，派生货币时代的通货膨胀主要不是表现在最终消费品的价格上，而是体现在资产的价格上，如地产和股票价格的泡沫式膨胀。荷兰的"郁金香泡沫"，英国的"南海泡沫"，法国的"密西西比泡沫"，以及美国"经济大萧条"爆发前的股市泡沫，背后都可以看到银行券推波助澜的身影。其中，美国的银行券发行全部是由商业银行主导，在制度上最为"纯粹"（英国银行券发行后期走向英格兰银行的垄断，法国则是直接由皇家银行发行），带来的影响也最为深远。下面，我们就以美国的银行券时代的通货膨胀特点做一个分析。

相对于贵金属货币，银行券具有携带方便、交付便捷（不用挨个数金币和辨别真伪）、制作成本低廉等优点，很快被市场采用，在给商业活动带来便利的同时，也给资本的投机活动提供了可能。在19世纪的美国，这种商业投机最先体现在土地投机上，形成土地价格的暴涨。1836年7月，美国政府为了抑制当时风行的土地投机，公布了《硬币通告》，规定只能用硬币而非银行券来购买联邦土地。结果却引起公众对西部银行信用的怀疑，人们纷纷用银行券到银行提取硬币，由于在土地投机火爆的时候，商业银行发行的银行券大大超过银行的硬币准备金，大量的挤提引起了货币紧缩效应，过度发行的银行券出现急剧收缩，1837年5月，纽约市银行终止了硬币支付。随后在1839年，美利坚银行宾夕法尼亚分行也停止支付，银行倒闭开始向南部和西部蔓延，这是由银行券的过度发行触发的第一次大规模银行危机。[①]

类似的情况也出现在1857年、1873年的危机之中。它们的共同特点都是银行在经济繁荣期发行大大超过金属货币存量的银行券，而一旦出现不利的商业局面时，人们担心银行出现支付危机，纷纷将手中的银行券兑换成金币，这样一来，市面上的流动性就出现绝对数量的减少，那一时期的经济衰退都表现为派生货币数量的急剧减少，和随之而来的银行倒闭风潮。

1893年和1907年的两次经济衰退，均由于前期派生货币超发过于严重，乃至后来的通货紧缩几近失控。1893年的经济危机，银行停止支付的比例急剧上升，仅1893年一年，就有496家银行中止支付，货币存量明显下降，到1893年4月，由于现

[①] 见[美]斯坦利·L.恩格尔曼《剑桥美国经济史》，高德乐等译，中国人民大学出版社2008年版，第468页。

金被储户挤兑，美国黄金储备降到了低于1亿美元这一不可思议的水平。人们对国库的黄金支付能力表示担忧，国家不得不多次出售债券以补充储备，而且破天荒地第一次向大财团伸出求助之手。国库向J. P. 摩根为首的辛迪加出售了6200万美元的债券，并且要求他们在6个月内不提取黄金。此举挽救了金本位制，但也使美国政府颜面尽失。

1907年的危机又重演了上面的一幕，只是这一次财政部和J. P. 摩根都投入了大量的资金进行挽救，却仍然无济于事。银行中止支付的时间和终止支付的范围比以往更长更广。直到1908年1月，在进口了大量黄金之后，硬币支付才开始恢复。①

1929—1933年，美国爆发了历史上最严重的经济危机，史称经济大萧条。经济大萧条背后的原因，主要是银行发行的大量派生货币流入股市，很多上市公司借入银行贷款不是投入实业，而是买入自家的股票，通过资本利得提高每股收益，再诱使更多的投资者跟进，从而形成了一种自我强化的股市上涨，信贷资金的进入，推高了股价，增加了上市公司的每股收益，又吸引更多的信贷资金涌入市场，美联储企图通过加息来抑制股市的疯狂，1929年8月8日，美联储将贴现率从5%提高至6%。就是这小小的1个百分点的利率上升，成了"最后一根稻草"。股市泡沫被刺破之后，借贷资金开始夺路而逃。过量发行的银行券由于没有足够的黄金作为兑换基础，银行在挤兑风潮下纷纷倒闭，引发"多米诺骨牌效应"，危机四处蔓延。

针对通货紧缩的情况，美联储本来应该采取公开市场操作的

---

① 见［美］斯坦利·L. 恩格尔曼《剑桥美国经济史》，高德乐等译，中国人民大学出版社2008年版，第471—472页。

方式，向市场注入流动性。而且事实上，美联储一开始也这样做了，扩张的货币使市场利率降低，也降低了银行持有的票据收益，从而威胁到银行已经存在的不稳定的支付能力。法国和英国担心美元贬值，开始在纽约提取它们的美元头寸。美国的金本位制要求美联储的黄金储备必须达到其储备资产的40%以上，这等于限制了美联储干预金融市场的能力。为了维持金本位制，胡佛政府只得继续采取紧缩政策以维持美元的币值。这意味着银行面对挤兑时却得不到政府的支持，银行倒闭遂演变成一种空前的灾难。这也是经济大萧条爆发得如此猛烈的重要原因。

1932年12月大选之后，罗斯福总统实施新政。对所有的外汇交易和黄金出口进行管制，国家控制了国内黄金的生产和销售，结束了私人对黄金的拥有，实行美元贬值，在彻底切断银行券与黄金的联系之后，银行倒闭潮才得以终止，经济开始缓慢复苏。

从上述案例可以看出，派生货币形成的通货膨胀与本位货币形成的通货膨胀有很大不同：本位货币如果大幅贬值，意味着货币与商品的交换比率发生了根本的改变，这个时候的通货膨胀主要表现为消费品价格的全面上涨。而派生货币的发行渠道主要是通过商业贷款的形式，因为还要还本付息，不可能大量用来购买消费品，而是对有更高回报预期的资产做套利交易，因而这个时期的通货膨胀更多地表现为资产价格的上涨。由于派生货币相对于本位货币制作成本低，短期内可以制造出任意的数量，总是在经济过热时发行过量，在经济衰退时又伴随着急剧的收缩，从而加大经济周期的波动幅度，对经济的繁荣和衰退起到一种推波助澜的作用。

▶▷ 滥发货币的恶果

进入到信用货币时代，纸币成为本位货币，纸币与金属货币的兑换关系不复存在，货币供给在理论上可以是无限量的。如果没有其他制约因素，纸币本位时代的通货膨胀会超过以往任何一个时代。事实上，人类历史上最严重的恶性通货膨胀，也都发生在信用纸币时代。

在整个 20 世纪，曾经发生过三轮恶性通货膨胀，第一轮恶性通胀发生在第一次世界大战后的欧洲五国：奥地利、德国、匈牙利、波兰和苏联。第二轮恶性通胀发生在第二次世界大战后的中国、希腊和匈牙利，并且创下了每月物价上涨 19800% 的历史纪录。第三轮恶性通胀发生于 20 世纪 80 年代的阿根廷、玻利维亚、巴西和秘鲁等拉美国家。这些发生恶性通货膨胀的国家，物价月涨幅都超过了 50%，最极端的案例，物价可以在十几个小时内上涨一倍！纸币时代发生恶性通货膨胀的原因非常复杂，但都可以归结为一个直接的原因，即国家财政出现了巨额亏空，政府又拿不出有效的解决办法，只有通过滥发纸币来弥补财政赤字。在 20 世纪出现恶性通货膨胀的 29 个国家中，有 25 个财政赤字与政府支出的比例超过了 20%。[①]

那么，为什么这些国家的政府要使自己陷入巨额财政赤字的陷阱呢？大致说来，原因可以分为以下三种：

第一种原因，战争赔款，最为大家所熟知的案例是第一次世

---

① Peter Bernholz, *Monetary Regime and Inflation: History, Economic and Political Relationships*, Edward Elgar Publishing Limited, 2015, p. 81.

界大战后的德国。当战争的硝烟散去之后，协约国虽然成为胜利者，但都欠了一屁股债，它们共同的债主是美国，在总额为39.85亿英镑的债务中，由美国借出的数额达到18.9亿英镑。①

当时的美国财政部长安德鲁·梅隆以不容置疑的口气告诉全世界，所有欠美国人的债务必须在25年之内还清，且最低利率不得低于4.5%。协约国政府要想还清美国人的债务而又不至于破产，唯一的方式就是让战败国德国代为赔偿。1921年在伦敦召开的会议上，协约国确定了赔偿的数额及方法：德国必须为协约国支付1320亿金马克的战争赔偿。同时会议要求：德国要先期支付500亿金马克，其中包括1600万吨的德国商船，1/4的德国渔船，几乎所有的牲畜，以及20%的内河航运船只。余额的支付方式为：每年支付20亿金马克和每年出口商品价值的26%，并分66年全部付清。

对此，德国国家银行的一号人物雅尔玛·沙赫的回答是："他们不是要钱吗？那就印钱给他们，我们得让他们知道，今天的德国除了钱，什么都没有了。"② 德国政府开动印钞机，世界金融史上前所未闻的通货膨胀出现了。1921年1月，美元与马克的比价为1∶64；到了1923年11月，美元与马克的比价已经降至1∶4万2千亿。1921年，一份报纸的价格是0.3马克，到1923年11月17日，则为7000万马克。一个工人每周有2.5万亿马克的补贴，但一块面包就要1.5万亿马克。这样的工资收入只能勉强不被饿死。恶性通胀的最后结果大家都已经熟悉，就是纳粹法西斯上台，并导致第二次世界大战的爆发。

---

① 转引自王宇春《被绑架的世界：1919—1939年的货币战争》，中信出版社2010年版，第39页。

② 同上书，第42页。

第二种原因是长期战争，不管是内战还是反侵略战争，由于战争都是在本土进行，战争对税源的破坏，不可避免地造成税收的降低，而战争的开支又都是天文数字。支出与收入差距的急剧扩大，仅靠发行国债完全无法维持，最后只有超发货币一途。比较典型的案例是中国国民政府在抗日战争和解放战争期间的做法。抗日战争初期，日军占领了中国的主要工业区，中国损失了农业生产能力的40%，工业生产能力的92%。到1936年，财政支出亏短已在2亿元以上。全面抗战爆发后，政府开支激增，1937年下半年和1938年全年，财政支出达32.9亿元，而收入只有7.6亿元，亏欠达25.2亿元。在发行公债、靠银行垫支均无法弥补亏空时，只好开动印钞机。1937年6月法币发行数为14亿元，以后逐月增加，到1939年4月止，已达28亿元，增加了一倍。[1] 随着抗日战争的深入，国民政府的军事开支日益庞大，在政府总支出中，军政费用占到70%—80%，个别年份（1940年）曾经达到90%以上。而国民政府解决财政赤字的途径，就是实行"无限制的通货膨胀和无限制的物价高涨"政策。自1939年起，物价上涨速度超过了法币发行的增速，法币进入恶性通货膨胀阶段。1945年8月抗战胜利前夕，重庆平均物价已涨到1937年的1585倍。

抗战胜利为国民政府缓解通货膨胀提供了一个喘息的机会。但由于国民党政府继续发动内战，法币的发行速度比抗战时期增长还快，甚至连印钞机都不能生产出足够的钞票，只好求助于美国，1947年国内印刷58万亿元，国外印刷达137万亿元。物价上涨更是达到疯狂的境地，以1937年为基期，至1948年8月，

---

[1] 郑起东：《通货膨胀史话》，社会科学文献出版社2011年版，第95—96页。

法币发行增加到 45 万倍，重庆物价上升 150 万倍，上海物价上升 490 万倍。[①] 法币制度已经彻底崩溃。为了挽救颓势，国民政府于 1948 年 8 月发行金圆券，规定法币 300 万元折合 1 元金圆券，并强制居民将黄金、白银、银元和外国债券兑换成金圆券，到期不兑换者，"处七年以下有期徒刑"。这实际是凭借武力掠夺居民手中的财富。此政策一出，引发居民对币值下跌的担忧，各地纷纷发生抢购潮，民众几乎是见物就买，货架 99% 空无一物，商店罢市、工厂罢工，整个经济陷入崩溃状态。恶性通货膨胀的结果，是国民政府人心尽失，将大陆政权拱手相让，残余势力败退孤岛，靠外部势力的保护而苟延残喘。

第三种原因为资本外逃，比较典型的案例为 20 世纪 80 年代拉美国家的金融危机。30 年代至 80 年代，拉美国家将之前的初级产品出口模式改变为进口替代模式，在国有经济迅速发展的同时，赤字也随之加重。为了解决资金不足的问题，拉美国家开始采取负债发展的战略。而这些负债，主要是以美元计价的对外负债。这种负债模式高度依赖美元流动性的稳定。然而在保罗·沃克尔担任美联储主席之后，美国开始实施紧缩政策，美元拆借利率从 1979 年的 11.2% 提高到 1981 年的 20%，国债利率达到 17.3%，联邦基金利率更是高达 21.5%。利率变动导致美元大规模逃离拉美国家，从而使以美元为外债的拉美国家偿债能力出现严重问题，1982 年拉美国家爆发债务危机。财政赤字普遍占到 GDP 的 10% 以上，迫使拉美国家的政府加大印钞的力度以弥补亏空，但这样一来，又加快了物价的上涨速度，反过来使政府税收的购买力进一步下降，财政状况更加恶劣，只能印发更多的纸

[①] 郑起东：《通货膨胀史话》，社会科学文献出版社 2011 年版，第 105 页。

币弥补，从而形成恶性循环。危机期间的最突出特征就是货币贬值，物价飞涨，经济萎缩。此后在 90 年代爆发的亚洲金融危机以及 21 世纪初的拉美债务危机，几乎都是在上演同样的剧本。

我们看到，在纸币为本位货币的时代，如果政府直接增加本位货币的发行，将改变本位货币与商品的比例。用印发纸钞来弥补财政赤字的做法，实际上是将政府在公共服务方面欠下的债务转嫁给民众，属于赖账行为，相当于政府单方面改变公共服务与民众税负的交换比率。民众一旦意识到货币贬值，就会以提高物价和工资作为回应，在法定货币大幅缩水的同时，政府的税收也会以相同甚至更大的比例缩水，形成恶性循环。也就是说，货币当局靠发行纸币来提高政府收入的做法，实际上是放弃了公共管理的职能（尽管有时候是不得已），在破坏公共产品与民众服务交换比率的同时，也破坏了政府执政的合法性基础。

▶▷ 不一样的通胀

进入到 21 世纪，当美国爆发的次贷危机向全世界蔓延的时候，各国政府都纷纷采取量化宽松的货币政策，基础货币被无限量投放，以使利率保持在零或负值的水平。由此带来 M_0 数量出现了快速增长。从 2007 年 12 月到 2014 年 4 月，美国的 M_0 上升了 363.87%，欧元区上升了 60.4%，瑞士则上升了 750.47%。[①] 2020 年，面对由新冠肺炎疫情引发的经济衰退，美联储一次性将利率降低到零，并同时启动无限量购买资产计划，美联储的资产

[①] Peter Bernholz, *Monetary Regime and Inflation: History, Economic and Political Relationships*, Edward Elgar Publishing Limited, 2015, p.4.

负债表达到创纪录的7万亿美元。

有趣的是，这样宽松的货币政策，却没有引起物价的普遍上涨，甚至在实施零利率和负利率政策很多年之后，各国的CPI大多没有达到2%的通胀目标。这是怎么回事呢？如果说一国单独实施零利率或负利率政策，依然出现通货紧缩的现象，我们还可以用货币套利形成的流动性陷阱来解释，但在大多数发达国家普遍实行零利率或负利率政策的时候，CPI却依然在低位徘徊，这就是一个需要认真对待的问题了。增发的货币如果没有对物价形成冲击，它们跑到哪里去了呢？

我们前面分析过，零利率和负利率意味着贷款成本已经低于单一要素的自然增长率，这使得生产领域中的无效率产能也可以利用低成本借贷继续维持，过剩产品依然对零售价格保持向下的压力。与此同时，零利率与负利率对新兴产业（而这恰恰是政策应该重点扶植的行业，因为可以提供新的增长点和新的消费潮流）的刺激不大，因为技术发明的周期性和研发风险，不是靠零利率和负利率就可以解决的。

在货币债务式发行的时代，由于增发的货币以债务做信用背书，因而流动性的增加主要是通过信贷增加实现的，而信贷成本不管多低，对消费的刺激作用终归有限，因为本金总是要偿还的，尤其是大资金的借贷，更不可能用于消费领域，零利率和负利率最容易刺激的是投机性需求，即极低的借贷成本与虚拟资产的预期收益之间形成套利空间，大量借贷资金涌入股票、房地产和金融衍生品市场，从而缓解了对商品价格的冲击。与人们的想象有点不同的是，在现代银行系统中，商业信贷中有很大的比例是流向不动产领域。图8-1是2012年英国银行贷款的分布状况。

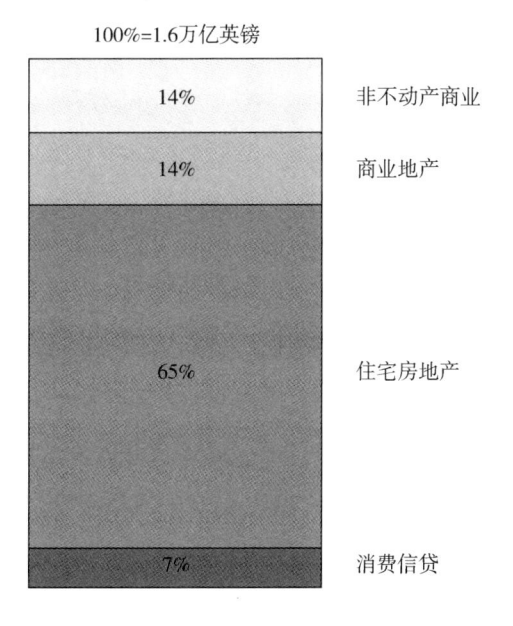

100%=1.6万亿英镑

比例	类别
14%	非不动产商业
14%	商业地产
65%	住宅房地产
7%	消费信贷

图 8-1　2012 年英国银行贷款的分布状况

在图中我们看到，住宅房地产占到贷款总额的大部分，达到 65%，商业地产占比为 14%。① 非不动产商业占比为 14%。消费信贷占比为 7%，也就是说，非房地产信贷仅占银行信贷 21% 的比例。这个趋势是最近几十年才开始出现的。在 1928 年，发达国家对不动产的贷款占所有银行贷款总额的 30%，1970 年达到 35%，到了 2007 年则达到 60%。②

图 8-2 列示了 17 个发达国家房地产贷款占银行总贷款的比例。③

---

① Adair Turner, *Between Debt and the Devil: Money, Credit, and Fixing Global Finance*, Princeton University Press, 2016, p.63.
② Ibid., p.66.
③ Ibid., p.67.

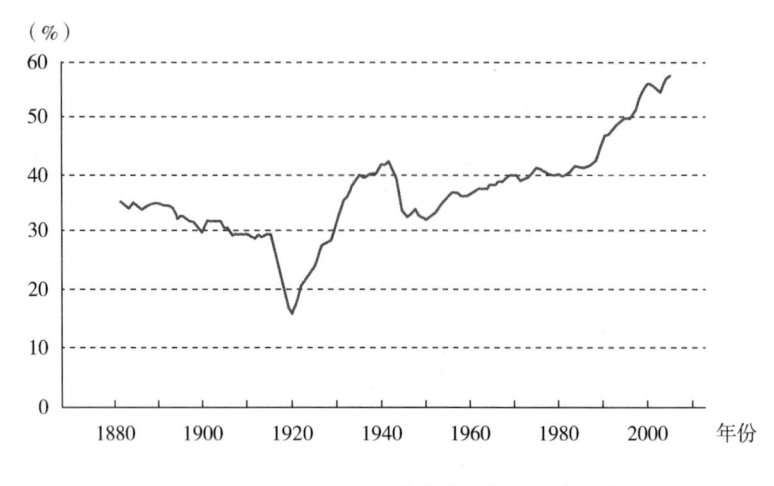

图 8–2　17 个发达国家房地产贷款占银行总贷款的比例

此外，零利率甚至负利率的极度量化宽松政策，使得低成本资金与股息收入之间形成了套利空间，大量"廉价"资金涌入股市，推高了股票市场的总市值。美国标准普尔 500 指数从 2009 年最低位 700 多点，到 2020 年年初最高位 3393 点，上涨了 3 倍有余，而同期美国 GDP 仅仅上涨 32.4%。[①] 美股的总市值在 2020 年年初，已经达到 50 万亿美元以上，超过 2019 年 GDP 的 240%，这种上涨实际上是靠大量资金流入撑起来的。

我们在第五章曾经分析过影子银行的运行机制，商业银行将信贷资产包装成证券化产品，形成商业银行的表外业务，与这部分表外业务相配套的是各种金融衍生品市场，形成了一个个巨大的流动性"蓄水池"。例如 CDS 这种金融衍生品，它名义上用于对冲证券化信贷产品的违约风险，但大量资金进入 CDS 市场并不是为了使资产保值，而是对赌企业破产的可能性。买卖双方都没有掌握 CDS 所要对冲的标的，绝大多数交易当事人购买 CDS 的

[①] 根据美国样本年份的 GDP 数据计算得出。

目的是赚取差价。由于市场的不完备性，用CDS对冲风险的标的经常会发生波动，这就给对冲基金提供了理想的套利空间。随着CDS市场规模的不断扩大，市场上又推出了可用于交易的CDS指数。市场参与者可以用很低的价格对冲债券或CDS投资组合，低成本高流动性是CDS指数市场的最显著特征。从CDS指数的走向，人们可以了解企业风险的变化情况。由于CDS在律师费和手续费方面具有成本优势，且市场流动性好，准备金要求低，操作便捷，不受监管制约，在税收和杠杆使用方面也较为宽松，其发展速度极为迅猛。根据国际清算银行估计，截至2005年年底，全球范围的CDS名义价值总计13.9万亿美元，而到了2008年9月，预估的名义总额为58万亿美元，在不到三年的时间里增长了4倍，使CDS成为全球规模最大的衍生品市场。[1] 由于CDS的参与者大多数并不持有风险对冲的证券，因此经常出现CDS合约的名义价值远高于对冲标的名义价值的情况。例如，雷曼兄弟公司的债务为1550亿美元，但针对雷曼债务的CDS合约的名义价值高达4000多亿美元。[2] 也就是说，参与CDS交易的大多数买家，其实并不是要对冲什么违约风险，而是在玩零和博弈的对赌。由于多单和空单都是对应的，只要有足够的对手盘，理论上这种对赌工具可以容纳无限量的资金，从而形成巨大的资金池，它唯一的"好处"，就是将大量流动性引入到虚拟经济体系，从而减少了对商品价格的冲击。虽然次贷危机之后，各国都对CDS的交易做出了限制，特别是对CDS中的"裸交易"（即不持有对冲标的对赌）做出了限制，CDS的名义金额出现了大幅调整，到

---

[1] 辛乔利：《影子银行——揭秘一个鲜为人知的金融黑洞》，中国经济出版社2010年版，第81—82页。

[2] 同上书，第90页。

2012年市场规模已经下降到25.5万亿美元的水平。但此次新冠肺炎疫情冲击下美联储实施的无限量购买资产计划，导致美国主权信用的CDS再次出现激增。巨大的金融衍生品市场吸收了零利率所释放的大量流动性。

也就是说，当代经济体中已经衍生出各种容纳流动性的资金池，由于其巨大的资金容量和超高的价格"弹性"，可以吸收大部分货币流量。如果我们的通货膨胀指标仅仅盯住消费物价指数这一个资金池的"刻度"，并且据此作为货币供给政策的目标，就难免有点缘木求鱼、刻舟求剑的味道了。这种统计偏差导致的问题是，当资产价格已经达到危险程度时，我们的管理层却因为消费物价指数没有发出预警信号而掉以轻心，等到危机发生时，损失已经难以挽回。

但问题还不止于此，由于现代货币增发以债务做信用背书，央行的基础货币投放是以债务的方式输送给商业银行的，商业银行再将这些借来的资金贷放给需求方，因为增发的货币从源头上就是债务化的，其在经济体内的流动，也是以债务扩张的形式表现出来的，这给各国经济带来了一个前所未有的问题，即经济发展伴随着债务规模的迅速扩张。现代的通货膨胀也首先表现为债务的膨胀。

自20世纪50年代开始，债务（不管是私人债务还是公共债务）占GDP的比重就在不断攀升。私人领域的杠杆率——信贷占GDP的比重——在所有经济体内都出现快速增长，1950年至2006年，发达经济体的杠杆率（即信贷规模）占GDP的比重，提升了三倍。杠杆率的增加是由于信贷的增长快于名义GDP的增长。20世纪80年代末到2008年，多数发达经济体最典型的情景是，信贷每年增长10%—15%，而名义国民收入只增长5%。[1] 根据国际金融协会最近公布的数据，2019年第一季度，全球债务规模达到246万亿美元，比上一季度增加3万亿美元。比2008年国际金融危机时的120万亿美元的债务总额，整整增加了一倍。而这十年期间GDP的增长只有不到35%。[2] 也就是说，全世界债务增长的速度要远高于经济增长的速度。根据国际金融协会2020年3月公布的数字，目前全球债务已经达到252.6万亿美元，相当于全球经济总产出的3.2倍以上。这意味着，每100美元的GDP产值需要320美元的债务来维系。

全球债务的膨胀，表现为私人领域和公共领域的杠杆率不断飙升。例如，英国私人领域的杠杆率从1964年的50%，上升到2007年的180%；美国从1950年的53%，上升到2007年的170%。在新兴经济体中也出现了同样的情况。韩国的私人杠杆率从1970年的62%上升到1997年亚洲金融危机时的155%，2015年更高达197%。中国的债务占GDP的比例从2008年早期的124%，上升到2019年底的245.4%。[3] 图8-3列示了1950—2010年发达经济体国内私人信贷占GDP的百分比。

以债务来推动经济增长，本质上是用未来的资源来增加今天的福利，如果债务的增长率高于经济的增长率，说明债务的边际产出率低于1，即每增加一个单位的债务，带来的经济增长单位小于增加的债务单位，当经济增长不足以覆盖债务成本——利息的支出时，就会达到这种债务推动模式的极限。

---

[1] Adair Turner, *Between Debt and the Devil: Money, Credit, and Fixing Global Finance*, Princeton University Press, 2016, p. 7.
[2] Ibid., p. 68.
[3] Ibid., pp. 51–52.

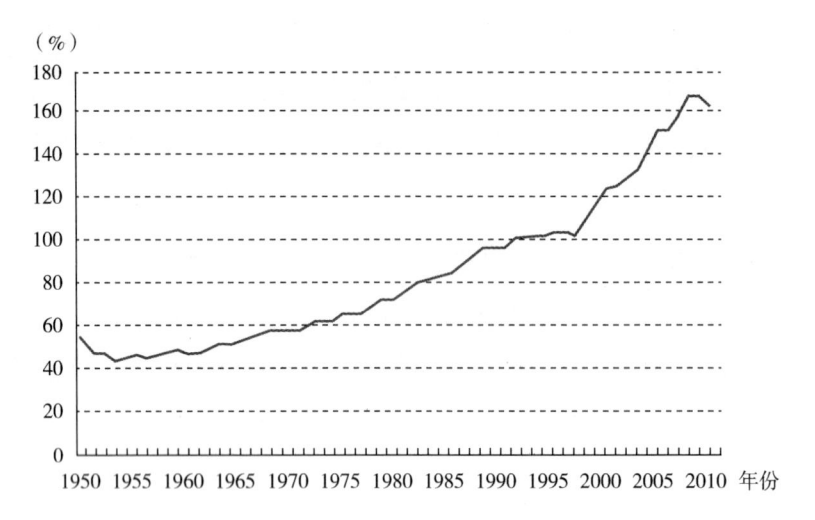

图 8-3　1950—2010 年发达经济体国内私人信贷占 GDP 的百分比①

有些国家在过去 20 多年的时间里，私人债务虽然有所减少，但公共债务却出现了急剧膨胀，比如日本在 1990—2010 年，公司债务从 GDP 的 139% 下降到 103%。但日本政府的债务却从 1990 年 GDP 的 67% 上升到 2010 年的 215%，② 2019 年底更是达到了 239% 的历史新高。政府债务的增加是私人领域去杠杆的结果。当公司削减投资，导致税收减少时，政府的赤字却迅速增加，社会开支上升。杠杆并没有消失，它只是从私人领域转移到公共领域。

2008 年国际金融危机之后，有许多国家重现了这一模式。美国的私人债务占 GDP 的比例从 2008 年的 192% 下降到 2013 年的 180%，下降了 12 个百分点，但是公共债务却从 72% 增加到 103%，增加了 31 个百分点，社会经济的整体杠杆率没有下降，反而进

---

① Adair Turner, *Between Debt and the Devil: Money, Credit, and Fixing Global Finance*, Princeton University Press, 2016, pp. 51–52.
② Ibid., p. 80.

一步升高。西班牙在 2008 年之前，私人债务占 GDP 的 215%，到 2013 年下降到 187%，但公共债务却从 2008 年的 GDP 的 39% 上升到 2013 年的 92%。①

需要说明的是，这部分债务中有很大一部分是在补充经济增长所需要的流动性，特别是在现代工业生产和资产证券化的大背景下，对货币的需求数量也呈现几何级数的增长，但由于现代纸币发行制度要以国家债务作信用背书，增发货币同时又表现为债务的急剧膨胀。当经济危机爆发时，不管货币当局是用新的债务来代替旧债务，还是直接印钱冲销坏账，都相当于增发了非债货币。这两种做法之所以到目前为止还没有引起消费物价的上涨，是因为由此增加的流动性，有很大一部分填补了经济总量增加（包括实体和虚拟经济的增加）导致的货币短缺，因而暂时还没有触发消费物价上涨的机制。但这是否意味着"用直升机撒钱"就没有任何问题呢？

事实并非如此，因为凡事都有一个尽头，债务迅速膨胀导致全社会利息负担急剧增加，迫使货币当局将利率一压再压，直到零利率、负利率成为常态，但这是在透支政府的最后信用，反过来会使货币的信用基础——债务背书的依据（债务需要加入延期支付的成本——利息）发生动摇。另外，用增发货币来冲销坏账的方式能否引起消费物价指数的上涨，除了发行的数量以外，很大程度上还取决于经济增长的状况，如果在货币增发的同时，经济却迟迟无法恢复正常，就像在最近十年，特别是在新冠肺炎疫情给经济带来巨大负面冲击的情况下，不断增发的货币就会大大

---

① Adair Turner, *Between Debt and the Devil: Money, Credit, and Fixing Global Finance*, Princeton University Press, 2016, p. 80.

超出维持经济平衡所需要的数量,从而使整个信用货币制度面临最终崩溃的危险。

如上所述,今天的通货膨胀更多地表现为资本价格的膨胀和债务规模的膨胀,而不是物价指数的上涨,按照我们对货币本体功能的理解,不同部门的价格变动,反映的是不同产品交换比率的变化,资本价格的暴涨,意味着资本品和消费品之间的交换比率发生了剧烈的变化,一旦这个交换比率超越了重置资本,即消费品的稀缺系数高于资本品的预期利率差的时候,这个过程就会终止,流动性泛滥会反过来冲击最终消费品价格。

通过上面对各种通货膨胀形式所做的分析,我们可以确定,通货膨胀不仅仅是一个货币现象,决定流通量是否适宜的因素有很多,建立货币数量公式就要涉及各种变量。为了叙述的逻辑顺序,我们放到最后一章讨论这个问题。

第九章
尺度的困惑

货币作为交换比率的计量基准,在一国范围内流通,问题比较简单,人们只需用本国货币为不同商品分别标价就可以了,因为交易当事人的衡量尺度是一样的。但跨越国界的贸易,还要涉及两国货币之间的兑换,即我们通常所说的汇率。比如一个中国商人出口商品到美国,他不仅要计算出口商品能够换回多少美元,还要计算这些美元能够折合多少人民币,才能衡量这笔交易是否合算。同样的道理,本国居民购买外国商品,也要先将商品的外汇标价换算成本国货币,再与国内的售价相比较,来衡量进口是否可行。看起来似乎并不复杂,但汇率的决定机制却深藏其中,直到今天,我们还很难搞清楚美元和人民币究竟应该怎样确定比价。在复本位制、金本位制和纸币本位制下,汇率的决定机制是完全不同的。为了厘清汇率决定机制,探究哪种汇率制度更适合于当今世界,我们需要对各种汇率制度做一个简单的比较。

▶▷ 同时用两把尺子的结果

在历史上的有些时候，有些国家会同时流通两种本位货币。比如在金属货币阶段，黄金、白银会被不同的国家共同接受。如果两国同时采用黄金和白银作为货币，即都实行"复本位制"，且两国黄金与白银的比价不同，会出现什么情况呢？搞清楚这个问题具有现实的意义。因为，很多国家的数字货币发行都采取锚定现行纸币的方式，等于是实施复本位制，即同时有两种本位货币在流通，两个实施复本位制的国家之间进行贸易会出现什么问题，是需要我们事先有所防范的。

在历史上，中国和欧洲国家都曾经有过同时将黄金和白银作为货币的历史，复本位制相当于为商品的国际交换提供了两把衡量的尺子，如果这两把尺子的"长度"存在国别差异，在衡量同一种货物的时候，就会出现两种汇率。

比如，在中国历史上，黄金和白银的兑换比率与西方同一时期的兑换比率存在较大的差距。汉代王莽时期，黄金与白银（好银）的比价为1∶3，次银为1∶5；南北朝时期黄金与白银的比价为1∶5.5；到了北宋才变为1∶14.5，开始接近西方的水平。[①]但到了元、明时期，由于元朝实行单一的纸币制度和明万历朝之后实行海禁制度，在某种程度上中断了原有的中外汇率机制。从1592年到17世纪初，中国的黄金和白银又回到了南北朝时期的比价，大致浮动于1∶5.5到1∶7之间，而同一时期西班牙市场的金银比价则浮动于1∶12.5到1∶14之间。到了18世纪，西

[①] 转引自石俊志《中国货币法制史概论》，中国金融出版社2012年版，第142页。

方国家的金银比价达到 1∶15，而中国及印度市场的金银比价通常是 1∶10，至多不超过 1∶12。① 这样一来，在东西方的国际贸易中，就会出现金银两种货币之间的套利交易。见图 9-1：

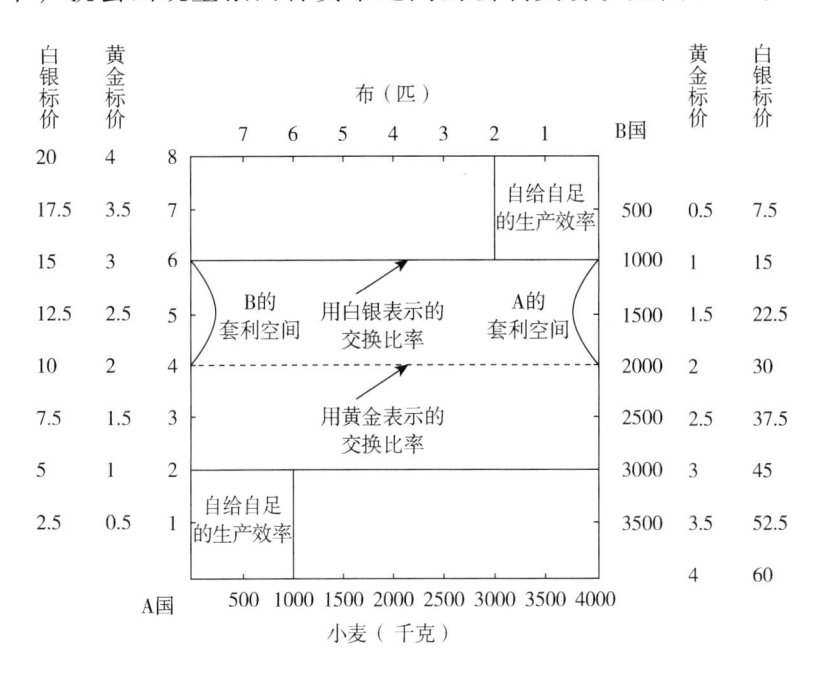

图 9-1　复本位制下的交换比率计算

图 9-1 显示两个实行复本位制的国家，如果两种本位货币的比价不同，假定 A 国的黄金与白银是 1∶5；B 国的黄金与白银的比价是 1∶15，如果两国同时用黄金对布匹和小麦分别标价，交换比率是 2000 千克小麦兑换 4 匹布，见图中间的虚线所标明的交换比率；如果用白银对布和小麦分别标价，则交换比率就变为 1000 千克小麦换 6 匹布，见图中上面的横线所标明的比率。这样一来，A 国商人会选择用白银购买 B 国的布匹，而 B 国商人

---

① 王军平：《货币的秘密》，中国发展出版社 2016 年版，第 55—56 页。

肯定会选择用黄金来购买 A 国的商品，结果就是黄金流入 A 国，白银流入 B 国。

这就是历史上实际发生的故事。西方商人用白银购买中国的丝绸，然后拿到西方市场上销售，在赚取差价的同时，还可以利用两国黄金和白银的差价，做反复套利。比如，用 10 两白银购买两匹丝绸，然后在欧洲以 4 两黄金的价格卖出，再用黄金按照 1∶15 的比价换成 60 两白银，回到中国可以买 12 匹丝绸，如果买卖都用黄金，该商人的毛利率仅为 100%；如果用白银与黄金做套利交易，该商人的毛利率可以达到 500%。当然，还有一种更为直接的方式，就是西方商人用白银直接购买中国的黄金，再运到西方国家用黄金换回白银，反复倒卖，每一次也有 200% 的毛利。

在一国内部实行复本位制，会出现一种货币驱逐另一种货币的情况。比如美国 1792 年通过铸币法案，规定了金、银复本位制的货币体系，这项法案规定了美国的基本货币单位为美元，1 美元相当于 371.25 格令（1 格令 = 0.0648 克）纯银或 24.75 格令纯金，并且授权民间可以按照 15∶1 的比例自由铸造银币和金币。尽管法律规定白银和黄金都可以被合法地当做货币，但是截至 1834 年，却只有白银被作为货币使用。因为在市场上白银与黄金的交换比率自 1792 年之后不久，就超越了 15∶1 的比率，并且一直在这个比率之上，这就导致持有黄金的人在将黄金兑换成货币之前，会在市场上将黄金换成白银，然后再把白银出售给铸币厂，而不是直接将黄金出售给铸币厂。因此，从 1792 年至 1834 年，美国实际实行的是银本位制，黄金基本上退出流通。

到 1834 年国际市场上的金银比价已经降至 1∶15.625，新的铸币法案被提交，1834年通过的法案规定了1∶16的金银比价。从而终结了白银的统治地位。1873年通过的铸币法案罗列了可以铸造的硬币清单。这份清单包括了金币和白银辅币，但是却不再包含371.25格令的标准银元。1875年，国会通过了《恢复硬币支付法案》，并在1879年1月1日正式回归以黄金为基础的金本位货币体系。至此，美国的复本位制宣告终结。[①] 在中国也有类似的情况，自汉代以后，黄金基本上退出了流通领域，货币体系成为事实上的银本位制。

复本位制等于是为商品交换提供两种不同的衡量尺度，如果这两把尺子的兑换比率在两个国家之间存在差异，商人的投机行为将会导致一种货币流出，另一种货币流入，最后逐步拉平两种货币之间的比价，历史上，这种套利行为导致白银大量流入中国，使中国这个白银资源贫乏的国家居然成为举世无双的"白银帝国"；与之相对应的是黄金大量流入西方，为后来西方国家实施金本位制奠定了基础。

在国家强制规定两种货币法定兑换率的情况下，币值低于法定兑换比率的货币会驱逐币值高于法定兑换比率的货币，从而变成事实上的单一货币本位。复本位制由于设置了两套计量基准，会带来测量上的麻烦，存在着内在的不稳定性，最终都会向单一本位制转变。由此我们也可以得出一个推论，目前实施纸币和数字货币同时流通的国家，采用的仅仅是一种过渡措施，汇率机制的内在逻辑将导致一种本位货币驱逐另一种本位货币，最终演变为单一货币本位。

---

① ［美］弥尔顿·弗里德曼：《货币的祸害——货币史上不为人知的大事件》，张建敏译，中信出版集团2016年版，第59—67页。

▶▷ 统一标准的悖论

在人类货币史上，金本位制是唯一在国与国之间统一计量单位的货币制度。这种货币制度以一定重量、成色、形制的黄金为计量标准，并以一定的黄金储备作为兑换基础。在这种制度下，货币当局需要确定法币与黄金间的兑换比率，汇率则由各国货币的含金量决定。当一国货币相对于另一国货币的汇率波动超过黄金输出点时，可以通过黄金的国家之间流动来自动调节，因此这种制度下的国际汇率具有相对的稳定性。

金本位制包括三种形态：金币本位制、金块本位制和金汇兑本位制。其中金币本位制是最典型的金本位制。其基本特征是：金币可以自由铸造；辅币和银行券可以自由兑换成金币；黄金可以自由输入和输出。英国在1816年最早实行金币本位制，此后，其他国家纷纷仿效，直到第一次世界大战前，西方各主要资本主义国家基本都实施了金币本位制。

对于金本位制经济学界存在一个误解，以为金本位制实行固定汇率制度，有利于国际贸易，具有天然的合理性。很多主张恢复金本位制的经济学家，也是以1880—1914年金币本位制运行良好作为例证，说明金本位制是最好的货币制度。因为这一时期主要资本主义国家币值稳定，从未发生过因汇率变动引起的贸易冲突。然而，真实的情况恐怕未必如此。

金本位制固然为各国的货币汇率建立了统一的标准，但这种固定的汇率会随着技术进步和经济发展而变得不再合理，为了说明金本位制下不同国家间劳动生产率的变化会带来什么后果，我们先要考察两国生产率不变时是一种什么状况：假定只有两个国家，一个国家生产小麦，另一个国家生产布匹，两国之间进行分工，这种情景与一个国家之内两个生产者之间的分工是类似的，不同之处仅仅在于，两国用不同的货币作为商品价格的计量单位，请见图9-2：

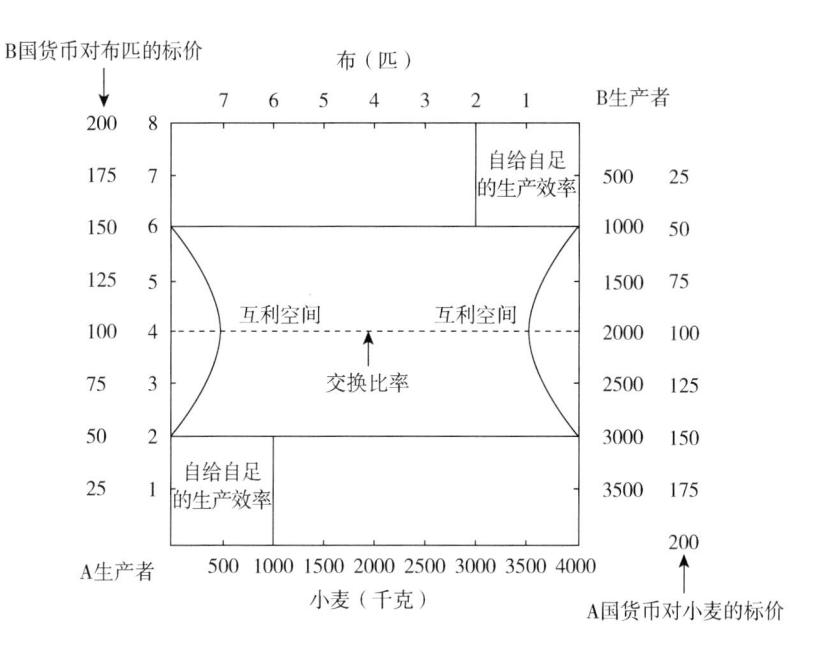

图 9-2 1:1 汇率下两国商品的交换比率

我们先假定 A、B 两个国家的货币汇率为 1:1，即两国货币完全等值，A 国的生产者先用 100 单位的本国货币换 100 单位的 B 国货币，再用 B 国 100 单位的货币买回 B 国 4 匹布。B 国生产者先以 100 单位的本国货币兑换 100 单位的 A 国货币，再买入 A 国 2000 千克的小麦，交换比率为 2000 千克小麦对 4 匹布，这对交换双方都有利。如果汇率不变，且两国商品的货币标价也不变，意味着两国商品的交换比率保持不变。但是，如果一国劳动生产率提高，另一国劳动生产率没有变化，在金本位制下，两国的贸易会发生什么情况呢？

假定 A 国货币对商品的标价不变，依然是 100 货币单位对应 2000 千克的小麦。但 B 国的劳动生产率提高，由原来的 100 单位货币对应 4 匹布，变成了 100 单位货币对应 5 匹布。但两国货币的汇率却没有发生变化。这时，A 国小麦生产商仍然以 1∶1 的货币汇率交换了 100 单位的 B 国货币，但是现在他在 B 国却可以买到 5 匹布，而 B 国商人以不变的汇率交换 A 国的货币，仍然可以买到 2000 千克小麦。这时，A 国的商人会增加换汇的幅度，将本国货币换为 B 国货币，因为原来的交换比率为 2000 千克小麦换 4 匹布，现在变为 2000 千克小麦换 5 匹布，多出了 1 匹布的差价。这样一来，则是 A 国的货币大量流入 B 国，而 B 国由于按照现在的汇率买入的小麦和以前一样，因而不会增加购买，这样一来，A 国对 B 国的货币需求增加，但 B 国对 A 国的货币需求没有增加，两国的汇率就会出现波动，一旦超过黄金输出点，A 国的黄金就会向 B 国流动（见图 9-3）。

如果 A 国要避免这种情况发生，就需要将本国的货币贬值，但金本位制下，各国货币的含金量都是固定的，不可能任意改变，这就带来一个潜在的危险，当贸易逆差达到一定程度时，就会逼迫 A 国做出选择，要么修改本国货币的含金量，要么放弃金本位制。

也就是说，各国经济发展的不平衡，会导致各国国际收支状况发生剧烈变化，与之相伴随的是黄金储备在国际上大量流动，黄金的大量外流，只能使陷入衰退的国家雪上加霜。金本位制对于随经济发展不平衡带来的国际收支不平衡，并不能起到反向调

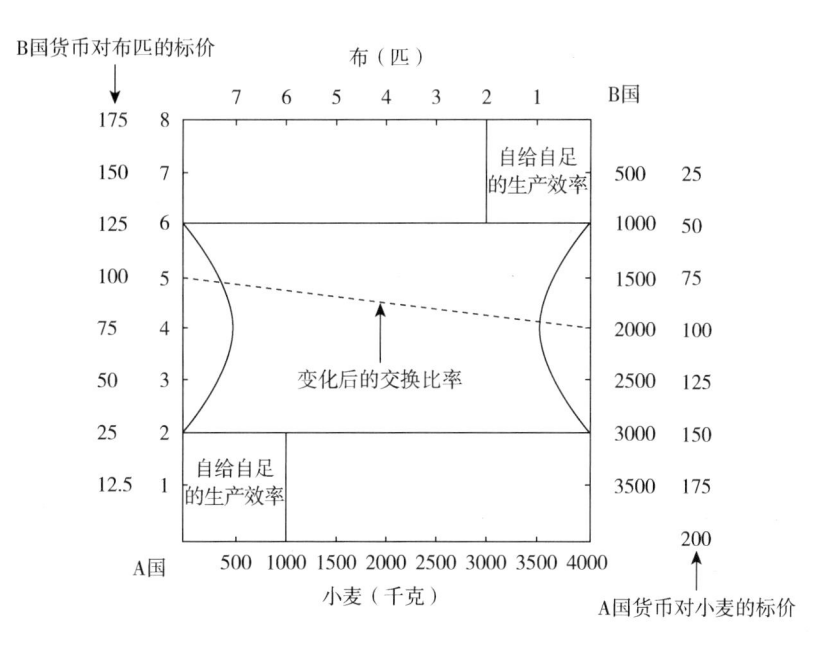

图 9-3　生产率变动后两国商品的交换比率

节作用，反而是加剧了不平衡的程度。

就货币的本体功能而言，商品经济的发展，特别是大工业生产带来的劳动生产率的提高，要求货币的供给也要以同等的速度提高，才能与经济发展的速度相适应。但是，黄金作为贵金属所具有的资源稀缺性，受自然储量和开采成本的限制，产量的增加很难与大工业生产的迅速扩张保持同步。这个矛盾是金本位制本身所固有的，并且会随着经济的发展而日益突出。在第一次世界大战前，这个矛盾之所以没有演变成国际贸易的危机，是由于在19世纪后半叶，南非和西澳大利亚等地发现了新的金矿，1887年，三位苏格兰化学家发明了化学氢化法，可以从低级别矿石中提取黄金，这种方法特别适用于在南非发现的庞大金矿。运用化学氢化法，非洲的黄金生产从1886年的0，上升到1896年占世界总产量的23%。在20世纪的第一个25年，非洲的黄金产量占到世界总产量的40%以上。①

正是黄金产量在19世纪后期的大规模扩张，使得金本位制的内在缺陷得以掩盖。到了第一次世界大战之后，黄金的产量终究还是赶不上经济的发展速度，金本位制的内部缺陷就充分显露出来了。而且，在一国经济内部，由于黄金产量赶不上经济发展的速度，各国商业银行普遍采取发行银行券这种派生货币的方式来补充流动性的不足。前面我们已经讲过，当经济体陷入衰退时，这种代用货币经常会出现兑付危机。这个时候，实行金本位制的政府就面临两难的选择，如果进行公开市场操作，向市场注入黄金，将使央行的黄金储备在总储备的比例中达不到维持金本位制的最低限度要求（40%），从而危及金本位制的信用基础。如果坚守金本位制，就要为此承受巨大的维持成本——经济加速衰退、银行大面积倒闭以及黄金迅速外流。

第一次世界大战的爆发和1929—1933年资本主义世界的经济大萧条，金币本位制的缺陷再也无法掩饰，随着英国和美国这两个主要的资本主义国家先后放弃金币本位制，严格意义的金本位制就已经不复存在，取而代之的是金块本位制和金汇兑本位制。1944年建立的布雷顿森林体系，实际上是一种变形的金汇兑本位制。它的主要内容是以美元为主要国际储备货币，美元与黄金挂钩，即美国承诺可以用35美元一盎司的价格兑换黄金，各国货币与美元挂钩，各国货币之间按照与美元的比价实行固定汇率制。

布雷顿森林体系建立的前提是美元与黄金保持固定的兑换关

---

① 见［美］米尔顿·弗里德曼《货币的祸害》，安佳译，商务印书馆2006年版，第102—103页。

系，这种兑换关系维持的基础则是美国的国际收支状况要保持顺差或至少保持平衡。1960年，经济学家罗伯特·特里芬指出，以一国货币作为主要储备货币，会出现一个悖论，即为了保证国际支付的需求，该国的国际收支不可避免地会出现巨额逆差，而该国货币要保持国际货币的信用，又需要有经常项目的顺差作为支持。这种两难的困境被称为"特里芬难题"。

1873—1970年，美国的经常账户余额基本在平衡线上下波动，且多数年份还是在平衡线之上，但到了20世纪70年代之后，美国的经常项目余额就掉到了平衡线以下，而且出现了赤字逐步扩大的趋势。[①] 也就是说，恰恰是这个体系的前提——美国的国际收支状况发生了问题，美元对黄金的可兑换性频频告急，70年代初"第四次中东战争"引发的石油价格暴涨，给了摇摇欲坠的布雷顿森林体系以致命一击。1971年，随着美国政府宣布美元不再与黄金挂钩，布雷顿森林体系也寿终正寝，各国之间的货币进入浮动汇率时代。

▶▷ 一堆纸与另一堆纸的交换

随着布雷顿森林体系的终结，国际货币制度一度陷入混乱，在国际货币基金组织的推动下，国际社会于1976年最终达成《牙买加协议》。牙买加体系正式承认了浮动汇率的合法性，并允许各国采用独立的宏观经济政策或国际财经合作对国际收支进行调节。在该体系下，黄金不再作为各国货币的法定基础，储备货

---

① 见［美］埃斯瓦尔·S. 普拉萨德《即将爆发的货币战争》，刘寅龙译，新世界出版社2015年版，第39页。

币出现多样化。

根据国际货币基金组织 2009 年最新的分类方法，目前国际货币的汇率制度可以分为三个大类，一个残差项（共 10 个小类）。三个大类分为硬盯住、软盯住和浮动汇率三种制度。硬盯住包括无单独法定货币的汇率、货币当局安排的汇率两项内容；软盯住包括传统盯住、稳定化安排、爬行盯住、准爬行安排、水平区间内的盯住五项制度规定；浮动汇率制度包括浮动和自由浮动两种选择。残差项包括所有其他的汇率结算方式。

由于各国货币不再具有法定含金量，失去了公认的货币兑换标准，各国仅以国家债务为货币赋值，国际汇率就变成了一种国家信用与另一种国家信用之间的交换，由于信用没有精准的计量单位，且经常会发生变动，因而一国货币对他国货币的兑换比率，就成了一笔糊涂账。比如人民币兑美元，假定为 6.8∶1，这个汇率究竟是高了还是低了？美国政府认为人民币的汇率过低，需要大幅升值；而中国政府却认为人民币汇率适中甚至偏高，双方各执一词，很难找到统一的标准。这给国际贸易带来了许多不确定性，比如一家出口企业的订单为 10 万美元，在签订合同时，人民币兑美元为 6.8∶1，企业按照这个汇率有 5% 的利润，但到了交货期，人民币兑美元变成了 6.3∶1，相当于人民币兑美元升值了 7.3%。这时企业用 10 万美元换回的人民币就减少了 7.3%，利润也就从原来的 5% 变为 -2.3% 了。也就是说，纸币时代的浮动汇率制度给国际贸易带来了一个新的不确定性——汇率风险。

在这种浮动汇率制下，首先需要弄清楚的事情是，假定其他条件不变，当货币汇率发生变化时对两国贸易将带来什么影响？还是回到我们简化的二元交换模型，假定两国的劳动生产率不变，用本国货币标示的商品价格也不变，原来的交换比率为2000千克小麦交换4匹布。随着两国货币汇率的变化，会出现什么状况呢？

假定A国的货币相对于B国的货币升值10%，A国商人用100单位的本国货币现在可以兑换110单位的B国货币，这意味着A国商人用这笔钱可以在B国买入4.4匹布，而B国商人用原来的100货币单位只能换回90单位的A国货币，他只能用这笔钱买回1800千克小麦，这时，两国的交换比率变为1800千克小麦兑换4.4匹布。见图9-4：

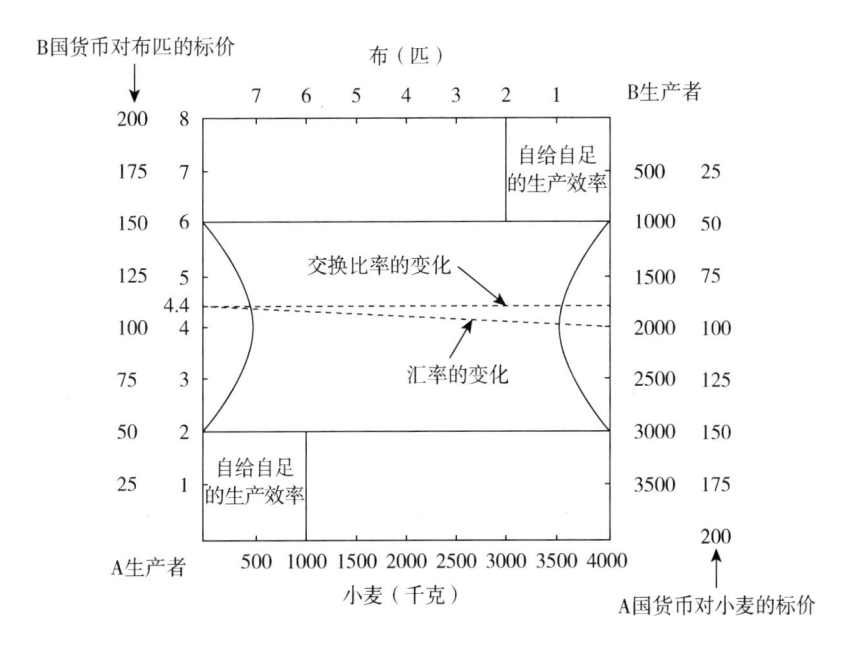

图9-4 汇率发生变动时两国商品的交换比率

当汇率发生变动时，带来的实际影响是两国商品的交换比率发生了改变。比如，中国一家纺织企业1月出口到美国1万件衬衫，换回10万美元的外汇，按照当时的汇率，可以买回10台小型纺织机器，但这家企业并没有将美元买回进口机器，而是将美元换回人民币后用原有设备继续生产衬衫，但到了 12 月，美元与人民币的汇率发生了变化，假定美元升值，人民币贬值，汇率变动达到 10%，也就是说，如果这家企业想用人民币换回 10 万美元去购买 10 台纺织机器，需要比原来多付 10% 的人民币，这意味着，原来 1 万件衬衫交换 10 台纺织机器的交换比率，变成了 1 万件衬衫只能换 9 台机器。这直接影响到一个企业在国际贸易中的收益。

问题还不仅仅如此，在信用货币时代，尽管美元已经和黄金脱钩，但美元依然是主要的国际储备货币和结算货币，据 IMF 的统计数据，2020 年第 1 季度，美元在全球外汇储备中所占的比重比前几年虽有所下降，但仍然占到 61.9% 的份额。2019 年，美元在国际贸易总额中的结算比例也达到 40% 左右。由一个国家发行的信用货币在全世界流通，成为主要的结算货币和储备货币，给国际汇率带来了一种前所未有的扭曲。我们前面说过，汇率的变化实际上反映的是商品交换比率的变化，这意味着，美元兑其他货币的汇率含有世界货币的本体功能计算。这样一来，美元与其他国家的汇率形成的实际商品交换比率，包含了巨额的铸币税（铸币税的"税率"我们在下面再谈）。这不仅使美国与其他国家的商品交换比率长期处于不合理的区间，而且各国之间的汇率调整，很大程度上受美元加息周期和减息周期的影响，不再反映各国经济发展的实际状况。美国政府的加息或减息，将会改变美元这种信用凭证未来的"现金流"，这种"现金流"的变化相当于改变了美元的"含金量"，从而不可避免地带来美元与其他货币之间的汇率变化。特别是当美元进入加息周期时，资本外逃带来的本币贬值，会使一些国家经济遭受重创，并在随后的多年里难以复原。我们在前面已经提到，汇率变化的实质，是各国之间商品交换比率的变化，同时也代表着资产价格的变化和偿债成本的变化。

为了给读者一个直观的印象，我们以泰国为例，看一看汇率变化如何重创一个发展中国家。

1984年6月30日，泰国政府宣布实行盯住"一篮子货币"的汇率制度，其中美元权重高达80%—82%，在此制度安排下，泰铢兑美元汇率基本稳定，长期维持在1美元兑换24.5—26.5泰铢的水平。1984年至1995年，由于美元兑其他主要货币持续贬值，提高了泰国商品和服务的出口竞争力，出口的快速增长带动了泰国的经济发展，泰国GDP的高速增长，曾被视为亚洲奇迹。到1995年后，美元兑主要货币的汇率开始走强，泰铢由于实行联系汇率，也随之走强，泰国出口竞争力开始下降，出口下降导致泰国经常项目逆差迅速扩大。为了调整贸易逆差，实现国际收支平衡，泰国政府选择加快资本市场开放步伐，利用高利率等政策吸引外资流入。联系汇率制度与高利率结合，导致国外资本大量涌入泰国，在20世纪80年代末，外国私人资本对泰国的流出与流入仅在1000亿泰铢左右，1994年则达到了15000亿泰铢左右，且其中短期资本增长最快，并占有较大比重。1995年至1996年，非居民泰铢存款、企业短期美元借款、股票市场国外投资等快速增加，大量外国资本流向股票市场和房地产市场，引起股票价格和房地产价格飞涨，形成资本价格泡沫。1996年房地产泡沫破灭造成商业银行和金融公司经营状况恶化，巨额不良资产使泰国金融市场更加动荡，泰铢贬值预期持续升温。

就在此时，国际投机资本乘虚而入，沽空泰铢，伴随着资本外逃，泰铢陷入崩溃，东南亚系列货币失守，触发亚洲金融危机。1997年2月，泰国出现了第一次泰铢贬值风波，泰国中央银行运用20亿美元外汇储备干预外汇市场，平息了此次风波。但好景不长，5月国际金融市场再次盛传泰铢贬值，引发泰铢汇率大幅波动，泰国央行通过"东亚中央银行总裁会议"的会员国联合干预外汇市场，以百亿美元代价维持汇率，但由于泰铢贬值压力进一步增加，外汇市场出现恐慌性抛售，泰国央行多次干预后外汇储备大幅下滑，最终泰国政府于7月2日被迫宣布放弃联系汇率制度，泰铢当日暴跌。在泰铢倒下的同时，菲律宾比索、印度尼西亚盾、马来西亚林吉特、新加坡元相继成为国际炒家的攻击对象，东南亚货币一一失守，最终引发亚洲金融危机。阴谋论者会将这种国际资本的跨国流动看成是蓄谋已久的"剪羊毛"式掠夺，而笔者更倾向于认为这是以一国货币作为世界主要储备货币的情况下，资本逐利行为所导致的必然结果。2018年，随着美元连续加息和特朗普政府的"美国优先"政策，贸易保护主义卷土重来，同样的悲剧再度上演，委内瑞拉、土耳其、阿根廷、巴西、印度……一个又一个新兴国家再次出现了货币贬值、物价飞涨、国际资本大规模逃离的一幕。

种种迹象表明，国际汇率制度已经到了必须进行改革的时候了。

▶▷ 如何计算没有含金量的纸币汇率

那么，在信用货币时代，一个国家的货币与其他国家的货币究竟是保持固定汇率好还是实行浮动汇率好？如果要保持固定汇率，兑换比率如何确定？如果实行浮动汇率，是应该完全自由放任，还是应该实施有效的干预？如果要实施干预，预警的边界如何确定？……这些问题，各国经济学家争论不休，却始终无法得出确定的结论。追根溯源，是因为传统货币理论没有对纸币的兑换标准提出科学的依据。

在货币银行学教科书中，关于纸币时代的汇率决定，有所谓"一价定律"和"购买力平价理论"。所谓"一价定律"，就是假定两国商品是同质的，忽略运输成本和贸易壁垒，假定钢材在美国是100美元1吨，在日本是10000日元，那么1美元就应该兑换100日元。但这只是用一种商品进行比较，由于各国资源禀赋不同，不同的商品比价也会完全不同，比如用钢铁衡量是这个价格比率，用电视衡量又是另一个价格比率，究竟应该以哪一种商品为准呢？"一价定律"无法给出明确的答案。

购买力平价大概是想弥补一价定律的不足。该理论认为，将两国的一揽子商品加总用同一种货币计算，找出两者的比率，就可以计算出实际的汇率。比如一揽子商品在美国价值50美元，在日本价值75美元，美元与日元实际的汇率为0.66∶1。[①] 但这种做法存在方法论的缺陷。因为如果任何一种货币给两组商品标价，再依此确定两国货币的兑换比率，必然是价格高的那一国去购买价格低的那一国的商品，在这里就是日本加大购买美国的商品，导致美国的商品价格上升，日本商品价格降低，而美国商品出口增加导致美元升值、日元贬值，如此一来，原来的货币兑换

[①] 见［美］弗雷德里克·S. 米什金《货币金融学》（原书第4版），蒋先玲等译，机械工业出版社2016年版，第399—400页。

比率就被打破了。但如果先让商品自由流动，使两组商品用任何一种货币衡量都是同样的水平，但前提是两国货币按照某种固定的比价交换，那么，这种兑换的标准是什么呢？这样我们又回到原来的起点，汇率确定依然是一笔糊涂账。而且更重要的是，如果两国资源禀赋不同，交换的商品也不同，比如说，一国主要生产粮食，一国主要生产布匹，汇率岂不是完全无法定价？"一价定律"和"购买力平价"这两种方法的问题，与主流经济学关于价值、价格和效用的问题一样，都是没有将问题置于交换的结构中进行考察，因而它们无法找到纸币时代汇率决定的依据。

那么，纸币时代的汇率决定应该从哪个方向取得突破呢？我们先从现实的案例讲起。

次贷危机之后，一些国家开始将货币互换协议（Currency Reciprocal Agreement）作为一种过渡措施，以避免美元的减息或加息周期对本国货币的冲击。所谓货币互换协议，通常是指两个交易主体签订合约，在一定时期内按照约定汇率，任何一方可以用一定数量的本国货币交换等值的对方货币，用于双边贸易、投资结算或为金融市场提供短期流动性支持，到期后双方换回本币，资金使用方支付使用期内的利息。由于货币互换协议锁定了远期汇率风险，具有降低汇兑成本、扩大本币使用范围、为金融市场提供流动性支持等作用。截至2018年，中国已与三十多个国家和地区签订了货币互换协议。随着中国国际地位的提高，这种货币互换的范围还会进一步扩大。

这种汇率结算的方式面临一个十分现实的问题，即两国货币的汇率如何制定？其实，在浮动汇率体制下，这个问题也同样存在，即汇率浮动在多大的范围内是合理的？超过哪个临界点政府就必须出手干预？我们知道，商品交换必须符合互利的原则，即交换比率必须对双方都有利的情况下贸易才可以实现。如何确定两国货币的汇率标准，实际上就是如何确定两国商品交换比率的价值中枢问题。

既然汇率变动反映的是交换比率的变动，那么，汇率波动的幅度就不能超越商品交换的互利区域，按照笔者的交换模型，首先，汇率变动引起的交换比率的变动不能超越重置成本，因为当对方产品的价格高于自己生产的成本时，就会出现进口替代的选择。其次，汇率引起的交换比率的变化并不会等到超越重置成本时才引起进出口的变化，经济行为学实验的结果表明，当交换比率超越价值中枢与重置成本之间二分之一的位置时，受益少的一方就会因为交换比率的"不公平"，而减少交换数量。再次，当存在第三方交易当事人时，汇率变动引起的交换比率变动不能超越"替代成本"，如果同类产品有两个以上的国家生产，当汇率变动形成两个国家同类产品的价格逆转时，就会产生替代性选择。图9-5显示了两国汇率变动的公平底线。

也就是说，不管出于周期性还是季节性原因，如果两国的生产力综合水平没有发生改变，两国汇率变动所代表的交换比率应该保持在重置成本、公平底线和替代成本构成的区域之内，具体来说，A国与B国交换的重置成本为3000千克小麦兑换2匹布，B国与A国交换的重置成本则是1000千克小麦兑换6匹布，超过这个比率，进行国际贸易就不如自己生产划算；公平底线对于B国来说，是5匹布交换的小麦数量不能低于1500千克小麦；对于A国来说，则是2500千克小麦交换的布的数量不能低于3匹布。公平底线对应的汇率，就是A国货币兑B国货币不能超过

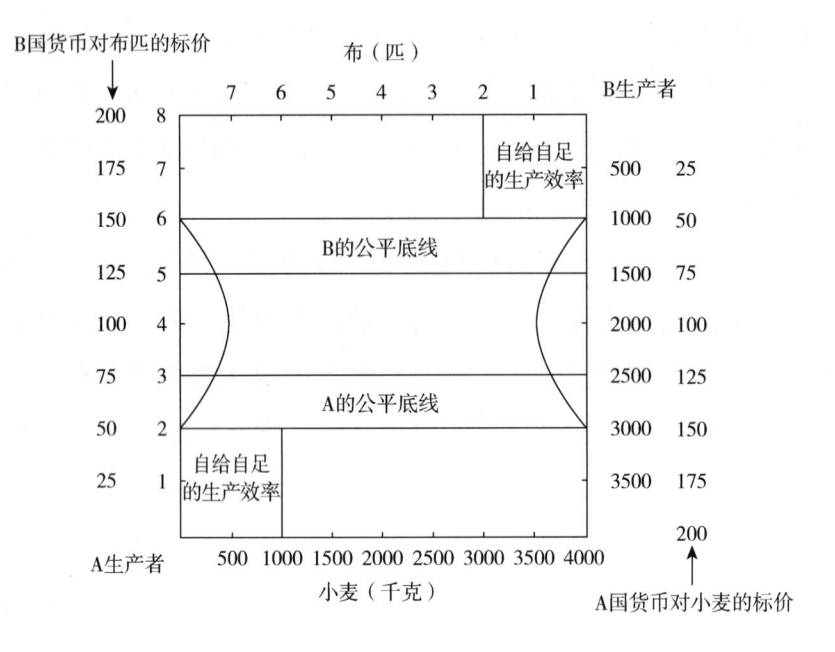

图 9-5　两国汇率变动的公平底线

125∶75 即 1∶0.6 的比率，反过来说 B 国货币兑 A 国货币也不能超过 1∶0.6 的比率。

如果汇率变动是在这个区间之内变动，本币的升值和贬值就不会引起进出口的剧烈变动，因此我们也就可以解释，为什么人民币在上一个升值周期（2004 年至 2014 年）中，从 8.278 兑换 1 美元上升到 6.05 兑 1 美元，中国的外贸出口却不降反升，一直保持正增长。2004 年中国的出口总额为 49103.3 亿美元，到了 2014 年，达到 143911.66 亿美元，增长了近两倍。其中只有一年（2009 年）出现负增长，这也是国际金融危机带来的影响，即使如此，当年中国的出口萎缩幅度也要明显小于全球出口的萎缩幅度，两者分别是 16% 和 22%。也就是说，即使是在 2009 年中国出口下降的年份，中国出口在世界贸易总额中的比重还是在增加的。

从 2015 年到 2016 年年底，人民币有一波快速贬值，在这两年期间，中国的出口并没有增加，出现了明显的下降，下降幅度分别达到 3% 和 8%。到了 2017 年人民币又开始升值，中国的出口却再次恢复增长，全年涨幅达 8% 左右。

这说明，如果汇率变动引起的交换比率变动没有超出公平底线和替代成本，中国的出口与汇率变动之间并没有明显正相关关系，直接影响出口的是外部需求的变化，出口对汇率的变化并不敏感。所以，说人民币升值一定会对出口造成负面影响是没有实证依据的。只有在汇率出现急剧波动，造成商品的交换比率超越了替代成本、公平底线和重置成本的边界时，才会引起进出口和外国直接投资的巨大变化，就像亚洲金融危机和拉美债务危机时出现的情景一样。

事实上，由于中国制造物美价廉的优势，其他国家对中国产品的依赖度非常高，这意味着放弃中国制造的收益很难覆盖与中国贸易的重置成本和替代成本。我们以替代成本为例，印度这样的国家，土地价格和劳动力价格比中国低很多，也生产一些和中国同样的产品，但是总体而言，印度制造的产品通常比中国制造的同类产品在成本上高出 30% 左右。印度产苹果机的出厂价，甚至高于中国产苹果机的零售价。也就是说，如果人民币升值的幅度在短期内达不到 30% 的幅度，印度制造相对于中国制造都没有任何成本优势。

如果中国企业不断保持技术创新和产业升级，这种交换比率的优势还会继续保持甚至进一步扩大，这样一来，即使人民币持续升值，只要升值的幅度不超过中国企业效率和品质提升的速度，则升值不会对中国的出口带来明显的负面影响。

由于重置成本和公平成本都与各国的生产效率差异有关，即生产同样的商品所投入的不同劳动成本的差异，因而两国货币汇率的价值中枢应该用各自的平均收入水平与相同的一揽子商品和服务的交换比率来作为纸币交换的基准。这样计算的依据在于，货币是交换比率的计量基准，劳务与商品的交换比率构成了货币兑换比率的基础。

在这里请注意我们的计算方法与传统货币理论的区别，传统货币理论仅仅是计算两国商品的价格比率，但不管是用同一种货币还是用两种货币计算，也不管是用一种商品还是一揽子商品，都没有找到汇率确定的标准。将汇率置入交换模型中人们就可以发现，一国国民的加权平均收入与该国一揽子商品的价格比率才是本国货币与外国货币汇率比较的基础，因为它反映了两国劳动生产率的差异，以及由此带来的货币购买力的不同。其计算公式如下：

$$\frac{M_a X}{R_a} = \frac{M_b}{R_b}$$

整理后得出：$X = \dfrac{R_a M_b}{M_a R_b}$

式中 M_a 为 A 国购买一揽子商品所用的货币数量；R_a 为 A 国的人均加权收入水平，即将不同收入群体按照权重加总；M_b 为 B 国买入一揽子商品所用的货币数量；R_b 为 B 国的加权人均收入水平；X 为汇率系数。请注意，这里的一揽子商品和服务必须选取同样的样本，同样的物理单位。这个比率实际上是在不断变化的，各国需要根据每年的新数据做出调整。

如果货币互换是在一国货币与世界主要结算货币之间进行，汇率的计算，还要对结算货币加上一个权重系数。这个系数涵盖的主要内容，就是结算货币在世界贸易中的结算额与该国 GDP 的比例，比重越高，系数也就越高。比如 2019 年世界贸易总额为 39.8 万亿美元，其中 40% 以美元结算，为 15.92 万亿美元，2019 年美国的 GDP 为 21.22 万亿美元，这个系数就为 0.75。0.75 的系数体现的是美元使用范围的扩大，相当于美元的附加"效用"。至于美元作为世界储备货币的比重，涉及美元的稀缺度问题，按照我们在第八章关于"稀缺度"的定义（达到需求餍足点的数量与供给量之间的缺口），美元在布雷顿森林体系中，由于与黄金挂钩，与其他货币存在稀缺度的差异，但是在布雷顿森林体系解体后，美元不再与黄金挂钩，这种资源稀缺度就消失了。虽然目前美元占世界外汇储备的比重为 60% 左右，但其中大部分以美国国债、美国公司债的形式又回流美国，剩下的部分也大多作为结算准备金使用，如果在汇率中加入储备货币的权重，会出现重复计算的问题，所以，美元兑换其他货币只需要再加上一个 0.75 的系数就可以了。假定美国为 B 国，其他国家的货币与美元的汇率计算用下式表达：

$$\frac{M_a X}{R_a} = \frac{M_b (1 + 0.75)}{R_b}$$

如果与美元交换的货币本身也是国际结算货币，就要按照同样的计算方式加上权重系数，比如中国 2019 年的人民币跨境收付金额达到了 19.67 万亿元人民币，同年中国的 GDP 为 99.1 万亿元人民币，占比为 19.84%，这样，人民币兑美元的汇率就要加上一个 0.198 的系数。人民币兑美元的计算公式变为：

$$\frac{M_a (1 + 0.198) X}{R_a} = \frac{M_b (1 + 0.75)}{R_b}$$

也就是说，人民币兑美元存在着一个 55% 左右的"铸币税率"，一旦美元霸权地位动摇，这种"铸币税"也会随之消失。人民币兑美元就会大幅升值。

通过计算得出的兑换率可以作为汇率变动的中轴线。两国商品供求的随机性变动（受季节、周期、进出口数量等因素的影响），会使实际汇率围绕这个中轴线波动。两国可以约定，在一个结算期内，实际汇率偏离这个中轴线的幅度不能超过一定的比例，比如5%，以这个比例作为"蛇形浮动"的边界。当波动幅度超过这个边界时，双方都有义务维护这个边界不被突破，以达到保持汇率稳定的目的。我们可以定义这个汇率为"互惠汇率"，即维护这个汇率对于交换双方都有利。那种以邻为壑、损人利己的汇率政策，从长远看只能导致损人不利己的后果。

实行货币互换的国家取得汇率共识，后面的事情就变得简单了，无非是发现汇率的互惠区间，并维持这一汇率，当汇率的波动超出互惠的边界时，两国政府需要共同采取措施，将其限制在互惠的范围之内。

▶▷ 世界货币是否可行？

在现实生活中，一个国家要和许多国家建立贸易关系，如果都用货币互换的方式分别计算汇率，是一件十分烦琐的事情。因此，货币互换协议只能看成一种过渡性措施。那么，有没有可能创造一种世界性货币，既能避免一国货币作为主要结算货币的不公平，又可以避免黄金等贵金属因资源稀缺带来的难题呢？目前，人类对于世界货币的探索主要沿着三种思路展开：其一是扩大现有特别提款权（Special Drawing Right, SDR）的使用范围，逐步缩小美元作为国际结算货币的地位；其二是建立区域性的国际货币，然后逐步扩大成员国的数量，再促进各个地区货币之间的融合；其三是发展数字货币，利用数字货币的"无国界"特性来取代传统的主权货币。

许多国家（包括中国）都曾经提出过增加特别提款权作为世界主要储备货币的建议，SDR 是由 IMF 在 1969 年建立的，由一揽子货币组成，它可以作为各国的外汇储备使用，其价值要比每一种单独的货币更为稳定。但 SDR 本身具有较大的局限，首先是 SDR 的功能仅仅用于国际结算，适用范围有限，很难真正承担起世界货币的职能。其次在国际结算中，SDR 的规模也不够大，2012 年，SDR 的总储备为 2040 亿，这是一个无足轻重的数字，如果每年发行 1500 亿到 3000 亿，十年以后，SDR 倒是可以达到非黄金储备的 50%，[1] 问题在于，有谁愿意去推动这么大数量的 SDR 发行呢？美国作为 IMF 的实际控制国，并不希望 SDR 取代美元，自然没有积极性去推动 SDR 的使用范围。而其他大国更多考虑本国货币在世界贸易中的地位，对 SDR 的需求也并不那么强烈。至于小国，则"国微言轻"，没有什么话语权，即使有想法，也很难实施。

目前比较现实的途径是先建立区域性国际货币，并不断扩大其适用范围。因为有欧洲货币联盟的现实案例，我们有必要对此多花点笔墨。

欧洲货币联盟是在欧洲经济一体化的基础上实现的。1991 年 12 月，欧共体首脑会议通过并草签了《欧洲经济货币联盟》和

---

[1] Sung Jin Kang and Yung Chul Park, *The International Monetary System*, *Energy and Sustainable Development*, Routledge, New York, 2015, p. 36.

《欧洲政治联盟》，统称《欧洲联盟条约》，即《马斯特里赫特条约》，简称《马约》。《马约》于1993年11月1日正式生效，标志着欧洲货币联盟正式启动。

按照笔者对货币的理解，在信用货币时代，如果各个不同国家采用同一种货币，就意味着各国的公共服务与民众税负的交换比例也应该统一，这就不仅仅需要各国政府让渡铸币权，还要同时上交财政收支权。如果做不到这一点，至少也要保持财政政策的统一和稳定，不能在成员国财政赤字和公共债务上出现过大的差别。

在欧洲货币联盟建立之初，德国央行坚持在《马约》中加入关于主权债务的附加条件，即成员国的财政赤字占GDP的比重不能超过3%，公债占GDP的比重不能超过60%。但在1991年《马约》签署之年，意大利的公债占GDP的比重为102%、希腊为92%、比利时为128%、爱尔兰为95%、荷兰为79%。在纳入审核的1997年，只有芬兰（56%）、法国（58%）、卢森堡（7%）处于60%的限定标准之内。即使是提出这个标准的德国，在1997年时，公债占GDP的比重也达到61.3%，可以说，欧洲货币联盟的主要成员国都没有达到协议规定的标准。[①]

但是，欧洲货币联盟却设立了这样一种体制，在这个体制内，欧洲央行作为中央管理机构，负责制定统一的货币政策，但各国央行依然保留各自的财政预算主权，它们在执行欧洲央行设立的规则时，还在实施独立的税收和转移支付政策，这实际上是一个双重管理架构，在成员国之间发生利益冲突时，缺乏有效的

[①] ［德］汉斯-维尔纳·辛恩：《欧元陷阱——关于泡沫破灭、预算和信仰》，曹慧译，社会科学文献出版社2016年版，第29—30页。

调节机制。

我们知道，当一个独立的主权国家的债务负担占GDP的比重超过一定比例时，意味着该国的经济增长已经很难弥补国债的利息支出，只能通过借新债还旧债的方式维持政府运作。这时，该国的货币信用就会降低，借贷成本也会相应提高。但在欧洲货币联盟的体制内，由于实行统一的欧元利率，那些本来需要支付较高借贷成本的国家却能够以较低的利率借债。欧元启动后，大量资本由北向南，流入希腊、爱尔兰、葡萄牙、西班牙、意大利和塞浦路斯等国。在2008年国际金融危机爆发之前，这些国家均是资本进口大国。进口资本占GDP的比重逐年攀升，其中希腊、葡萄牙和塞浦路斯在次贷危机爆发前，资本输入量相当于GDP的12%，西班牙则达到了10%。[1] 这种资本流动的直接结果，就是成员国之间利差的逐步消失。欧元引入后的十年时间里，各国利率迅速趋同，最终在多数国家达到完全一致。

由于利差的缩小，缓解了那些高负债成员国的利息负担。以意大利为例，该国的国债利息支出占GDP的比重，从1985年的8.4%，上升到1995年的11.5%。在引入欧元的两年半时间内，意大利的国债利率下降了6个百分点，从而使该国在极其优惠的条件下，对债务进行延期。2000年，意大利国债利息占GDP的比重从11.5%下降到6.3%；2010年该比例下降到4.5%。[2]

利率的下降带来的直接效果是债务人的借贷成本降低，但同时也形成进一步扩大借贷的动力。受低利率诱惑，几乎所有成员国的主权债务占GDP的比重都在迅速攀升。从1995年至2013

---

[1] ［德］汉斯－维尔纳·辛恩：《欧元陷阱——关于泡沫破灭、预算和信仰》，曹慧译，社会科学文献出版社2016年版，第37页。

[2] 同上书，第46—47页。

年，欧元区国家的公债占 GDP 的比重从 72% 上升到 96%。就连德国的这一指标到 2013 年也上升至 80%。法国则从 56% 上升至 93%。低利率给欧盟带来了通胀型经济繁荣。

但当 2008 年国际金融危机来临时，那些利用低利率借了大量债务的国家一下子就暴露在危险之中。在次贷危机期间，欧盟成员国之间的利差开始扩大，希腊的十年期政府债券的利率飙升至最高点 39%，葡萄牙达到 14%，爱尔兰为 12%，西班牙为 7%。[①] 利差扩大，意味着这些欠了一屁股债的南欧国家，很可能因为偿债成本太高而出现国家债务违约，并因此而退出欧洲货币联盟，这样一来，辛辛苦苦建立起来的欧元体系就会陷于崩溃，这是欧洲货币联盟绝对不能接受的事情，迫于形势，2012 年 9 月 6 日，欧洲央行宣布实施"直接货币交易"计划，该计划承诺可以无限制地购买危机中国家的政府债券，并将潜在的损失核销登记入册。欧洲央行行长甚至称，将"不惜一切代价"安抚市场，降低各成员国政府债券的利差。与此同时，2012 年 6 月 29 日，欧盟永久救助机制的"欧元稳定机制"开始生效，欧洲央行干预的结果，使各成员国利差有所收窄。但这种利差的收窄，又使原来的问题重新出现，即那些还贷能力差的国家，又获得了以较低成本借入资金的机会。问题是，较低的借贷成本并没有解决经济增长的动力问题，原有的威胁依然存在，一旦这些国家出现债务违约，欧盟仍将面临巨大的风险敞口。

2014 年，欧洲出现了二次衰退，到 2014 年最后一个季度，产出值还低于 2008 年早期顶峰时期 2 个百分点。与此相反，美

[①] [德] 汉斯-维尔纳·辛恩：《欧元陷阱——关于泡沫破灭、预算和信仰》，曹慧译，社会科学文献出版社 2016 年版，第 42 页。

国的 GDP 则超过危机前最高点，达 9%。2014 年 12 月美国的失业率从最高点的 10% 下降到 5.6%，在欧元区失业率则为 11.4%。在有些国家失业率更高，如希腊为 26%，西班牙为 24%。年轻人失业率在欧元区达到 23%，其中有些国家甚至达到 50%。[1]

这说明，欧元作为一种区域性的国际货币，存在着先天的缺陷。由于无法让成员国让渡财政收支权，欧洲货币联盟的金融政策和财政政策无法实现统一，这导致同样的货币政策会给不同的成员国带来完全不同的效果。这为欧元区的发展留下了巨大的隐患，当遇到危机时，一些陷入主权债务危机的国家有可能将整个货币联盟拖垮，最后只有求助于无限制货币宽松这种饮鸩止渴的解救方式。

欧洲货币联盟的经验告诉我们，在世界范围内建立统一货币也会遇到同样的问题，而且问题会更加严重，由于在可以预见的未来，无法建立统一的世界政府，当然也谈不上统一的财政政策。这样一来，单一的世界货币就失去了存在的前提，即使建立也难以良好地运转，现在，只剩下数字货币这个选择的方向了，这是我们下一章所要探讨的课题。

---

[1] Paul Wallace, *The Euro Experiment*, Cambridge University Press, 2016, pp. 5–6.

第十章
改变世界的密钥

  还记得我们在前面讲到的派生货币、影子货币和共生货币的情景吗？它们的共同特征是游离于传统货币统计口径之外，金融机构可以利用它们进行监管套利，但如果管理层将这些货币形态纳入广义货币的统计范围，又面临一个技术问题，特别是对于派生货币来说，现有的监控手段很难对之进行准确的把握，因而货币的总量控制和合规管理也就只能停留在理论设想的阶段。

  根据新货币论对于货币本体功能的认知，计算出经济体实际需要的货币供给量，涉及全社会所有商品和服务的总量、所有商品的资源稀缺系数、全社会技术进步的替代率。可是在传统的数据统计中，不存在这样的统计口径。另外，一些理论上的推算，比如不同商品的价值对比，各国纸币汇率的依据，等等，如果没有全社会所有商品和服务的详细数据，以及不同国家各个阶层收入（包括隐形收入）的全样本分析，也很难准确计算出价格波动的中轴线及合理边界。

  现代金融科技 Fintech（是"Finance Technology"这两个英

语单词的合成）的出现，给上述难题提供了现实的解决路径。金融科技主要是指大数据、云计算、人工智能和区块链等高新技术在金融领域的应用，通常认为金融科技是互联网金融的升级版，可以对金融领域的深层变革起到引领作用。当然，金融科技在微观领域的应用也十分广泛，对于提高金融机构的经营效率，推动新的金融业态的产生，都具有重要的意义。但这不是本书探讨的主题，下面，我们就大数据、云计算和人工智能以及区块链技术对货币运行环境和金融宏观管理带来的变化做一个分析。

▶▷ 金融科技对货币环境的改变

以往货币当局对于货币总量的控制，通常是根据诸如 CPI、PMI、短期市场拆借利率等指标发出的信号做逆周期操作，属于被动式调节方式，也就是说，只有当问题已经出现，并且被确认"无误"的时候，管理层才会出手干预。这导致货币政策带有很大的滞后性，通常是问题被发现时，已经到了非常严重的程度。大数据、云计算和人工智能技术的出现，为精准的金融调控提供了现实的可能。

关于大数据（Big Data）的定义，目前还没有见到统一的权威解释，有些网络释义用"巨量资料"一词来代替，好像并不准确，并且有同义反复之嫌。至于网络上互相传抄的大数据四"V"特征，即大量（Volume）、高速（Velocity）、多样（Variety）、价值（Value）等，并没有揭示出大数据与传统数据的不同，这些特征应用在传统数据上也一样成立。在笔者看来，大数据与传统数据最大的区别，体现在大数据的"三全"特征上，即

"全信息""全样本"和"全互联"。其在货币领域的应用也给货币环境带来了翻天覆地的变化。

"全信息"提供的全景视角

大数据的来源不仅仅局限于文字和数字，随着计算机技术的发展，一些新型信息处理方法，如 MapReduce 和 Hadoop 等，使得一些原本无法用传统表格来排列的数据也都能够进入统计系统，大数据技术通过图像识别、语音识别、语义识别等手段，实现了非结构化数据采集，存储内容包括影像、声音、图形、文字、数据等一切可以用数码处理的信息，随着数码技术的普及，以数据形式保存的信息呈现爆炸式增长。如果说，传统数据提供给人们的是简单素描的话，大数据提供的则是全息影像。

通过大数据系统，商业银行创造派生货币的过程、影子银行创造影子货币的规模，以及互联网金融的共生货币的发生途径，都可以得到实时监控，当宏观经济数据不仅仅是数字的堆积，同时还有交易场景、交易路径、交易趋向的全方位信息来源时，对于所有的货币流的分布、各个货币资金池的"水位"变化，资金跨部门流动的数量，货币管理部门有望获得全景视角，"互联网＋""物联网＋"大数据的模式，可以帮助金融管理部门对经济发展所需要的货币的数量做准确测量，通过建立数理模型，对市场行为进行有预见性的引领。摆脱以往"盲人摸象"的信息获取方式和"缘木求鱼"的货币调节方式。

通过大数据，金融管理机构还可以了解经济整体运行状况，通过建立科学的预警系统，对经济活动实施全方位监控，当经济结构和总量发生变动，需要调整货币政策时，大数据可以第一时间提供决策依据。特别是当经济运行出现潜在危险时，大数据系统可以在危机爆发之前做出预警，推动管理部门提前防范，以保证经济体始终运行在安全、可控的范围之内。

"全样本"提供的总量分析

传统数据局限于统计手段和计算能力，只能采取抽样调查的方法，以有限的样本，推导出一般性的结论。这种方法的缺陷在于，样本抽取方式的不同，有可能会导致不同甚至完全相反的结论。由于大数据调取的是全部样本，所有被考察对象都无一例外地进入统计范围。商业银行的每一笔信贷发放、非银行金融机构的每一个套利行为、互联网金融的每一次线上交易……都可以纳入到统计数据之中。随着线上交易的普及，交易过程变得更加透明，在未来的数字货币时代，所有的交易过程都会毫无遗漏地被记录下来。当货币管理当局通过互联网的信息采集技术，了解到每一个交易流程、每一个交易的结果、每一种价格的异常波动、每一项产业要素的配置状况……对异常情况的快速反应就不是一句空话。金融监管部门可以利用大数据技术，建立数据化模型，迅速发现诸如洗钱、操纵市场、建老鼠仓、内幕交易、走私贩毒、行贿受贿、伪造钱币等违规违法行为，并对其实施精准打击。

"全互联"实现的穿透式管理

传统数据的采集，是由不同部门、不同地区以及不同层级的系统独立完成的，且数据互不联通，形成一个个"信息孤岛"和"信息断层"。而大数据统计方法，具有全联通的特性，通过大数据技术可以将这些信息孤岛串联起来，在不同地区、不同部门以及不同层级之间实现信息共享，最大限度地提升数据资源的有效利用。

我们知道，数据的价值与数据的关联性是联系在一起的，数据共享和互联互通，对原来分散的自有数据进行整合，把私有数据变为公共数据，通过数据的"穿透式"管理和信息的整合，可以将大数据的价值发挥到极致。

在货币领域的大数据应用，可以将原来按照部门、行业、地区收集的信息渠道和信息存储实施贯通，打破原有的信息沟通屏障，尤其是对于计算各地商品和劳务的价格变动以及国外的相关数据，这种互联互通的特性就显得至关重要。货币管理部门可以利用其公权力的天然优势，主动打通各个部门、各个行业和各地之间的信息通道，通过全互联来实现对经济活动的系统性和全局性的考察。

云计算对金融课题的破解

大数据技术使得金融机构获得了全样本的海量数据，但如何利用这些数据就要有一定的计算能力作为支持。即使是宏观管理部门，由于课题涉及的信息量通常十分巨大，而且涉及多个部门，即使是一个金融行业的头部机构要独立完成大数据的计算，购置全套的超算设备，既不经济也不实用。云计算使得各个不同部门的计算资源可以整合利用。所谓云计算，就是在分布式计算和并行式计算基础上实现的网络计算，它通过互联网提供各类硬件、软件、存储、平台和基础架构服务。将计算谓之"云"，只是网络上一种比喻性的说法，是指通过互联网，将支持各类计算的软硬件资源连接起来而形成的系统。

云计算借助网络提供按需、可动态调控的计算服务，把服务器硬件以共享的方式进行再分配，以统一界面为用户提供接入窗口，经过整合和优化，实现对计算资源的有效利用。金融管理部门以及各大金融机构可以借助云计算，在短时间内聚集大量算力，实现高强度计算和大容量存储。实现金融管理和金融决策的大数据处理并助力金融领域重大课题的研究。

金融管理对云计算有天然的依赖性。金融云计算具备快速交付、高扩展、低成本（运行与维护）等特性，能够充分满足金融机构对信息健全、依法合规、数据隔离的要求，为金融管理部门提供快速反应的技术保障。云计算在金融管理上的大规模应用目前应该还只是尝试阶段，但在未来却有着极为广阔的发展前景。

人工智能提供的科学决策工具

金融科技的另一个重要内容是人工智能，目前的应用主要体现在"智能投顾"的形式上，所谓智能投顾，即利用人工智能技术提供自动化的金融服务。那么，与传统的金融投资相比，智能投顾的优势体现在哪里呢？从目前的情况看，可以概括为"二低一高"，即低门槛、低费率和高透明度。传统的金融理财的进入门槛都非常高，服务对象一般为高净值人士，在美国通常要求客户拥有可投资净额在10万美元以上；而智能投顾的平台门槛要低很多，大多数在500—1000美元，有些理财平台的门槛甚至为零。至于收费标准，传统理财机构的收费项目不仅多，而且费率很高，如交易费、充值提现费、投资组合调整费、隐藏费用、零散费用、咨询费等，平均为1%，有的甚至达到3%。相比之下，智能投顾的费率则低很多。以财富在线为例，其管理费仅为投入资金的0.26%。Batterment则按照客户投入资金的数额来收取不同的费率，低于1万美元的费率为0.35%，1万到10万美元的为0.25%，10万美元以上的则为0.15%。高透明度是指智能投顾的投资组合、收益率和波动率以及回撤的控制范围都一目了然，智能投顾平台从一开始就将投资的风险等级、操作策略、收益目标和交易标的全部展现出来，投资者可以借助手机 APP 随时查看资产收益状况，这种透明化的操作流程，增加了投资者的安全感和信任度。

  中国的智能投顾起步稍晚，2014 年至 2016 年，弥财、理财魔方、财鲸、蓝海财富、拿铁财经等中国智能投顾平台先后诞生。随后各种互联网平台也闻风而动，纷纷进入智能投顾市场，传统金融机构在经过短暂的观望之后，也迅速跟进，大有后来居上的势头。2019 年 8 月公布的智能投顾平台排行榜，蚂蚁金服下属的蚂蚁聚宝排在第一位，紧随其后的是中国银行的中银慧投，排在第三位的是招商银行的摩羯智投，排在第四位的是蓝海财富的蓝海智投，排在第五位的是中国工商银行的 AI 投。[①]

  金融领域的智能化是大势所趋，全球智能投顾的发展速度十分惊人，2016 年为 770 亿美元，2019 年已经达到 10790 亿美元，预计 2020 年将达到 15970 亿美元。[②] 据韭菜财经答案数据预测，中国 2020 年的智能投顾平台的资产规模将达到 3.22 万亿元人民币。[③] 智能投顾的低成本和高收益优势，可能是继互联网金融之后，一个新的金融业态，它会像影子银行和第三方支付平台那样形成巨大的资金池和货币循环通道。根据"资管新规"，开展智能投顾虽然需要资质认定，但因为其属于银行的表外资管业务，不列入银行的资产负债表内，从而不计入 M_2 的统计范围，这样一来，当智能投顾发展到一定规模时，在影子银行和互联网金融上出现的问题，就有可能再次上演。这是需要管理层做预先防范的。

---

① 2019 年《互联网周刊》&eNet 研究院排行公示。
② 西南证券：《全球智能投顾市场规模及预测》，搜狐财经，2019 年 11 月 7 日。
③ 金评媒：《2019 年投顾排行榜：行业变天，合规才是王道》，腾讯新闻，2019 年 1 月 24 日。

从更积极的意义上讲，人工智能给金融监管提供了一种新的模式，即通过自动化程序，人工智能可以对资金流向、资源配置、行业景气度……完成实时监控、应急反应、自动调节等一系列操作。由于不受管理者个人利益和主观判断的影响，且可以全天候运行，因而具有低成本、高效能的特征。特别是诸如经济体运行和货币供给数量的关系；资本、利率、商品、汇率等价格波动的合理范围和干预边界；货币政策实施节点的选择……人工智能都具有广阔的应用前景，从某种意义上讲，在应用人工智能之后，金融管理才有可能摆脱人为因素的干扰，向真正的科学决策转变。

归纳起来说，大数据、云计算、人工智能对于传统金融的影响大多是功能性的，它们将改变传统金融的运行方式和管理方式以及决策方式，使得货币的流动性效率更高、成本更低、服务也更为全面和精准，但真正对传统金融具有颠覆意义的金融科技，是数字货币的底层技术——区块链。

▶▷ 颠覆世界的那条"链子"

前面提到的金融科技，虽然理论上可以提高金融管理和金融服务的运行效率，但有一个问题依然没有得到解决，即在传统的信用货币体系内，由于货币无法加密，整个货币的衍生规模很难准确把握。此外，在当前的货币发行体制下，对于货币当局发行基础货币的数量，也没有合理的监督和约束机制。这样一来，建立一种可以追溯并且完全公开的货币，就成为一种新的追求。

在互联网金融的框架内，人们曾经做出了许多尝试，以解决互联网金融的隐私性、安全性和包容性问题，但由于没有建立信用机制，无论怎样设计互联网的基础流程，都无法从根本上取得突破，直到加密货币的出现。

加密货币与传统货币的不同之处在于，它们是一种点对点的协议，以分布式计算为基础，在脱离第三方中介的情况下，可以安全地完成信息和财物的转移。在区块链的交易流程中，其特有的共识机制可以确保每一次记录的有效性，防止任何篡改数据的行为。区块链上的共识机制主要包括工作量证明、权益证明和授权证明。其技术特征可以概括为以下几点：

其一，不可篡改性。其交易数据记录在所有的联网计算机终端，每10分钟内，所有的交易将会被确认和清算，并储存在一个首尾相连的区块结构上，每一个区块都必须对此前区块进行确认，从而为所有的交易记录加盖永久性的时间戳。这个记录是唯一的，并且得到全网所有节点的共同确认，因而无法篡改也无法窃取。这样一种共识机制更广泛的意义在于，它可以记录用数字定义的任何其他资产，以保证交易和存储的公正性和有效性。当分布式账本的节点A将一个数据链发给节点B时，所有的节点都会一起确认并验证交易的真实性，形成新的公共总账，全网同步更新。这种分布式账本无需对账，如果要篡改一个记录，必须要有超过全网51%以上的算力才能实现，这在理论上是不可能发生的。不可篡改性的意义非常重大，当一个社会以数字货币作为本位货币，且不准使用派生货币（因为数字货币没有资源约束，可以根据社会需要发行适当的数量，计算公式我们在本书最后一章讨论），那么，商业银行发行派生货币的行为就会受到约束。而且它的可追溯性会对影子货币和共生货币进行追踪，从而使货币流动性成为可控变量。

其二，去中介化。区块链采用了高强度的公钥和私钥的加密算法，被称之为非对称加密方式，以保证交易的安全性。这种技术存在两个密钥，一个是公开密钥（简称公钥），另一个是私有密钥（简称私钥），公钥和私钥是配对的，在加密时，如果用公钥对数据加密，只有用私钥才能解密；如果用私钥对数据加密，只有公钥才能解密。这种非对称加密技术可以用于用户的身份验证，使交易者不需要任何第三方中介机构就可以完成这一验证过程，创造了有史以来第一个可以独立运行且不需要中介机构监管的数据库。

去中介化的特性对于建立新的世界货币体系具有不可估量的作用。我们知道，目前美元作为主要的国际储备货币，是通过环球同业银行金融电信协会（SWIFT）这一国际货币清算系统进行结算的，该组织成立于1973年5月，由北美和西欧15个国家的239家银行组建而成，总部设在比利时，目前已经遍布全球206个国家和地区，成员有8000多个金融机构。SWIFT的电文格式，已经成为国际银行间数据交换的标准语言，这里面用于区分各家银行的代码，就是"SWIFT Code"，各国银行利用"SWIFT Code"将款项汇入指定的银行。目前绝大部分国际贸易和国际金融的结算业务都要通过这个系统提供的平台和渠道来完成。由于该机构实际被美国掌控，它在为国际货币结算提供便利的同时，也为美国实行单边制裁提供了方便。比如，当美国要对伊朗的石油出口实行限制时，只要在SWIFT系统中禁止对伊朗的石油交易结算，就会使伊朗的国际贸易陷入困境。这样一种国际货币结算体制，为美国实行霸权政策提供了可能，也给国际贸易体系带来了巨大的不确定性。数字货币的去中介化特征，可以使国与国之间的贸易采取点对点的结算方式，从而绕开美国SWIFT系统建立的货币霸权，这意味着一个全新的世界货币体系的建立。

其三，公开透明。传统的复式会计记账法存在很多问题，一是过于复杂，非专业人士很难看懂；二是数据容易被篡改和操纵。而区块链的分布式记账方式使任何信息都是公开的，任何人在任何时候都可以查看区块链上的信息。作为不可篡改的资金流向账本，区块链技术使交易行为具有更多的可追溯性，一个捐献者可以在移动终端上跟踪每一笔捐款的走向，一个纳税人可以看到赋税的实际用途。这种公开透明的交易过程可以避免暗箱操作，如果用于央行数字货币的发行，可以对货币发行数量进行监测，从而形成理性预期。由于区块链本身就是一个不停进行审计和验证的公共账本，人们不再需要会计师事务所提供的审计报告，也无须担心交易对象是否诚信，因为账本的记录方式决定了它的真实性和可靠性。此外，这种公开透明性也使央行的货币发行数量成为一个公开的程序，并置于公众的监督之下。现在最不透明的货币发行机制，其实是美联储对美元的发行，没有人能够说清楚美国究竟发行了多少美元，也说不清楚有多少美元的派生物在全世界流通，这种现象真的应该结束了。

其四，高效性。区块链技术由于是共享的分布式账本，交易结算可以即时完成，而在传统金融体系中，所有的交易都有不同的时延和结算周期。比特币网络平台平均只要十分钟就可以完成该时段内发生的所有交易和结算，而比特币闪电网络则可以将结算和清算的时间降低到1秒以内。由于取消了中介机构，大幅减少了中间费用，因为是点对点的交易，甚至连网络都无须依赖，两部移动终端就可以完成支付和结算等一系列交易活动。以跨境支付为例，传统的法定货币跨境支付有7%—8%的通道费用，成本高昂，而建立在区块链基础上的数字货币通道费用几乎为零，这种成本优势是传统金融体系完全无法抵挡的。

市面上有一种流传颇广的说法，认为区块链技术的最大意义在于"去中心化"，即货币发行可以由竞争性的私人机构来完成。在笔者看来，这中间可能存在误解，区块链技术本质上是一种分布式记账的方式，用户之间虽然可以在没有中介机构介入的前提下完成点对点的交易，但是，数字货币的发行数量和发行方式却必须有一个中心制定规则，其作用是无法用别的方式替代的。从这个意义上讲，对数字货币的"去中心化"描述其实并不不准确。如果将数字货币的主要特征归结为"去中介化"，也许更为合适。在货币制度内，"中心"与"中介"还是有严格区别的。货币发行之所以无法实现"去中心化"，是因为货币作为交换比率的计量基准，涉及所有交易当事人的利益，本质上是一种公共产品，因而必须保持计量标准的稳定性和公正性，也就是说，货币发行者要承担特定的公共管理职能。如果将货币发行交给竞争性的私人机构，则很难保证货币发行数量的适度控制，也无法保证货币作为交换比率计量基准的稳定性，很有可能使货币的公共属性丧失。历史上的经验（我们在第二章列举的中国汉朝的"放民私铸"实验）也不支持去中心化的主张。

即使从技术层面上说，"去中心化"也不是数字货币实现的必要和充分条件，区块链技术的不可复制性、可追溯性和公开性并不会因为被中央银行利用而消失，也不会因为这种利用而发生功能上的变化。也就是说，在有中心的情况下，数字货币依然可以正常发挥作用。

加密数字货币仅仅是区块链技术的第一个应用层级，第二个应用层级是"智能合约"，宏观金融管理的一个重大课题就是如何避免大面积的债务违约问题，几乎所有的经济危机都是债务危机，而基于区块链的智能合约可以很好地解决合约的履行问题。由交易当事人签订的智能合约，将合同条款嵌入执行程序的硬件和软件，当合约符合双方约定的条件时，合约自动执行。通过这样的方式可以使逃避履约责任的事件降到最低限度。如果交易双方中有一方没有履行协议的合同条款，执行程序就不会启动，从而使遵守协议的一方的权益得到保护。这个过程无需中介机构的加入即可完成。通过一系列合约模板制定的条款，可以降低债务违约的概率。

▶▷ 如何为数字货币赋值？

目前市面上流行的各种数字货币，从比特币、以太坊到瑞波币等，都有一个重要的问题没有解决，就是数字货币的信用背书问题。由于这些数字货币都由私人机构发行，既无法像法定纸币那样由政府债务背书，也无法像金属货币时期的钱庄和银行那样为庄票（或银行券）和银票做出兑换承诺。数字货币仅仅是一串加密字符，由于缺乏价值锚定，在交易市场的价格波动如同过山车一般，这样不稳定的市场表现，很难作为"交换比率的计量基准"而发挥货币的本体功能。

为了避免数字货币的信用缺失问题，很多由各国政府推出的数字货币都采取了一些特殊的赋值方式，比如，2018年1月31日，委内瑞拉政府发布石油币白皮书，宣布将出售该国自行开发的数字加密货币"石油币"，发行数量为1亿枚。与比特币不同，每枚委内瑞拉的石油币都有一桶原油作为实物抵押。它是第一个由主权国家发行的加密数字货币，其价值锚定物是石油。

其他国家的数字货币，大多以现有法定货币作为信用背书，比如美国纽约州金融服务部（NYDFS）在2018年9月10日同时批准了两种基于以太坊发行的稳定币，分别是Gemini公司发行的稳定币Gemini Dollar，以及Paxos公司发行的稳定币Paxos Standard，其中每个稳定币都有1美元的支撑，即通过锚定美元来获得数字货币的价值内涵。

2019年6月，Facebook发布有关数字货币的白皮书，准备发行一种被称为Libra（又称"天秤币"）的稳定币。Libra协会的初始会员共有28家，未来计划达到100家。初始成员覆盖支付、电商、TMT、电信等多个行业的巨头。其定价机制与SDR相同，即与一揽子主权货币挂钩。虽然业界都认为这是一次货币非国家化的尝试，但其锚定的依然是国家货币，在这一篮子货币中，美元占50%，剩余部分散列在欧元、日元、英镑和新加坡元上，占比分别为8%、14%、11%和7%。虽然这种赋值方式与各国主权货币挂钩，但是Libra一旦成为本位货币，将对各国主权货币提出挑战。

对于享有全球铸币税的美国来说，当私人机构发行的货币有可能对美元霸权形成威胁时，自然不能等闲视之，美国议会在2019年下半年连续两次举行听证会。那帮议员想弄清楚的唯一问题就是，Libra与美元究竟是什么关系。听证会的结果是，

Facebook必须终止Libra的所有推广活动，这样一来，Libra几乎是在还没有出生时就被扼杀在摇篮里了。从Libra的经验可以看出，即使用法定货币赋值，由于威胁到主权货币的地位，依然无法被现行国家体制所接受。

中国的央行于2017年成立数字货币研究所，2018年9月该研究所与南京市人民政府共建南京金融科技研究创新中心，并在深圳设立全资子公司——深圳金融科技有限公司。据央行行长易刚2020年5月接受媒体采访时透露，央行数字货币项目（DCEP）将先行在深圳、苏州、雄安、成都及未来的冬奥场馆进行试点测试。这表明，中国央行的数字货币准备工作基本就绪，即将发行的数字货币，则是与现行法定货币保持一比一的兑换比率。

央行主导的数字货币如果和原有法定货币形成锚定关系，势必形成两种本位货币的重叠，这只能被看成是一种过渡措施，因为从结构上说，双重本位货币的叠加，相当于实行一种复本位制，特别是这次由中国央行发行的数字货币，主要定位于M_0，不计付利息，不能兑换黄金和外币，两种法定本位货币出现如此大的差异，这几乎可以肯定会出现一种货币驱逐另一种货币的情况（就像金银复本位制的结果一样），从个人愿景来说，笔者当然是希望数字货币可以取代信用纸币。但这里面有一个前提，即数字货币必须独立赋值，不能锚定在法定纸币上。

那么，是否可以用黄金或石油这些传统的锚定物来为数字货币赋值呢？好像也不行，因为黄金存在资源稀缺性，数量有限，且开采成本日益提高，其体量已经不足以支撑本位货币所要求的最低限度规模，金本位制垮台从根本上说就是这个原因。而石油的使用已经过了巅峰期，由于日益加强的环保标准和新能源的逐步替代，石油消费将呈现下降趋势，已经不适合作为未来社会的价值锚定物。

这就需要寻找价值锚定的替代，首先，这种锚定物的体量必须足够大，使用上也需要具有广泛性，且价值稳定、计量精准，并且不存在资源稀缺问题。经过全面考察，一个新的价值锚定物进入笔者的视野，这就是电力。通过比较我们发现，电力作为数字货币的价值锚定物有许多无法替代的优势：

其一，电力在世界范围内的使用是最为广泛的，不仅为所有的制造业和服务业提供动力，民众的日常生活也与电力须臾不可分离。就电力的消费场景来说，已经渗透进人类生活的方方面面，成为现代社会最主要的动力来源，未来随着电动汽车、智能家居、物联网、新一代通信技术的普及，这个趋势会更加明显。

其二，电力会随着经济发展而日益增长，新能源发电的成本会随着技术进步而不断降低，不会出现黄金和石油随开采出现的资源短缺和成本高昂的问题。

其三，电力的计量标准全世界统一，且没有"杂质"，如果用贵金属的术语来说，就是"纯度"极高，检验方式也十分简单，用电表测量就可以，计量单位甚至可以精确到小数点后几位数。

其四，作为价值锚定物，以往的黄金、白银、石油等，本身的价值都不稳定，价格大起大落。电力应该是当今世界价值最稳定的标的，没有之一。作为货币赋值的锚定物，具有独特的优势。

至于赋值的方式，可以借用比特币"工作量证明"的算法，只需要做出方向上的调整。首先，将比特币挖矿的算力比拼变成实际发电成本的竞争；其次，改变高耗电的挖矿方式，将工作量证明从消耗能源的模式转变为能源供给的模式。

既然央行每年都要根据经济增长情况投放基础货币，并且每年都要为新能源给予补贴，为什么不可以考虑将新能源的分布式发电系统与新的数字货币的投放联系在一起呢？通过这种机制的对接，建立一个"新能源币"的平台，每一个分布式发电的节点，都相当于一台"矿机"，只不过"电力币"的发放依据不再是比特币的"工作量"证明，而是新能源的发电量证明。这种记账方法对于光伏发电、风力发电、潮汐发电等新能源都普遍适用，要保证每一个分布式账簿发电量记录与全网统一的发电量记录保持一致也不是什么难事。将政府对新能源的价格补贴，直接以数字货币增发的方式在新能源提供者中间按照发电量分配。这样既可以避免传统补贴方式手续烦琐、时间延迟等弊端，同时也可以使新能源产业的发展获得助力。

当每年的货币增发数量既定时，投资者就会在补贴率和分布式发电设备的成本之间做一个预期。如果新能源发电设备过多，摊到每一度电的补贴量就会减少；当补贴量与上网电价之和不能覆盖成本时，投资新能源的数量就会减少，反之，就会增加。这样一来，数字货币的增发与新能源的增加联系在一起，还可以对货币供给量起到自动调节的作用。同时，这种货币增发的方式，也会促进新能源设备效率的提高，因为只有效率高的新能源发电设备才有可能获得更高的收入。

这种数字货币的发行方式特别适合央行数字货币的试点推广，而且可以被不同的主权国家所接受，成为国际上通行的支付手段。一旦电力作为各国货币的共同价值锚定物，不同国家的货币就会建立稳定的兑换比率。一方面，可以避免以一国货币作为主要储备货币的特里芬难题；另一方面，可以避免因汇率大幅波动带来的风险，因为不需要中介机构的转手，也没有兑换的费用，国际贸易因此变得低廉而高效，另一种形式的世界货币就自然而然地产生了。这里，不需要建立统一的世界政府，也不需要统一世界各国的财政状况，各国只要规定本国货币的法定"含电量"，就可以找到各国数字货币的兑换标准。当全世界都用统一的"电力币"进行国际贸易时，自然也就不存在利用汇率作为攻击手段的货币战争。

从可操作性上说，以电力作为价值锚定物的数字货币已经完成了足够的技术储备。2017年年底，南京南瑞国盾量子技术有限公司开发出国内首台电力专用量子加密一体机，为电力业务数据传输提供端到接收端的量子级信息安全提供保障，此后，又陆续形成电子加密卡、量子VPN、量子加密机等一批核心装备。这使得"电力币"的发行具有了技术上的保障。

总之，进入大数据、云计算、人工智能和区块链的时代，人类有可能第一次将货币这种记账单位所要求的准确性、公平性和可信任度发挥到一个新的水平，并且提供了对货币发行和流通进行科学管理的可能。这个时代的到来虽然还有待时日，但作为努力的方向，依然十分值得期待，特别是对于经济政策的制定者来说，是否主动地顺应这一潮流，关乎一个国家未来的命运。

第十一章
将货币装进"笼子"

对货币的宏观管理一直是令各国政府头痛的事情,放任自流肯定不行,不仅麻烦不断,而且通常都是大麻烦。可管制货币又会带来新的问题,比如影响资源配置的合理性和经济运行的效率,等等。这种一管就死、一放就乱的局面,似乎是所有货币管理当局共同面对的难题。

目前流行的各种宏观调控模式,已经形成了一个固定的套路,即更多地依赖货币供给和利率调节对经济活动进行逆周期干预。这种政策取向的单一性主要是由于,各国政府目前普遍债台高筑,财政政策已经没有太大的回旋余地,同时政府扩大财政支出,必须通过发行增量货币的方式进行融资。也就是说,按照目前的治理模式,即使是财政政策,其实施的基础依然是货币政策。那么,政府宏观调控所要追求的目标究竟是什么?货币管理应该采取什么模式?这种管理模式的依据究竟是什么?这些问题的回答需要我们重新梳理对货币政策的逻辑和思路。下面,笔者尝试从新货币论的角度来做一个探讨,即如何在保证货币发挥本体功能的同时，又能避免对经济生活带来负面影响。

▶▷ 刻舟求剑的误区

信用货币时代的货币管理体制大致是这样设计的，设立一个中央银行作为货币管理当局，负责本位货币的发行，并以最终贷款人的身份，管理货币的流通和结算事务。通过再贴现率、存款准备金率和公开市场操作，调节市场上的资金供求。作为货币债务式发行的制度配套，央行还要代理政府收支和负责国债的发行与偿付，并根据国际收支情况调整本国货币与外国货币的兑换比率。这套制度设计的理论假设是，只要央行调节基础货币的供给量，就可以完成对经济体内总的流动性控制。笔者前文在对派生货币进行分析时，对这个假设存有疑问。

目前西方发达国家对货币总量的管理只是在两种思路之间反复摇摆，一种是以货币主义为代表的自由放任思路，央行只负责控制基础货币的供给量，其他的事情交由市场解决。另一种是以凯恩斯主义为代表的逆周期操作思路，即在经济繁荣期采取货币紧缩政策，提高利率水平，回收市场流动性；在经济衰退期则实施量化宽松的货币政策，降低利率，增加基础货币投放。那么，这两种政策思路的实施效果如何呢？我们先看一下货币主义的实验。

20世纪70年代末到80年代初，美国政府试行货币主义的政策主张，企图通过控制基础货币供应量的方式来管理宏观经济。1979年10月6日，美联储宣布，将直接参照M_1的目标来操作货币政策（1980年以后是M_1-B），并减少其他变量如联邦基金利率的权重，联邦公开市场操作委员会（FOMC）不再决定短期利率水平，改为由市场力量来决定。就在政策宣布的当天上午，联邦基金利率上升了 3.75%，股票市场出现了 6 年来最大幅度的下跌，并且使 M_1 在一年里都停留在目标区的顶部。到 1980 年第一季度，联邦基金利率攀升到接近 20% 的高度，但实际经济状况并没有什么变化。在实行货币主义试验的第一个年头，美联储的货币供给增长仅仅超过目标位不到 1 个百分点，但货币市场上的利率变化和反复无常却是前所未见的。到 1981 年，沃尔克（Volcker，当时的美联储主席）为抑制通胀，继续推行从紧的货币政策，5 月，FOMC 提高贴现率和附加费用 1 个百分点，导致联邦基金利率比 1980 年升得更高，也更为多变。并且演变成经济的二次衰退，其下行的幅度甚至超过了 1975 年。M_1 增长率开始反复升高。为使 M_1 下降，美联储采取了一系列措施，以致在年终时，M_1 虽略微低于目标值，但却伴随着不可预见和反复无常的价格高位波动。同时美元汇率在国际市场上升了 27%。到 1982 年，紧缩的货币政策使美国陷入衰退，产出下降了 1.5%，1982 年的实际 GNP 甚至低于 3 年以前；失业率达到 10.8%。这一系列失败的表现，促使 FOMC 在 1982 年 7 月宣布放弃将 $M_1 - B$ 作为政策目标。[①] 1983 年以后，美国的经济政策逐步从货币主义的影响中解脱出来，特别是 1985 年以后，经济政策再度回归实用主义。

几乎是在同一个时期，英国也开始了货币主义的实验。不过，英国的情况似乎还不如美国。在实行货币主义实验的第一个

---

① Lars Tvede, *Business Cycles: History, Theory and Investment Reality*, NJ: John Wiley & Sons, Ltd., 2006, pp. 176 – 194.

年头（1980—1981年），英国财政部甚至无法实现它们的广义货币 M_3 的控制目标。由于不得不以更高的利率借款，导致财政出现了更大的赤字。从紧的货币政策加重了经济衰退和失业，英国制造业的就业人数从1979年的700万下降到1980年的600万，而通货膨胀率比1979年还翻了一倍，达到22%。货币收紧还带来了英镑在国际市场上的大幅升值，英国在石油上的自给自足，使英国享受不到英镑升值带来的任何好处，反而给英国经济带来更大的困扰。1981年7%—11%的货币控制目标倒是实现了，但名义GNP比上一年下降了0.25个百分点，经济的各个方面都乏善可陈。此后政府的政策开始调整。到1983年以后，货币主义的实验被彻底放弃。[1]

货币主义实验唯一没有出大问题的是德国，但仔细审视德国的实验就会发现，德国的所谓货币主义实验是一个各种政策主张的混合物，只有温和、渐进的货币目标具备货币主义的内容，其他方面则与货币主义根本搭不上关系。[2]

货币主义的实验最终以失败告终，但究竟失败在何处，至今依然是一个谜。实际上，货币主义通过控制货币存量目标来控制货币供给量的方式，是建立在我们前面提到的那个假设之上，即央行的基础货币投放是货币供给的唯一来源。而事实上，当商业银行可以发行派生货币时，传统的货币乘数已经不能涵盖总的货币供给量；当商业银行和其他非银行金融机构发行的影子货币以及共生货币达到一定规模时，会因为"期限错配"而出现周期性

---

[1] Oliver, Michael J., *Whatever Happened to Monetarism?*: *A Review of British Exchange Rate Policy in the 1980s*, Aldershot, Hants, England; Brookfield, Vt, USA: Ashgate, 1997, pp. 65 – 87.

[2] Lars Trede, *Business Cycles*: *History, Theory and Investment Reality*, NJ: John Wiley & Sons, Ltd., 2006, pp. 104 – 109.

资金紧张，特别是在存款准备金率的结算期，短期拆借利率会出现飙升，这也可以解释为什么美国采取固定基础货币投放的做法，会导致利率的大幅波动。这意味着，企图通过控制基础货币的发行来控制货币流通数量，属于用刻舟求剑的方式来解决货币供给问题，货币主义实验最终走向失败，也就在情理之中了。

凯恩斯主义的逆周期调节方式的情况比较复杂，需要做具体分析。从20世纪80年代开始，通过公开市场操作影响基础利率从而影响货币供给量的变化，成为各国央行宏观调控的主要模式。这种调控模式基于如下假设：投资的供求受利率水平的影响，当利率降低时，投资收益会相对提升，从而引起投资的增加；当利率升高时，使投资收益相应降低，并引起投资的减少。

这个假设的误区在于，假定投资的供求主要受利率水平和投资收益差额的影响，而事实却是，投资需求是由利率水平与预期收益率之间差额所决定的。由于预期收益率存在不确定性，经常会发生剧烈的变化，所以，单纯调整利率的做法并不能有效决定资金供求。此外，这个假设还忽略了一个最重要的前提，经济体内各个部门之间的预期收益率经常是不平衡的，而且这种不平衡还会随着时间的推移而发生变化，量化宽松的货币政策属于总量调节，不加区别地提高或降低利率，由于预期收益率不同，对于各个部门也会造成完全不同的影响。在很多情况下，一刀切的货币政策甚至会加剧部门间的不平衡状态，导致要素的跨部门转移。

前面我们曾经分析过，由于各个部门的预期利率差不同，当这种差额达到一定程度时，在统一的利率水平下，就不可避免地会引起生产要素的无序流动，在某些部门形成过剩产能和债务积累,而另一些部门却资金供给不足。通常,新增货币最先流入的领域,往往是那些对利率变动敏感的部门,如房地产、股市和金融衍生品市场。而新兴工业领域对利差不敏感,中小企业无法提供资产抵押,因而大水漫灌式的货币宽松政策会造成资源配置的扭曲。如果政府的货币政策不事先设置"门槛"的话,货币流入"低技术洼地"就是一个必然要发生的事情。

问题在于,当投机性需求形成新的部门投资过热时,仅靠加息和紧缩银根无法遏制资产价格的迅速膨胀,因为对于投机性的暴利而言,加息所增加的那点成本根本无法构成对投机冲动的遏制。

这就是为什么从 2006 年开始,中国政府一路加息和提高存款准备金,却没有抑制住楼市和股市泡沫的产生,即使政府成倍地提高证券交易印花税,并在大宗商品市场抛出国储铜,仍然抑制不住投机的狂潮。反倒是实体经济在这轮宏观调控中饱受打击,东南沿海地区大量中小企业停产倒闭,出口锐减,2000 万农民工返乡。反周期措施没有抑制住投机性炒作,却给实体经济带来了巨大的损害。一旦政府为防止经济衰退推出宽松的货币政策时,房产投机就会再度高涨,2009 年中国楼市价格迅速超过了 2007 年的水平,再创历史新高。当房价再一次涨势过猛,政府又忍不住用极端手段去遏制投机风潮时(比如"降杠杆""去产能"),又成为下一轮市场崩溃的导火索(比如股市暴跌)。也就是说,企图以统一的货币政策来调节部门交换比率的失衡,可能在一开始就找错了方向。

美国的情况也大体类似,20 世纪末,随着互联网泡沫的破裂,美国经济出现衰退的迹象,为了刺激发展缓慢的经济,美联储推出了低利率政策。这个政策对于刺激整体经济，特别是刺激新兴经济的发展，作用十分有限，但对于正处在向低收入群体普及的房地产业来说，无疑是打了一剂强心针。商业银行向低收入群体发放房产贷款，再通过影子银行系统，将这些贷款项目按照信用和收益分层打造成 3A 评级的投资标的，商业银行在卖出这些贷款项目之后，又获得了新的资金，可以重复制造新的住房抵押贷款债券。由于住房抵押贷款被设计成自我增值的模式，即借贷者可以将房价上涨的部分向银行做再抵押，从而造成各类资金源源不断地流入房地产业，触动了房地产价格的自我强化机制，即买入的房地产项目越多，价格越涨；价格越上涨，吸引的资金越多。

我们看到，低利率政策并没有给整体经济带来全面提升，而只是加剧了房地产泡沫现象。当管理层发现房地产价格失控，企图通过提高利率来遏制投机狂潮时，实际上是将自己吹起的泡沫直接捅破。房产价格的下降和借贷成本提高，使得金融机构的套利空间瞬间消失，市场流动性迅速冻结，随着投机资金的夺路而逃，各种资产价格一路狂泄，整个市场哀鸿遍野、一片狼藉。这种状况迫使美联储不得不多次启动量化宽松的货币政策以缓解危机的破坏程度。从 2007 年 9 月开始，美联储分 10 次调低联邦基金利率到 0—0.25 的目标区间。2008 年 11 月 25 日，美联储宣布购买 1000 亿美元的房地美、房利美、联邦住宅贷款银行等政府支持企业所发行的债券，以及 5000 亿美元由房地美、房利美、吉利美担保的抵押贷款支持证券。由于初期的政策效果不明显，美联储又在此基础上连续推出了数轮量化宽松的货币政策，导致美联储的资产负债表迅速膨胀，最高时达到 4.5 万亿美元。2020

年，同样的一幕又再次上演，受新冠肺炎疫情冲击，美国经济再次进入衰退，美联储实施零利率政策和无限购买资产计划，资产负债表膨胀到 7 万亿美元的创纪录水平，大量的流动性并没有进入实体经济，而是在股市和金融衍生品市场做套利交易。

近年来，各国中央银行进行货币管理的手段虽然有了进一步的改进，比如增加了定向性、结构性的工具，提出了"利率走廊"的管理目标，并且给货币政策设立了预期管理的内容；中国央行则开启了常备借贷便利（SLF，期限为 1—3 月）、中期借贷便利（MLF，一般期限为 3 个月）、短期流动性调节（SLO，7 天期短期回购）逆回购、抵押补充贷款（PSL，利率低于同期市场利率）、贷款基础利率（LPR，对最优质客户的贷款利率）等，但这些措施并没有解决传统货币发行体制的症结，反而引起总体债务规模的不断积累。

从新货币论的角度来看，经济危机主要是源于三个层面的交换比例失衡：一是经济发展与货币发行数量之间的不平衡；二是各个经济部门之间交换比率的不平衡；三是不同社会群体之间收入水平的不平衡。传统的货币政策实施效果之所以差强人意，是因为实行的是不加区别的总量调节模式，没有对这三种不平衡提出有针对性的解决方案。下面，笔者尝试从数量管理、价格管理以及流向管理这三个方面来寻找新的解决路径。

▶▷ 印多少才合适？

一谈到货币的总量控制，就用得上我们对于货币本体功能的认知了。货币既然是交换比率的计量基准，货币供给量与经济增长之间就肯定存在着一定的比例关系，也就是说，随着经济的发展（包括可交易金融资产和衍生品规模的扩张），流通中所需要的货币单位也会相应增加，用发行债务的方式发行货币，并且通过金融机构发行代用货币（派生货币、影子货币和共生货币）放大流动性规模，会带来债务的急剧膨胀，并产生一个制度悖论：不管债务是否得到偿还，最终都会产生周期性的货币短缺，因为随着经济总量的增加，流通中需要的货币数量也在增加，如果所有的债务都到期偿还，就会产生流动性不足；如果出现大面积的债务违约，派生货币将出现湮灭式收缩，也会导致同样的结果。这样一来，就出现了一个十分奇怪的现象，尽管货币当局发行了大量的货币，但总是会不定期地出现流动性短缺，表现为同业拆借利率间歇性飙升，货币当局不得不发行越来越多的中短期借贷便利，以缓解资金紧张的局面，但这样做的结果只能使央行逐步失去对货币总量的控制，被金融机构创造的代用货币所绑架。然而，在现有的货币债务式发行制度和宏观调控模式下，这个悖论却是无解的。

数字加密货币的不可复制、不可篡改、不可伪造的特性，为我们建立一种全新的货币发行制度提供了可能。央行可以利用数字货币的加密特性发行非债货币，这部分货币不与债务挂钩，而是同经济增长规模挂钩，并用电力作为价值锚定（见第十章第三节的内容）。所谓总量控制，就是如何保持商品交换过程中的最佳货币数量。根据以往的经验，流通中的货币数量不足，会引起利率升高，对经济增长起到阻滞作用；但如果货币发行量过多，又会引发恶性通货膨胀，对经济发展形成破坏作用。

也就是说，货币政策所要解决的首要问题，是经济增长速度和货币供给增量之间的关系。假定各个产业部门不存在交换比例失衡的现象，那么，经济增长率就是自然增长率和技术增长率的叠加。其对货币的需求就是一个可以确定的数量，这个数量对于未来央行的数字货币的发行具有参照意义。实际的发行数量超过或低于这个数额，对经济发展都有可能带来负面影响。

根据交换模型，我们提出货币的数量公式，在加入资源稀缺度、技术进步的替代率等因素，并将证券化金融资产纳入货币流通的统计范围之后，货币供给数量应该正好等同于经济增长所需要的数量。见下式：

$$M = \frac{\sum [G_{i(1-k)}(1+\varsigma_i-\delta_i)]P_i + \sum S_j P_j}{m_t + v_c}$$

式中 M 为流通中需要的货币总量，m_t 为经过改良的货币乘数（见第五章的计算公式）在货币流通总量中完成周转的比例，v_c 代表现金在货币流通总量中经过加权处理的周转率。

$G_{i(1-k)}$ 为第 i 种商品减去库存的商品增量（包括所有的商品和服务）。i = 1，2，3，…，n。S_j 代表所有证券化金融资产和金融衍生品，j = 1，2，3，…，m。

ς 为资源短缺系数，我们在第七章曾经介绍过要素稀缺的两种含义，这里讲的是初级产品的相对稀缺度。假如某种初级产品的绝对稀缺度为 30%（即需求餍足点与社会供给量的差额），而社会加权平均的资源稀缺度的差额为 10%，则 ς 为 0.20，当经济增长遭遇资源瓶颈时，且技术替代率不足以抵消这个资源短缺系数时，就会出现成本推进的价格上涨。

δ 为技术替代率对物价的平抑系数，因为技术进步会带来资本节约、劳动节约和资源替代，即可以在原有货币投入的情况下，生产更多的产出，它由技术投入所花费的成本与技术创新所节省的成本的比率构成，比如买一台新的机器，投入 100 万元，与原来

100万元的投入相比可以节省劳动或物资成本30万元，δ即为30%，反映自然增长率与技术进步的叠加。这个系数的意义在于，当我们知道了技术替代率、货币流通速度以及总产出的数量时，就可以计算出对科技部门增加的货币投入与通货膨胀的关系。也就是说，如果技术替代率与总产出的乘积和货币增量与总产出的乘积相等，就可以在增加货币供给的同时不增加通货膨胀率。

P_i 为第 i 种交易品的预期价格（包括商品、服务的价格）。P_j 为第 j 种金融资产的价格。

在不存在部门比率失衡的情况下，这个公式告诉我们，经济的预期增长需要多少货币量与之相配合，货币管理当局需要做的事情，就是根据这种对应关系，调节基础货币供给的总量。这里面有一个问题需要澄清，我们在这里所说的货币供给量，有两种情况，一种是完全由央行发行本位货币来控制的流通量，这只有在央行发行的数字货币成为本位货币，且金融机构无法发行代用货币的情况下，才可以成立。另一种是除了本位货币，还要再加上金融机构发行代用货币的流通量，这两者的区别主要体现在货币乘数的不同，需要根据情况再做出调整，在后一种情况下，央行必须能观察并控制商业银行和非银行金融机构发行代用货币的规模才能收到效果。

以上讲的是基础货币供给总量调节，如果出现部门之间的不平衡，央行仅仅调节基础货币的供给量就不能保证经济的健康成长，这时，还需要管理当局对源头进行控制，即进行部门间预期收益率的管理和货币流向的管理。

▶▷ 给波动筑起围栏

我们前面已经讲过，在利率已定的情况下，由于各个部门的预期收益率不同，当这种差别达到一定程度时，会引起生产要素的跨部门转移，形成各个产业之间资源配置的扭曲。为了防止这种情况出现，就必须进行"预期利率差"的管控。即对各个部门预期收益率与利率之间的差额进行调节，即使生产要素向新兴产业转移，也必须有序可控，不能出现光伏发电和石墨烯产业那种一哄而上的局面。

那么，这个预期利率差要达到什么边界时，政府就应该出手干预呢？笔者提出的是"重置成本"的概念，即一个行业的投资者放弃交换转而进入其他行业的机会成本。比如，2014年年初，一则消息在网上热炒，说的是温州一家拥有1000多名工人的企业，苦干精算，一年利润100多万，而企业老板的妻子在上海买了10套房子，八年后获利3000万。这种不对称的收入水平，就突破了交换的重置成本，导致要素的跨部门转移。温州"炒房团"的诞生就与这种跨越重置成本的交换比例不无关系。

除此之外，在经济体的各个部门之间，由于资源稀缺度的不同，各个部门交换比率的失调可能会维持很长的时间。像房地产这种行业，由于建立在稀有资源——土地——的基础之上，房地产价值的增长，绝大部分来自土地价值的增长。从1950年到2012年，发达国家平均80%的房屋价格上升来自土地价格，只有20%来自房屋的建筑价值。[①] 从商业银行风险管控的视角来看，对于非房产的商业贷款，银行很难对项目前景和未来现金流做出准确的评估，一旦项目失败，剩余资产经常只有很少的拍卖价值。但房地产却不同，不管是住宅还是商用，做资产抵押物都很

[①] Adair Turner, *Between Debt and the Devil: Money, Credit, and Fixing Global Finance*, Princeton University Press, 2016, p. 68.

容易找到买家。所以，不管是发放贷款的银行还是投资人都青睐房地产项目。

这种趋势发展的结果，是以房地产为主要成分的财富在国民收入中的比重不断增大，1970 年，发达国家的国民财富与国民收入的比例为 3∶1 左右，而到了 2010 年，这一比例达到 5—6∶1。[1] 这其中有许多因素在发生作用，但最重要的一点是房地产价值的大幅上升。例如法国和英国，房地产财富占到总财富的一半以上。1970 年英国的房地产财富占 GDP 的比重为 120%，到 2010 年达到 300%。1970 年法国的房地产财富占 GDP 的比重为 120%，到 2010 年达到 371%。[2] 中国的房地产业占 GDP 的比重也在逐年提高，2008 年，房地产占 GDP 的比重为 4.61%，到了 2017 年，上升到 6.51%，2018 年上半年，则上升到 6.87%。

从交换的角度来看这种现象，相当于持有房地产的投资人在与其他行业的投资人进行交换时，获得了更多的议价资本，这导致资金大量持续地流入房地产部门。如果房地产市场价格飙升，其他商品价格保持不变甚至下降，那么，房地产行业的预期收益率与利率的差额会大大高于其他行业。即使总的物价指数并没有出现明显的变化，但经济体内的不平衡有可能已经达到危险的程度。21 世纪初发生在美国的次贷危机，就是房地产行业与其他行业发展不平衡引发危机的一个典型案例。

对于房地产吸金现象，我们过去缺乏足够明确的认识，房地产的资源稀缺性特征，对于人口密度高的国家，如日本、中国香港以及中国大陆，完全市场化不是一个好的选择。中国目前处于

---

[1] Adair Turner, *Between Debt and the Devil: Money, Credit, and Fixing Global Finance*, Princeton University Press, 2016, p. 67.

[2] Ibid., p. 68.

房地产业膨胀的中期阶段，需要采取措施遏制资本向房地产行业的持续流动。具体的办法就是为房地产业设置投资门槛，阻止投机性资金大量进入该行业；对于存量的非刚性需求，则采取挤出措施，对家庭人均一套房以上的住房设置资源占用税。新房销售取消土地出让金，开征房产税，且按照使用面积征收。旧房征收房地产税要与70年使用权期限结合起来实施，当现有商品房使用权到期时，政府开启房产税征收，同时承认房产所有者的永久产权，如果所有者不交房产税，政府有权收回房产。这种征收方式具有法理依据，且实施阻力较小。而对于低收入群体，应该借鉴新加坡的"居者有其屋"模式，即由国家成立房地产公司解决低收入居民的基本住房需求，商业化住房只满足居民的改善性需求。

对货币流动进行预期管理的机制在于，政府要为各个部门的产品价格设置一个波动幅度，将交换比率维持在对各方都有利的区间。管理部门其实是起到一个平准基金的作用，以货币和库存作为平准的手段，当某一个部门的产品价格过高，超出预警线时，管理部门需要抛售库存，让价格回归到合理区域；当价格过低，使经营良好的企业都无法生存的时候，管理部门要设立干预价格，并在价格触及干预底线的时候兜底收购。使不同商品的价格波动维持在一个各部门都可以接受的范围之内。

管理部门的职能是给价格变动设置警戒线，警戒线的设立可以根据买卖双方的标杆成本（即同行业的最低效率企业的成本）和最低成本（及同行业最优质企业的生产成本），形成一个双方都可以接受的波动空间，当价格触动波动区间的上下限时，管理部门可以通过低位买入和高位卖出的平准行为，调节各个部门的价格预期。这个标准的制定需要经过严格测算，太高太低都不能起到良好的调节作用。

2013年3月，为了抑制温州高烧不退的民间连环借贷，温州拟定了一份《浙江省温州民间融资管理条例（草案）》，规定，一个月以上的民间借贷，合理年利率不应超过48%。同时又规定，贷款利率不能超过同期银行贷款基准利率的四倍。这个规定由于缺乏定量依据且自相矛盾，一经公开，就引起轩然大波，各方质疑不断。在2014年3月1日正式实施的文件中，48%的利率上限已经不见了踪影，取而代之的是企业融资后的负债率限制。这说明，干预价格的制定是一个科学的问题，不能想当然。只有通过科学的测算才可以确立。

价格平准的过程，伴随的是货币与库存的投放与回收。这就要求政府建立相应的干预机制和存储体系，当某一个大宗商品（比如粮食、铜、铝、煤等战略物资）的价格触及干预价格时，政府的收购行为，同时也是货币投放的过程。与之相反，当价格超越标杆价格时，在抛出库存的同时，也是货币回收的过程。

目前央行进行宏观调控的主要方式是公开市场操作，通过这种方式实现的利率政策，对于经济的影响是间接的，对资本市场则有负面作用，在低利率政策下，资本会向股市和房市流动，形成资产泡沫。一旦政府采取紧缩政策，资本的撤离会产生反向的自我强化过程，导致市场崩溃。最重要的是，针对债券市场的公开市场操作，在经济规模扩大的过程中，将不可避免地导致债务规模的扩大，这是不可持续的运行模式。根据我们对货币功能的认识，央行的公开市场操作可以考虑将债券市场和资本市场结合起来实施，因为买卖股票与买卖债券的道理一样，都是在释放或收缩流动性，只不过直接入市买卖股票的方式没有利息成本，对于实体经济的支持也更为直接，效果也更好。同时央行入市的目的是平抑市场的波动，可以在市场走向极端之前实施反向操作，避免一边倒的行情出现。但这种操作必须建立在严格测算的基础上，并受制度约束，不能被政府官员的政绩意识所左右。

如果在资本市场的公开市场操作能和产业政策结合起来，比如通过搭建新兴产业平台，央行在一级市场帮助企业用债转股的方式来完成产业升级，效果可能会更加明显。只不过这种方式需要明确央行的干预标准（即达到"干预价格"，如市盈率、市净率达到某一个阈值）时，以增发货币的方式直接买入股票。当股市出现泡沫迹象时（即达到股市的"标杆价格"，如市盈率、市净率高过某一水平时），央行就抛出股票，回笼现金。也可以同时配合税收政策，即对低于干预价格的卖盘和高于标杆价格的买盘征收资产投机税，以实现预期管理。

这种预期管理模式可以应用在所有价格调节的领域，除了上述的资本市场之外，也适用于大宗商品、利率、汇率及房地产和消费品市场价格。

▶▷ 为货币设置闸门和通道

除了部门间交换比率的不平衡之外，还有一种不平衡出现在各个利益群体之间的交换比率上。这种不平衡的原因是由利益相关方"议价资本"的差异造成的。所谓议价资本，可以用各方持有的要素稀缺度来表示，它代表资本、劳动或专业知识的不可替代程度。当出现议价资本的不平衡时，交换比率有可能向某一个特定群体持续倾斜，形成两极分化。这种交换比率的持续倾斜也会导致经济发展的不可持续。利益相关方可以按照部门和阶层分为各种不同的类型，不过为了简便起见，我们将社会群体分为资本与劳动两大阵营，再将劳动阵营分为高收入群体和低收入群体。下面，我们先看一下资本和劳动两大阵营的交换比率的变化趋势。

一　劳动与资本的交换比率的不平衡

在工业化初期，因为有大量农村过剩劳动力涌入城市，为工业生产提供源源不断的劳动力供给。而工业化初期创造的就业岗位却不能完全吸纳这些劳动力，即使是一个最低收入的工作岗位，也至少存在两个以上的竞争者，出现刘易斯教授所定义的"劳动力无限供给"状态。资本的相对稀缺和劳动力的无限供给，造成了交换比率持续向资本的倾斜，工人的劳动收入始终维持在劳动力再生产的边缘水平。如果没有充分的对外出口（殖民扩张或对外贸易），国内消费者的购买力不足以对冲工业化生产的巨大产能，即使是工业革命完成之后，如果社会结构依然是金字塔形而不是橄榄形，同样有可能引起产品与劳务交换比率的不平衡。

对于这种不平衡，直接对低收入者进行货币补贴是否可行呢？根据货币是交换比率计量基准的理解，对低收入群体的货币补贴作为生产过剩的短期补救措施是可以成立的，但前提是产品价格不能等比例上涨。我们用图形来做一个说明：

在图11-1中，虚线代表补贴前的交换比率，即1500元工资交换3件产品，政府给工人每月补贴500元，工资收入加补贴

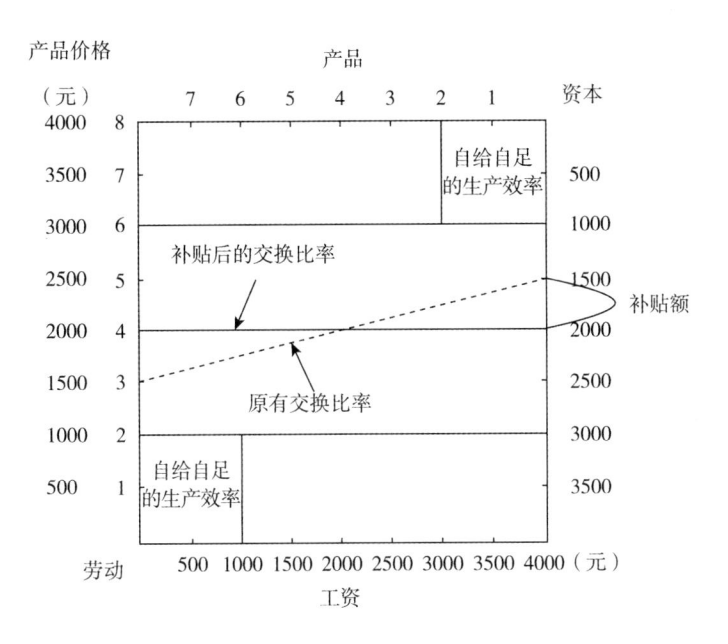

图 11-1 货币补贴的效果

变为 2000 元 1 个月，交换比率就变成了 2000 元买 4 件产品。

但此项措施只能在出现生产过剩危机时作为临时措施采用。如果长期使用，在既有的议价资本格局中，资方会通过提高产品价格的方式，使交换重新回到原有比率。如果政府全面限制制成品价格，又会出现制造业资本失去动力的问题。这种补贴方式的根本问题在于，它不会刺激新的产出，而是在原有产出的基础上进行重新分配。本质上是要通过货币增量供给来稀释资本的收益以实现交换比率的改变，带有零和博弈的性质，不属于问题的互利解，因而没有可持续发展的空间。

这方面，有实际的案例可供参考，2017 年 1 月至 2019 年 1 月，芬兰政府启动了一项为期两年的"无条件基本收入"（Universal Basic Income）实验。具体做法是，在全国 25—58 岁的失业人口中，随机抽出 2000 人，政府每月无条件发放 560 欧元

（约相当于 4200 元人民币），至于这些人领到钱后，究竟干什么，政府不加干预。芬兰政府这项实验的背景是，制造业衰落，人口老龄化严重，全国失业率达到 9.4%，青年失业率更是高达 20%。实验的目的，就是为了检验这种方式能否解决日益严重的社会分化问题。两年时间很快过去了，芬兰政府公布了研究报告，得出结论：该方式有助于失业者"生活幸福感"的提升，因为可以不干活就拿钱，减轻了两极分化带来的失败感和焦虑感，但无助于失业率的改善。也就是说，按人发钱的方式，并不能缓解新科技革命下的大量人口沦为"无用阶级"的状况。[①]

在新冠肺炎疫情冲击下，大量美国企业倒闭，劳工失业，美国政府的应对措施中也包含给民众发放救助金。2020 年 3 月底，美国国会通过了一项名为《新型冠状病毒援助、救济和经济安全法案》，该法案对失业者提供每周 600 美元额外救济金，曾经领取这项救济金的有 2560 万人。这笔每周 600 美元的额外救济金，确实挽救了从来不储蓄的美国底层民众，但是也带来新的问题，很多失业者因此失去了再就业的动力，宁愿靠领救济金生活。而且，这种不劳而获的方式是无法持续的，政府受制于财政状况，无限制发钱只能导致公共债务的迅速膨胀，并最终引发货币信用危机。

从新货币论的角度来看，作为长期措施，应该对低收入群体进行"议价能力"的补贴，即应该向弱势群体补助生产要素，而不是仅仅补助生活要素。如对农村贫困户的种植、养殖和乡村旅游项目的财政补贴，以及城市平民的劳动和服务技能的免费培

[①] 江平舟：《西方解决贫富差距的失败——富人的贪婪和穷人的无所适从》，见江平舟的微信公众号。

训，尤其是在经济转型期，需要向劳工阶层提供进入新兴产业的技能，借以提高工人在工薪水平上与资方讨价还价的能力。由于这种补贴方式增加的是低收入群体提供交换品的能力，既可以消除产业结构失衡带来的产品相对过剩，也可以增加低收入群体在交换比率上的议价能力，实现经济体内部的良性循环和更高层次的结构平衡。只是在补贴数量上要进行总量控制，每年增发的数字货币的数量不能超过经济发展的增速（假定其他相关因素不变），以防止出现新的不平衡。

按照我们对于货币本体功能的认知，当出现劳动力供过于求导致工资低廉的时候，政府可以建立货币的流向管理，即将要素引导到工业化所需要的基础设施上来，并将一部分非债货币增量投入到基础设施建设上，在增加公共产品有效供给、为经济发展提供良好外部性的同时，也为过剩劳动力提供更多的就业机会。有些人担心这种做法会引发通货膨胀，以往类似的做法之所以会失败，是由于没有把握好两个关键点，即从货币投入到公共产品产出的时间差，不能超过增量货币传导到商品价格的时间差。另外，公共产品对社会经济成本的降低应该与货币增量的幅度相一致，使货币增量和资源短缺度能被全社会产出成本的降低所抵消。如果这两个条件得到满足，增加的公共产品和服务可以对冲增量货币对价格的冲击，从而避免通货膨胀的发生。

二　不同职业间交换比率的不平衡

在一些发达国家的去工业化过程中，一些职业如工程师、工艺师、技术工人等变得无人问津，而金融分析师、律师、医生、演艺明星和体育明星等职业则受到年轻人的追捧，这些职业享有超过一般薪酬水平的工资待遇，导致最杰出的人才过度集中于少数部门。

与此相类似的还有职业经理人阶层。按照通常的理解，职业经理人受资产所有人的委托，负责资本的经营，他们要对资产所有人负责，并尽其所能地实现资产所有人的利益最大化。企业高管的报酬及地位取决于经营业绩的好坏，在经营成功时可以获得丰厚的回报，经营失败也要承担相应的责任。大股东组成的董事会通过任免权和经营决策的最终裁定权，对职业经理人进行控制和制约。这套程序看起来完美无缺，最初的运行似乎也顺风顺水，但近年来，随着股权的高度分散化和管理技能的专业化，资本持有者、劳动者甚至政府，对职业管理阶层的约束逐步丧失，而管理层本身的议价资本却迅速膨胀起来。这种膨胀的最明显标志，就是企业高管的年薪迅速蹿升，据美国劳联—产联2012年公布的数据，2011年标普500成分股公司CEO的平均薪酬为1294万美元，较2010年增长14%，与美国普通工人的收入差距从2010年的340倍扩大至380倍。而在1980年，大公司CEO的平均收入只有普通员工的大约42倍。[①] 不仅如此，企业高管特别是金融企业的高管利用自身的议价优势，还享有许多特权，比如在企业出现巨额亏损时还可以领取巨额奖金，甚至因决策失误，导致企业破产清算时，仍然可以拿到上亿的退休金（俗称金色降落伞）。这种不平衡带来的最大负面影响，就是精英人才过度集中于少数几个收入优厚的职业。

奥巴马政府在次贷危机后通过了一项被称为"史上最严厉的"监管法案，其中最重要的一条就是限制公司高管的薪酬水

[①] 转引自新浪财经2012年4月21日报道。

平。但仅有要求是不够的，因为高管的高额收入是由公司的治理体制形成的，要改变公司高管与普通员工的薪酬比例，必须在决策机制上引入其他利益相关者（如股东和普通员工）的约束条件。在制度上保证其他利益相关者的足够议价资本。否则，现有的规定最终会沦为一纸空文。

新的制度安排，最终要形成各个行业的收入大体均衡，避免职业间的两极分化。具体的办法与商品价格管理的原理是一样的，即不能让薪酬上的巨大差异造成人员向某个特定职业过度集中。这种集中给经济体带来的影响虽然缓慢，但带来的危害却是长远的，因为年轻人职业选择的失衡会给经济体带来长期的损害。

美国金融业从业人员的薪酬水平长期高于其他行业的平均水平，纽约市金融业的平均工资从1981年的年薪8万美元增加到2011年的36万美元，而同期纽约市的平均工资仅从年薪4万美元上升到7万美元。[①] 但与此同时，金融业对经济增长的贡献率却在下降。华尔街的金融精英们为金融市场设计的那些金融衍生品，吸引了大量资金进入虚拟经济领域，却并没有创造出相应的社会价值。实体经济与虚拟经济的比例完全失衡，特朗普上台后虽然一再强调"制造业回归"，但收效甚微，由于交换比率的不平衡，即使强行将企业迁回美国本土，也难以找到足够的从业人员。

概括起来说，货币作为交换比率的计量基准，通过对各个部门的产品和借贷标价，可以对要素的配置起到引领作用。管理部门的职能就在于，通过货币政策的调节，将各个部门交换和各个

[①] 张帆、肖诗阳：《美国政府财政与债务危机——对中国的借鉴》，北京大学出版社2016年版，第23—24页。

群体的交换比率维持在互利区间的价值中枢附近。政府的反危机措施不应该是不加区别地加息或减息,也不是笼统地调节"总需求"或"总供给",而是有针对性地调整各个部门和各个利益集团之间的交换比率的失衡。

从这个范式中,我们可以找到政府与市场的耦合方式,通过这种耦合方式,政府可以回归自己的公共管理职能,不再进行缺位、越位或错位的管理。

以上政策建议部分是针对现有纸币制度的,比如价格管理、渠道管理和预期管理等,但对于货币总量管理和货币定向增发,只有在进入数字货币阶段,并解决"工作量证明"的技术难题的情况下,才可以全面实施。在由各国央行主导的数字货币制度下,通过锚定电力获得稳定的赋值,货币发行数量变成一个可以精确定义的概念,货币管理将逐渐运用大数据、云计算、人工智能和区块链技术进行自动检测、自我修复和自动调节,通货膨胀、经济危机、收入分化、美元霸权……这些困扰人类的难题有望得到破解。让我们共同期待这个时代早一天到来。

参考文献

［英］阿代尔·特纳：《债务和魔鬼——货币、信贷和全球金融体系重建》，王胜邦等译，中信出版社2016年版。

［美］埃斯瓦尔·S.普拉萨德：《即将爆发的货币战争》，刘寅龙译，新世界出版社2015年版。

［美］布莱特·金：《大数据银行》，张翠萍译，机械工业出版社2016年版。

长铗、韩风等：《区块链——从数字货币到信用社会》，中信出版集团2016年版。

陈青松：《影子银行》，电子工业出版社2014年版。

［美］大卫·格雷伯：《债——第一个5000年》，孙碳、董子云译，中信出版社2012年版。

戴金平等：《国际货币体系：何去何从？》，厦门大学出版社2012年版。

戴铭礼：《中国货币史》，民国专题史丛书，河南人民出版社2016年版。

［加］戴维·欧瑞尔、［捷］罗曼·克鲁帕提：《人类货币史》，朱

婧译，中信出版社 2017 年版。

［美］丹·艾瑞里：《怪诞行为学》，赵德亮译，中信出版社 2011 年版。

［英］E. E. 埃文斯·普里查德：《努尔人——一个对尼罗特人群生活方式和政治制度的描述》，褚建芳译，商务印书馆 2014 年版。

［德］弗朗克·泽林：《货币帝国》，陈瑛译，中国青年出版社 2015 年版。

［美］弗雷德里克·S. 米什金：《货币金融学》（原书第 4 版），蒋先玲等译，机械工业出版社 2016 年版。

郭红、孟昊编著：《现代西方货币金融理论发展研究》，东北财经大学出版社 2014 年版。

郭彦岗：《中国历代货币》，商务印书馆 2007 年版。

过敏意主编：《云计算原理与实践》，机械工业出版社 2017 年版。

［德］汉斯-维尔纳·辛恩：《欧元陷阱——关于泡沫破灭、预算和信仰》，曹慧译，社会科学文献出版社 2016 年版。

［日］黑田明伸：《货币制度的世界史——解读非对称性》，何平译，中国人民大学出版社 2007 年版。

胡庆康主编：《现代货币银行学教程》（第四版），复旦大学出版社 2011 年版。

黄薇：《汇率制度与国际货币体系》，社会科学文献出版社 2014 年版。

［英］Joe Cribb、Barrie Cook、Ian Carradice：《世界各国铸币史》，刘森译，中华书局 2005 年版。

景东升编著：《中国全史·货币史》，经济日报出版社 1999 年版。

［美］卡比尔·赛加尔：《货币简史——从花粉到美元，货币的下一站》，栾立夫译，中信出版集团2016年版。

凯恩斯：《极简金融史》，民主与建设出版社2016年版。

李存：《中国影子银行的宏观经济效应及监管研究》，中国社会科学出版社2019年版。

李洁怡主编：《银行非标资产交易》，中信出版社2015年版。

李钧等编：《数字货币——比特币数据报告与操作指南》，电子工业出版社2014年版。

［美］L. 兰德尔·雷：《现代货币理论——主权货币体系的宏观经济学》，张慧玉等译，中信出版社2017年版。

李素萍编著：《中国全史·物价史》，经济日报出版社1999年版。

李杨、张晓晶：《失衡与再平衡》，中国社会科学出版社2013年版。

刘进一：《互联网金融——模式与新格局》，法律出版社2016年版。

刘劲松、刘勇：《智能投顾——开启财富管理新时代》，机械工业出版社2018年版。

［美］罗伯特·M. 哈达威：《美国房地产泡沫史（1940—2007）》，陆小斌译，海峡出版集团2014年版。

［美］罗恩·保罗：《终结美联储》，朱悦心、张静译，中国人民大学出版社2010年版。

［美］弥尔顿·弗里德曼：《货币的祸害——货币史上不为人知的大事件》，张建敏译，中信出版集团2016年版。

千家驹、郭彦岗：《中国货币演变史》，上海人民出版社2014年版。

石俊志：《中国货币法制史概论》，中国金融出版社2012年版。

［美］史蒂夫·福布斯、伊丽莎白·埃姆斯：《货币危机——美联储的货币骗局如何拖垮全球经济》，诸葛雯译，上海交通大

学出版社 2015 年版。

孙华荣、张立庆主编：《同业拆借市场——理论与实务》，山东友谊出版社 1996 年版。

谭培根：《漳州外来货币概述》，福建人民出版社 2014 年版。

［加］唐塔普斯科特、亚力克斯·塔普斯科特：《区块链革命——比特币底层技术如何改变货币、商业和世界》，凯尔等译，中信出版社 2016 年版。

汪圣铎：《两宋货币史》上、下卷，社会科学文献出版社 2016 年版。

王宏斌：《清代价值尺度——货币比价研究》，生活·读书·新知·三联书店 2015 年版。

王军平：《货币的秘密》，中国发展出版社 2016 年版。

王宇春：《被绑架的世界：1919—1939 年的货币战争》，中信出版社 2010 年版。

吴为：《区块链实战》，清华大学出版社 2017 年版。

［英］西蒙·迪克森：《没有银行的世界》，零壹财经译，电子工业出版社 2015 年版。

辛乔利：《影子银行——揭秘一个鲜为人知的金融黑洞》，中国经济出版社 2010 年版。

徐瑾：《印钞者——中央银行如何制造与救赎金融危机》，中信出版社 2016 年版。

徐明星等：《区块链——重塑经济与世界》，中信出版社 2016 年版。

徐肖冰：《美国政府债务研究——演进、风险与可持续性》，中国社会科学出版社 2015 年版。

［法］雅克·米斯特拉尔：《货币的战争与和平》，王晶译，华东

师范大学出版社 2016 年版。

杨文友、钟起瑞主编：《中外同业拆借市场比较研究》，中国金融出版社 1994 年版。

殷醒民：《廉价货币时代——2003—2013 年经济波动研究》，复旦大学出版社 2014 年版。

尹龙：《网络金融理论初探——网络银行与电子货币的发展及其影响》，西南财经大学出版社 2003 年版。

余丰慧：《金融科技——大数据、区块连和人工智能的应用与未来》，浙江大学出版社 2018 年版。

[英] 约翰·梅纳德·凯恩斯：《货币改革略论》，李井奎译，中国人民大学出版社 2017 年版。

[美] 约翰·莫尔丁、乔纳森·泰珀：《货币围城》，马海涌、黄鑫译，机械工业出版社 2016 年版。

[美] 约瑟夫·斯蒂格里茨：《关于货币经济学新模式》，陈波译，上海财经大学出版社 2015 年版。

[日] 增田义郎：《黄金的世界史》，彭曦等译，南京大学出版社 2016 年版。

张帆、肖诗阳：《美国政府财政与债务危机——对中国的借鉴》，北京大学出版社 2016 年版。

张帆、肖诗阳：《美国政府财政与债务危机》，北京大学出版社 2016 年版。

张明等：《透视中国影子银行体系》，中国社会科学出版社 2014 年版。

赵伟编著：《中国全史·钱庄史》，经济日报出版社 1999 年版。

郑起东：《通货膨胀史话》，社会科学文献出版社 2011 年版。

中国支付清算协会金融大数据研究组编著：《金融大数据创新应用》，中国金融出版社 2018 年版。

Adair Turner, *Between Debt and the Devil：Money, Credit, and Fixing Global Finance*, Princeton University Press, 2016.

Adria van der Merwe, *Market Liquidity Risk：Implications for Asset Pricing, Risk Management and Financial Regulation*, Palgrave Macmillan, 2015.

Allen N. Berger, Bank Liquidity Creation and Financial Crises, *Elsevier*, 2016.

Andrew Palmer, *Smart Money：How High-stakes Financial Innovation is Reshaping Our World for the Better*, Basic Books, 2015.

Claus Vogt Roland Leuschel, *The Global Debt Trap*, NJ：John Wiley & Sons, Ltd. , 2011.

Daniel Aronoff, *The Financial Crisis Reconsidered：the Mercantilist Origin of Secular Stagnation and Boom-bust Cycles*, Palgrave Macmillan, 2016.

Eckhard Hein, *Daniel Detzer and Nina Dodig：Financialization and the Financial and Economic Crises：Country Studies*, Edward Elgar Publishing Ltd. , 2015.

Glyn Davies, *A History of Money*, University of Wales Press, 2016.

James R. Lothian, *Essays in International Money and Finance*, World Scientific Publishing Co. Pte. Ltd. , 2018.

Lars Tvede, *Business Cycles：History, Theory and Investment Reality*, NJ：John Wiley & Sons, Ltd. , 2006.

Lin See-Yan, *The Global Economy in Turbulent Time*, John Wiley &

Sons Singapore Pte. Ltd. , 2015.

Miao Han, *Central Bank Regulation and the Financial Crisis*, Palgrave Macmillan, 2016.

Michael Hudson, *Killing the Host, How Financial Parasites and Debts Destroy the Global Economy*, ISLET-Verlag, 2015.

Mishal D. Bordoedited, *Central Banks at a Crossroads: What Can We Learn from History?*, Cambridge University Press, 2016.

Oliver, Michael J. , *Whatever Happened to Monetarism?: A Review of British Exchange Rate Policy in the 1980s*, Aldershot, Hants, England; Brookfield, Vt, USA: Ashgate, c1997.

Paul Donovan, *The Truth About Inflation*, Routledge, 2015.

Paul Wallace, *The Euro Experiment*, Cambridge University Press, 2016.

Peter Bernholz, *Monetary Regime and Inflation: History, Economic and Political Relationships*, Edward Elgar Publishing Ltd. , 2015.

Rajav Bagaria, *High Yield Debt: an Insider's Guide to the Marketplace*, John Wiley & Sons Ltd. , 2016.

Stephen Bell and Andrew Hindmoor, *Masters of the Universe, Slaves of the Market*, Harvard Universit Press, 2015.

Sung Jin Kang and Yung Chul Park Edited, *The International Monetary System*, Energy and Sustainable Development, Routledge, New York, 2015.

Tim Di Muzio and Rechard H. , *Robbins: Debt as Power*, Manchester University Press, 2016.

William N. Goetzmann, *Money Change Everything: How Finance Made Civilization Possible*, Princeton University Press, 2016.

William Vlcek, *Offshore Finance and Global Governance*, Macmillan Publisher Ltd., London, 2017.

后　记

写作本书的初衷，原本是为了解答自己多年未解的困惑：货币在经济生活中究竟起什么作用？教科书给出的答案总让人有雾里看花的感觉，而货币政策差强人意的表现，似乎暗示我们距离货币的真相还有相当的距离。由于笔者并不是金融专业科班出身，研究货币，实际上是进入一个自己并不熟悉的领域，很多基础性的工作要从零开始，这意味着更多的努力和更大的投入。但考虑到货币在经济理论中占有核心的位置，尤其是在宏观经济领域，货币是无论如何都绕不过去的话题。这种无可置疑的重要性促使笔者坚持下来完成此书。

尽管对研究货币的难度有充分的心理准备，但深入其中才发现，这个领域远比想象中要复杂许多，花费的时间和投入的精力都远超初始计划。一些货币现象不仅在书面文献上找不到解释，请教银行从业人员也经常不得要领。货币犹如光怪陆离的万花筒，各种虚假的影像相互纠缠在一起，对货币的探索变成了一次学术上的"探险"，就像在陌生的荒野寻找求生的出路一样，那四顾茫然的感觉，也算是一种独特的人生体验。货币迷宫的出口是一点点显露出来的，从微光初现到别有洞天，中间经历了一个不断试错纠错和不断自我否定的过程，本书从初稿到定稿，已经改得面目全非，仅全书结构就调整了不下五次，章节和文字的修改更是不计其数。现在回想起来，真的要感谢在出版过程中的几次反复，如果第一次修改后就匆忙付梓，肯定会留下不少遗憾。

对货币的研究让我更加切实地体会到中国经济学界存在的一个普遍倾向，即用书本知识来评判经济现实。这种方式既与思维习惯有关，也与我们这一代人的心路历程有关。改革开放之初，西方经济学对于中国的知识精英来说，已经不仅仅是一种理论范式，它更像是西方成功模式的注解和"普适真理"的化身，当我们以顶礼膜拜的心态阅读这些教科书时，已经丧失了质疑的信心和思考的勇气。我本人也是沿着这条道路走过来的。不过，生活的经历终于使我明白，书本上的知识可能并不真实，教科书也并不一定是标准答案。我们不能仅用书本去批判现实，更应该用现实来批判书本。正因为有了这种质疑的态度，才有了读者面前的这部《新货币论》。

目前完成的工作，仅仅是一个基本的框架，一定还有许多不够完善之处，希望能与有共同兴趣的朋友一起交流。下面是我的邮箱地址：taodatuo@sina.com。

本书内容曾经与余丰慧教授、马慈和好友做过富有启发的交流，并得到中国社会科学出版社王曦主任的认真编辑、修改，在此一并表示衷心感谢！

本书的写作过程，得到了妻子李京的无私支持，是她在生活方面无微不至的关照，让我有时间和精力完成此书，如果此书还有一定的学术价值，其中也有她的一份功劳。

陶永谊

2020 年 7 月于潮白河寓所